COLLECTION MICHEL LÉVY.

LES
NUITS ITALIENNES

OUVRAGES

DE

MÉRY

PUBLIÉS DANS LA COLLECTION MICHEL LÉVY

UN AMOUR DANS L'AVENIR............................	1 vol.
ANDRÉ CHÉNIER	1 —
LA CHASSE AU CHASTRE...............................	1 —
LE CHATEAU DES TROIS TOURS.......................	1 —
LE CHATEAU VERT.....................................	1 —
UNE CONSPIRATION AU LOUVRE.......................	1 —
LES DAMNÉS DE L'INDE...............................	1 —
UNE HISTOIRE DE FAMILLE...........................	1 —
UN HOMME HEUREUX..................................	1 —
UNE NUIT DU MIDI...................................	1 —
LES NUITS ANGLAISES................................	1 —
LES NUITS D'ORIENT..................................	1 —
LES NUITS ITALIENNES................................	1 —
SALONS ET SOUTERRAINS DE PARIS..................	1 —
LE TRANSPORTÉ..	1 —

Beaugency. — Imp. F. Renou.

LES
NUITS ITALIENNES

CONTES NOCTURNES

PAR

MÉRY

NOUVELLE ÉDITION

PARIS
MICHEL LÉVY FRÈRES, LIBRAIRES ÉDITEURS
RUE VIVIENNE, 2 BIS, ET BOULEVARD DES ITALIENS, 15
A LA LIBRAIRIE NOUVELLE
—
1868

Droits de reproduction et de traduction réservés.

LES
NUITS ITALIENNES

ITALIE

I

Gênes

Le Sully court de Marseille à Naples en faisant escale dans trois ports italiens; *le Sully* est comme un pont volant, un pont de trois arches, jeté entre Marseille et le Vésuve. On peut faire la traversée dans son lit si l'on est tourmenté du mal de mer, ce mal dont personne ne meurt ce mal qui fait tant de bien, et que la bonne Méditerranée vous envoie comme un purgatif naturel.

On part comme pour une fête, la tente déployée sur le pont, le cabestan chargé de fleurs, la voile étincelante de soleil; c'est comme le vaisseau des théories grecques, allant du Pirée à Délos; on glisse sur une mer calme, entre deux cascades d'écume; tous les visages sont sereins, tous les yeux tournés au midi; le nom de l'Italie est dans toutes les bouches : elle est si voisine que personne ne songe à l'ennui de la traversée. De Marseille à Gênes ou n'a qu'un ruisseau à franchir, c'est la plus belle des promenades.

Jamais pèlerin partant pour l'Italie n'a senti plus que moi dans son cœur cette fervente dévotion d'artiste qui s'attache à tous les puissants souvenirs. Ce n'était pas l'Italie des autres que j'allais voir : c'était la mienne, l'Italie de mon enfance, de mes études, de mes rêves au dortoir du collège ; l'Italie de Ménalque et Palémon, de Nisus et Euryale ; le Latium de Janus, la terre de Lavinia : l'Italie de mon âge d'homme, celle des Antonins, de Sixte-Quint, de Léon X ; celle du Dante, de Giotto, de Michel-Ange, de Raphaël. A tous ces noms, à toutes ces impressions, à tous ces souvenirs, j'avais lié, dès mes premiers ans, des images, des affections, des physionomies, des teintes locales qui m'étaient propres, qui s'étaient gravées dans mon cerveau, qu'aucune lecture de voyages n'avait modifiées. J'en avais tant lu, de voyages ! J'avais lu ceux qui s'extasient avec des phrases gelées, qu'on réchauffe avec des points d'admiration ; ou ceux qui prennent à rebours la tactique enthousiaste de leurs devanciers, et qui critiquent les monuments neufs, parce qu'ils ne sont pas vieux, et les vieux, parce qu'ils ne sont pas neufs ; et ceux qui s'intitulent : *l'Italie vue du mauvais côté*, et qui entassent ligne sur ligne pour découvrir une tache microscopique sur une magnifique statue de marbre. J'allais aborder l'Italie avec mes seules impressions personnelles. C'était l'histoire de l'art qui me les avait données, et non le récit des voyages. Je brûlais de savoir s'il fallait renoncer à d'anciennes adorations et me reconnaître dupe d'illusions enfantines, ou bien me confirmer à toujours dans un culte que je croyais ma seconde religion.

J'étais à la proue, comme Énée, sur cette même mer. La nuit tombait déjà; elle était fraîche comme toutes les nuits de printemps. Je descendis aux chambres avec regret ; mais une idée me faisait tressaillir de joie : je savais qu'en remontant sur le pont je découvrirais l'Italie.

Je ne pus dormir. Après quelques heures de tentatives pour conquérir le sommeil, je regagnai ma proue. La nuit était magnifiquement étoilée; la côte était si voisine qu'on distinguait les villages et la bordure des montagnes. *Le Sully* volait comme un oiseau ; ses roues semblaient rouler des étoiles en fusion dans deux cataractes d'écume; il y avait dans l'air un parfum qui n'appartient qu'à cette mer, à cette côte, à ce ciel.

Tout à coup j'interrompis mes rêveries, et m'adressant à l'officier qui commandait notre paquebot :

— Où sommes-nous? dis-je au capitaine Arnauld, qui se promenait sur le pont.

— Voilà les côtes de l'Italie, me répondit-il. Ce village est Albenga.

Jamais nom de femme aimée n'a été plus doux à mon oreille que cette harmonieuse appellation. Toute ma vie je me rappellerai cet Albenga, prononcé aux étoiles, dans le silence de la nuit, sur une mer calme, devant les côtes d'Italie. J'aurais voulu recueillir l'air embaumé, la brise sereine, où se roulèrent ces trois gracieuses syllabes. Le coude appuyé sur le balcon du *Sully*, je suivis longtemps, dans les brouillards nocturnes, le clocher d'Albenga et une île voisine qui porte une tour. A l'aube, je vis poindre, à l'horizon que j'avais quitté, la montagne d'Albenga, où l'Italie s'était révélée à moi avec un nom mélodieux comme le murmure de ses bois de pins et citronniers. Je vivrais mille ans que ce nom de village ne sortirait jamais de mon souvenir.

Le Sully tenait sa proue sur Gênes; la cité superbe sortait de la mer au pied des Apennins; ses côtes lointaines semblaient semées de points blancs et lumineux; ces points grossissaient à chaque élan du navire. Après quelques heures, la ville se découvrit avec toute sa magnificence; elle élevait son front dans une atmosphère de rayons et baignait ses pieds dans le golfe de Ligurie. Nous en étions bien loin encore et nous pouvions déjà distinguer ses édifices gigantesques, son phare, ses fortifications aériennes, ses couvents, ses dômes, ses clochers, ses *villas* suspendues sur la mer. Rien n'annonce mieux l'Italie que Gênes; c'est le digne portique de marbre de cette éternelle galerie qui finit au golfe de Tarente; c'est le péristyle de ce musée qui expose ses tableaux, ses statues, ses villes, sur la muraille des Apennins, et rafraîchit son atmosphère avec les brises croisées de ses deux mers. En entrant dans le port, je l'avoue, je ne fus nullement frappé, comme tant de voyageurs, par le souvenir de la gloire des doges: j'ai toujours été fort peu touché de la gloire des doges. Un point de vue tout matériel absorbait alors mes regards; j'avais en face le plus beau décor de cinquième acte de drame qu'on puisse imaginer. C'était un palais qui s'avançait jusque sur la mer et qui laissait réfléchir, au miroir d'une eau calme, sa belle colonnade de marbre blanc. Cet édifice me parut complétement désert; la solitude lui donnait une physionomie touchante; car, ainsi posé, ainsi beau, de quelles scènes de joie et de mouvement devait-il avoir été le théâtre!

A cette heure, il s'offrait à moi comme un vaste tombeau où quelque ombre de roi dormait au doux bruit des orangers et des vagues.

— Voilà le palais Doria, dit à côté de moi un voyageur qui venait deux fois par an à Gênes pour le commerce des pâtes et qui affectait de ne rien regarder, se contentant de dire à droite et à gauche : — « Allez chez Michel ; on y est fort bien, on y dîne à tout prix ; moi, je vais toujours chez Michel : j'ai une chambre réservée. Il y a des dames françaises charmantes ; nous y mangeons des huîtres comme des pièces de dix sous. A propos, ne manquez pas de voir le pont de Carignan ; moi, je l'ai vu cent fois. Figurez-vous que l'on passe dessus, on voit sous ses pieds des maisons de six étages. C'est ce qu'il y a de plus beau à Gênes. »

On a inventé les paratonnerres, et la bonne humanité a fait grand fracas de cette découverte, comme si la moitié du genre humain périssait ordinairement par le feu du ciel. Mais il est des coups de foudre qu'on ne peut parer, et que l'artiste voyageur sent tomber sur sa tête, à chaque pas, au plus beau moment de ses émotions. Quel dommage que Franklin n'ait pas médité sur cet autre phénomène d'attraction magnétique ! Dès qu'une pensée, une rêverie, une fantaisie d'imagination, courent dans l'air, vous êtes sûr qu'une parole de plomb tombe d'une bouche mal faite pour tout tuer. Je ne lui demandais pas si c'était le palais Doria, moi, à ce destructeur d'émotions. Cet édifice si poétique était bien plus à mes yeux que le palais Doria : c'était tout ; maintenant rien ! C'était la maison d'un capitaine marin qui commandait une flotte qu'un seul de nos bricks coulerait à fond aujourd'hui. C'est qu'une fois le décroissement d'illusions commencé, impossible de l'arrêter; un desservant sanitaire de Saint-Roch, un contagioniste de profession, vous demande si vous n'avez pas le choléra : un garçon d'auberge vous glisse dans la main une carte sur laquelle est écrit en italien : *Cuisine française* ; un sergent de ville du roi de Sardaigne réclame votre passe-port; le capitaine fait aligner les voyageurs et les compte comme des brebis : on se jette dans un canot, au milieu des malédictions de tous les bateliers que vous n'avez pas favorisés de votre choix, comme si l'on pouvait prendre vingt chaloupes pour aller à terre. Où est Gênes la superbe? où la ville de marbre? où la reine de la Ligurie? Ce sont des quais sales, des maisons hideuses, un guichet de prison pour porte, une douane qui visite vos poches. Enfin on entre chez Michel après avoir passé dans des rues fangeuses, obscures, étroites : Michel vous sert à déjeuner et vous donne une chambre. On se met à la fenêtre et on ne voit rien, rien que la maison voisine, contre laquelle on craint de se briser la tête. Mais où est donc Gênes la superbe?

On sort de l'hôtel après déjeuner pour chercher la ville; on passe devant l'église de San-Siro, on monte une *salita* douce; la voilà, Gênes !

Des montagnes de marbre ont été coupées à morceaux, et ont pris la forme de cette rue prodigieuse toute bordée de palais. Les yeux ne sont pas préparés à pareille surprise; ils se ferment rapidement, comme dans le passage des ténèbres au soleil. Rien d'éclatant au monde comme cette succession monumentale de portiques rangés sur deux lignes, divisés par un pavé de granit, dorés par cette douce et vaporeuse lumière que le ciel italien aime tant à prodiguer aux œuvres de ses enfants. On se sent si léger devant toutes ces merveilles aériennes, qu'il semble que le corps flotte sur des rayons et n'a pas besoin de l'escalier pour s'élancer aux terrasses; la transparence de l'air, l'éclat du jour, la sérénité du ciel, le parfum de la mer voisine, tout donne à cette rue incomparable, une grâce, une poésie, un enchantement qui tiennent du rêve; on passe des heures en extase devant ces portiques, devant ces escaliers défendus par des lions dans des poses superbes, ou peuplés de statues, qui s'élèvent triomphalement, avec leur cortége de colonnes de marbre, jusqu'aux régions aériennes, où s'élargit la conque des fontaines, l'ombre des orangers suspendus.

On se surprend attendri de joie sur le seuil d'un palais qui vous laisse entrevoir dans un jour mystérieux sa cour recueillie et voluptueuse, sa cour de marbre où bondit la gerbe d'eau vive, sous des arcades de citronniers en fleurs. Là causent et rient de jeunes femmes créées pour ces arbres, pour ces fontaines, pour ces jardins; des femmes d'opulente vie et de doux loisirs, nonchalantes et vives, véritables fées de ces palais fantastiques, et qui laissent tomber de leur bouche des sons voluptueux comme le froissement d'une robe de satin. D'autres femmes passent au dehors, légères, sur le pavé poli des dalles, brunes mais belles, fraîches et blanches. Souvent c'est comme une procession éblouissante de vierges de Raphaël sorties de leurs cadres pour visiter la *strada Balbi* et la rapporter aux cieux.

On s'arrête, les yeux béants, au pied de ce palais Durazzo qui monte aux nues avec ses ailes à colonnades; au pied du palais Doria-Tursi, qui s'asseoit au large, après avoir épuisé Carrare, et se repose, le front couronné de jardins; on s'arrête partout, à chaque pas, car la merveille qu'on voit n'a pas copié la merveille qui vous attend, ni celle qu'on a vue. On monte à ce palais Serra, qui vous reçoit dans son fabuleux salon de lapis-lazuli et d'or, ceint de colonnes corinthiennes, orné de sphinx noirs, et dont les hautes croisées s'ouvrent sur des pavillons de marbre, tels que les inventait Arioste pour le génie traducteur de l'architecte Tagliafico; et partout dans ces palais, les galeries sont peuplées de ce monde idéal et ravissant que jetaient sur toile Van Dyck, Guide, André del Sarte, Véronèse, Titien, Albane, l'Espagnolet, la trinité des Carrache.

Jamais l'opulence commerciale ne tomba en de plus dignes mains; le poëte doit le dire quand il a devant les yeux tant de merveilles enfantées sous la protection de ces illustres marchands.

La solitude et le silence donnent aujourd'hui à ces demeures un caractère de solennelle mélancolie; ce sont de magnifiques décors d'opéra, d'où viennent de sortir les jeux, les danses et les femmes; à la brise qui chante sous les orangers des terrasses, on croirait encore entendre les chœurs italiens des divines fêtes qui viennent de s'éteindre. Oh! si jamais la vie a été digne de son nom, c'est quand elle passa dans la strada Balbi, aux jours de la splendeur génoise, avec son auréole de rayons et de femmes, ses parfums de la mer et des collines, son cortége d'artistes et de poëtes, sa musique napolitaine, ses siestes de doux sommeil sous le voluptueux démon de midi, ses crépuscules retentissant de sérénades, ses nuits toutes pleines de confidences, toutes dévorées d'amour.

Qu'il devait être beau le palais Durazzo, avec sa bannière à l'écu d'or, chargé au chef de trois fleurs-de-lis d'argent! Qu'il devait être beau le soir que Van Dyck inaugura le portrait de la divine comtesse Brignola! Que d'ivresse, que de musique, que de parfums couraient sous ses deux colonnades ailées! Elle était là cette reine de la fête, sous la rotonde de marbre, comme la Vénus de Médicis descendue du piédestal et vêtue de soie et de satin ; que de paroles de flamme, que de désirs comprimés, que de lèvres ardentes devaient tourbillonner autour de l'adorable comtesse! les yeux des jeunes seigneurs descendaient du portrait de Van Dyck et mouraient de langueur sur le visage divin du modèle, sur son cou d'ivoire, sur ses épaules nues, sur les souples ondulations de sa robe de soie que le grand artiste n'avait pu qu'imparfaitement reproduire, parce que sa main frissonnait d'amour.

Parmi cette foule, enluminée d'ivresse et d'énergique passion, sous ces portiques aériens purs et blancs comme le marbre qu'on vient de polir, passaient fièrement tous ces plébéiens ennoblis par leur génie, tous ces architectes créateurs de ces palais : Bartelemeo Bianco, Angiolo Falcone, Rocco Luzago, Alessi, Andrea Orsolino, Carlo Fontana, Simone Cantone, Antonio Corradi, Torriglia, Batisto Ghiro, tous ces hommes qui se présentaient avec des idées sublimes chez le seigneur opulent, et qui en recevaient de l'or à boisseaux pour matérialiser leurs idées, les faire éclater en colonnades, les broder à l'ionienne, les dérouler en galeries, les illuminer de tout ce que le soleil d'Italie a de rayons étincelants à verser sur les marbres des péristyles, sur les citrouniers des jardins.

L'âge d'or semblait être redescendu des Apennins; ce n'était plus le fade bonheur, le siècle pastoral du Latium; c'était l'âge d'or en robe de soie, les cheveux constellés de pierreries, les pieds sur la mosaïque, le front dans les parfums : la luxurieuse jeunesse, lasse de ses nuits, descendait de la double terrasse du palais Mari, et venait se retremper aux chants dévots de Palestrina, dans l'église voisine de l'Annonciation ; là elle retrouvait d'autres fêtes, d'autres parfums, d'autres tableaux ; une volupté indéfinissable montait avec la vapeur de l'encens, avec le chant des vierges, avec le fût cannelé de ces gracieuses colonnes de granit rose qui s'alignent sur deux rangs et se séparent, comme par respect, devant la grande toile de Corrége, ce peintre des amours, une fois réconcilié avec Dieu. La strada Balbi versait la fleur de ses opulents gynécées devant les autels de San-Siro, et les jours de grandes solennités religieuses, dans les nefs de San-Lorenzo, la métropole gothique, tout écartelée de marbre blanc et noir ; Dieu n'était pas jaloux des palais de Gênes, parce que ses temples étaient encore plus beaux que ces palais.

Dans les douces nuits d'été, les Doria arboraient les aigles de leur maison sur la montagne illuminée du Géant, et l'on accourait de toutes les villas voisines pour respirer la brise et la mer sous la treille des doges, sous les colonnes qui se baignent dans les vagues du golfe, ou près du bassin couronné d'aigles essorants. On y venait de la villa Spinola, si orgueilleuse de ses fresques; on y venait de la villa Pallavicini, qui plane sur Gênes comme un oiseau ; de la villa Fransoni, résidence aérienne, légère et voluptueuse comme une pensée d'amour; de la villa d'Angelo, ce palais de la strada Balbi, emporté sous les ombrages des montagnes; de la villa Durazzo, si gracieusement posée sur la vallée de Lerbino; de la villa Scoglietto, qui dort sur ses belles terrasses, entre la double fraîcheur de ses cascades et de ses bois; de la Villetta di Negro qui domine la montagne, la ville et la mer. C'étaient alors des nuits de voluptés délirantes, des extases célestes où les heureux conviés ne sentaient leur humaine nature qu'à l'ardente fièvre qui les poussait au plaisir. Jamais de visages de femmes, jamais des épaules blanches encadrées dans le satin, jamais des voix musicales sorties de lèvres italiennes n'ont versé plus de frénésie aux sens que dans ces divines fêtes, ces fêtes sous la treille des Doria, au pied des Apennins, au bord de cette mer dont les vagues expirent sur des colonnades de marbre blanc!

Le soleil avait encore quelques rayons à donner à mes promenades; je sortis de la ville pour visiter ce palais de la mer. La porte était ouverte, j'entrai; je traversai des corridors solitaires où Perino del Vagua a peint à fresque les exploits maritimes de la maison Doria. Partout la solitude et le silence; personne ne s'offrait à moi, j'étais comme dans un de ces palais enchantés où le voyageur se promène seul devant des statues qui le regardent. Les galeries étaient meublées au goût du xvi° siècle; c'étaient des fauteuils massifs vêtus de cuir noir, de larges consoles minutieusement ciselées, de hautes glaces de Venise à six pièces, de vastes cheminées de marbre sombre à réchauffer des géants debout, des tapisseries de portraits à la Rembrandt; il semblait qu'une famille de doges venait de quitter ces fauteuils, ou qu'elle allait reparaître dans ces salons en descendant d'une promenade en galère. J'abusai de mon isolement, je m'assis sur tous les fauteuils, j'ouvris une croisée pour voir le golfe, je décrochai les portraits pour les examiner à l'aise : je me promenai sous les cheminées, je chantai la barcarolle de *la Muette* aux statues de Carlone; je pris des airs de maître, des poses de doge, tout cela fort impunément; personne ne parut. Si j'habitais Gênes, j'irais m'établir au palais Doria, pour lui donner enfin un locataire.

Je descendis aux jardins, même solitude, même silence; c'est un des plus beaux tableaux que j'aie vus de ma vie. Rien d'enchanteur comme la terrasse du palais Doria. Faites un seul tableau de tous les Claude Lorrain du Louvre, et vous aurez une esquisse de cet admirable paysage. Le marbre y est prodigué en colonnes, en escaliers, en portiques; les allées des jardins s'ombragent de citronniers, d'orangers ou de treilles longues et aérées qui arrêtent mollement les rayons du jour sur des pampres diaphanes; à gauche éclate la ville de Gênes, avec ses montagnes aussi peuplées que ses rues; on aperçoit au dernier plan, sur une hauteur, le dôme de l'église de Carignan, cette miniature de Saint-Pierre de Rome; sa coupole couronne dignement le Saint-Sébastien du Puget, beau comme l'antique. Devant vous est la mer, la véritable mer, la Méditerranée, le grand chemin de Naples et de Sicile; elle est vive et calme; elle a une voix, une âme, une mélodie; elle entre au port en inclinant ses vagues devant le phare, comme si elle saluait amicalement le colosse protecteur des vaisseaux.

J'étais plongé dans ce tableau lorsqu'une voix murmura quelques paroles derrière moi; j'aperçus une vieille femme assise à terre contre une colonne de la terrasse; sa jeune fille, vêtue de haillons, dormait sur ses genoux.

— Que faites-vous là, pauvre femme? lui dis-je.

— Eh! que voulez-vous, me répondit-elle en souriant, je bois le soleil!

— Vous ne travaillez donc pas pour vivre?

— Non, Monsieur, je demande la charité; j'ai fait ma journée aujourd'hui, et je me repose.

— Et que ferez-vous demain?

— Demain la sainte Vierge m'en donnera autant à la porte de l'église *della Consolazione.*

— Alors votre pain ne vous manque jamais?

— Jamais, Monsieur.

— Vous êtes donc heureuse?

— Oui.

— Et qui vous a permis d'entrer ici?

— Personne; c'est ouvert à tout le monde.

La jeune fille se réveilla; elle écarta avec ses mains de magnifiques cheveux noirs qui couvraient sa tête et ses épaules, et me laissa voir une figure ravissante de beauté. Un ami, mon compagnon de voyage, vint me rejoindre en ce moment; si je ne pouvais en appeler au témoignage de ce témoin, je croirais aujourd'hui que la rencontre de cette jeune fille, si pauvre et si belle, n'a été qu'une vision, un mensonge de voyageur que je me suis conté à moi-même. Hélas! ce fut une réalité! Le plus étrange des hasards avait ainsi jeté sous mes yeux une véritable allégorie vivante: ce qu'il y a de plus beau, de plus doux au monde, avec une enveloppe de haillons... Gênes!

II

Livourne — La vallée de l'Arno

Si Livourne n'existait pas en Italie, il faudrait la bâtir. C'est la cité neutre où l'on arrive pour respirer; c'est comme un foyer de théâtre où l'on se jette entre deux actes trop saisissants d'un drame fiévreux pour rentrer un instant dans la vie réelle. Livourne, comme toutes les villes modernes et commerçantes, n'a rien à vous montrer, que des rues bien alignées et une population active, une société de comptoir. C'est une ville charmante où rien ne vous humilie dans votre amour-propre d'homme : on n'y rampe jamais devant des monuments qui vous écrasent; on n'y rougit pas de son propre nom devant des noms imposants de gloire et couronnés par cinq siècles d'admiration. La grande rue est une bourse perpétuelle où chacun fait ses affaires et signe ses traités de commerce, depuis le fastueux millionnaire, qu'on reconnaît au cortége de ses clients, jusqu'au brocanteur isolé qui porte ses denrées avec lui. Tous les idiomes du monde se mêlent dans cette rue, on ne s'y croit pas plus en Italie qu'en un autre pays. Mais approchez-vous de la grande place, là où le négoce ambulant expire ; des bouches toscanes vous jetteront à l'oreille des noms qui font tressaillir. Tous les conducteurs de *calessini,* en vous reconnaissant étranger à votre démarche indécise, vous crieront en chœur : *Pisa, Pisa! Firenze, Firenze !* Ces deux villes sont là tout auprès. On peut rarement se décider à coucher à Livourne lorsqu'on sait qu'un léger calessino vous emporte en quelques heures à Florence, sur une allée de jardin anglais.

A Florence donc ! les chevaux s'y précipitent avec une étonnante impétuosité, comme s'ils étaient ravis d'aller saluer leurs frères de Jean de Bologne sur la place du Palais vieux. C'est une route ravissante, c'est le digne chemin de Florence : ce gracieux nom y est écrit partout, il n'est pas besoin de bornes milliaires pour l'annoncer au voyageur. La campagne est pure, sereine, harmonieuse comme un chant des Géorgiques. Partout le peuplier, l'yeuse, le chêne, la vigne mariée à l'ormeau, y rendent des sons mélodieux comme les dactyles du poëte. Les villages sont doux à la vue, leurs noms doux aux lèvres ; c'est Viarello, c'est Pian di Pisa, c'est Caschina, c'est Ponto d'Era, c'est Empoli. Une lumière vaporeuse et molle enveloppe ces agrestes résidences ; de petits fleuves les arrosent, de souples collines les couronnent d'ombrages et de fleurs. Un Dieu aussi leur a fait ce doux repos à ces beaux jardins, désolés autrefois par les guerres civiles. Les clairons des Espagnols ne retentissent plus sur les murailles de Pian di Pisa; un poëte comme Dante n'arrive plus à Ponto d'Era, sa branche d'olivier à la main, pour se jeter entre les Pisans et les Florentins, en leur criant : « Où courez-vous, citoyens? » La paix est à Pise, la paix à Florence. Les deux rivales se sont embrassées et cultivent leurs jardins. Elles ont enfin compris la vie, ces deux cités heureuses; elles chantent, elles aiment, elles dorment; elles ont abandonné les secousses des tragiques émotions aux peuples engourdis par les hivers et la nuit des brouillards. C'est en sortant de Ponto d'Era qu'on trouve à gauche une délicieuse rivière qui porte son nom écrit en azur sur les molles inflexions de son onde, l'Arno; le cœur ressent de la joie en entendant prononcer ce nom. On passe devant le couvent de San-Romano, dont la galerie de marbre se marie à de grands chênes, pour donner de l'ombre aux heureux franciscains; on arrive à Empoli, on court devant sa magnifique fontaine, la fontaine d'un modeste village! Que d'assemblées de conseils municipaux il faudrait pour en donner une pareille à nos plus riches cités de France! Empoli, c'est la porte de la vallée de l'Arno.

Alfieri s'est fondu en vers pour chanter cette vallée et les jeunes filles qui l'habitent. Je lui pardonne son *Misogallo*; les poëtes ont raison quelquefois. Je ne sais si l'on meurt dans la vallée de l'Arno, mais il m'est prouvé qu'on y existe. Jamais la nature n'a mis tant de soins à composer un paysage, jamais elle n'a aussi bien combiné ses effets de lumière, ses teintes diaphanes, ses horizons dorés, ses collines pures qui se détachent en lignes déliées sur l'azur infini du ciel. L'Arno coule dans ce vallon; il est calme comme un bassin qui s'allonge et se perpétue. Des bois de pins d'un vert admirable semblent descendre de toutes les collines pour se baigner au fleuve. Des villas toscanes, des couvents aériens, se dévoilent au voyageur, par intervalles, au milieu d'un jardin, comme un rêve d'amour; sur le sommet d'une montagne, comme une pensée du ciel.

C'est là que les jeunes paysannes tressent la paille qui s'arrondit en chapeau sur toutes les dames de l'Europe. Ouvrières élégantes et gracieuses, rien ne trahit en elles l'origine rustique; leurs doigts n'ont jamais fouillé la terre ni marié la vigne à l'ormeau, ils ont la délicatesse qu'exige la spécialité de leur doux travail. Ce beau vallon est comme un gynécée naturel, un boudoir fleuri où de jeunes femmes ont l'air de faire de la broderie sur la paille fine pour leur amusement. C'est là, je pense, le plus ravissant accessoire qui puisse animer un paysage. Les bergères, inventées par nos idylles, ont autour d'elles une atmosphère de ferme et de bercail qui saisit le cœur et fane leur poésie. Pour trouver des sœurs aux jeunes filles d'Empoli, on doit remonter aux beaux jours de la Thessalie et des amours arcadiens, quand les dieux eux-mêmes daignaient choisir leurs maîtresses parmi les agrestes familles de l'Ilissus, du Pénée, de l'Eurotas; il faut des fables pour servir de pendant aux réalités d'Empoli.

Tel est le chemin qui conduit à Florence, et qui ne peut conduire que là, vallée suave dans les contours de ces collines, villas embaumées qui sourient au voyageur avec leurs persiennes vertes, rivière transparente et calme:

jeunes filles semées comme des fleurs vivantes sur la longue pelouse de l'Arno, paysage céleste animé par des chants lointains, des murmures de cloches aériennes, des sons d'amoureuses mandolines; sérénité sur la terre et au ciel, azur partout. Florence est là.

On sort de la vallée; des montagnes bleues cernent le vaste horizon, c'est la couronne de Florence. On ne voit qu'à peine les maisons de la ville, mais les tours, les dômes, les clochers, les coupoles, dominent les arbres des jardins et annoncent de loin à l'étranger la cité des grands édifices, la reine maternelle des beaux-arts. Encore un élan des chevaux, et l'on arrive devant la herse de la tour de Michel-Ange. Saluez l'écusson d'or aux tourteaux de gueules. Il est incrusté sur la porte de la ville; ce sont les armes des Médicis [1].

---

[1]. Je ne connais qu'Alfieri qui ait complaisamment écrit sur la vallée de l'Arno. La ville de Gênes n'a inspiré qu'un ouvrage monumental digne d'elle : C'est le beau et riche travail de notre savant architecte M. Gautier.

III

Un dimanche à Florence — La villa Catalani — L'album d'une reine

Le dimanche est véritablement un beau jour à Florence ; l'indolente ville le savoure avec une gaieté calme qui est du bonheur réfléchi. En me plongeant dans mes souvenirs de Toscane, il me semble que Florence tient en réserve pour ses dimanches un soleil particulier, une lumière plus douce, un fleuve plus azuré, un ombrage plus voluptueux, dans les allées des cascines. Partout ailleurs, le peuple passe son dimanche à courir, à s'égayer follement, à s'étourdir en famille, pour oublier ses labeurs de la semaine ; à Florence, le peuple se promène ; il y a dans son attitude un caractère de bourgeoisie opulente, de dignité, d'aisance, de bon ton. C'est sans doute la seule ville du monde où l'on n'aperçoive pas trace de haillons chez le peuple. Quel excellent augure ne doit-on pas tirer du bonheur des masses dans une ville où les paysannes ont des chapeaux à plumes, et leurs maris des gants de chamois! Ce n'est qu'à Florence, je crois, que le peuple de la campagne porte des gants.

La première impression qu'on ressent en entrant dans une ville inconnue est toujours celle qui reste la plus profonde dans le cœur. J'étais heureux d'être entré à Florence dans la soirée d'un samedi. Le lendemain la ville m'apparut sous des aspects de splendeur inouïe. Jamais soleil n'eut de plus doux rayons.

J'aime mieux les Cascines que nos Tuileries. Les Tuileries ont l'air de vous protéger orgueilleusement de leurs ombrages, comme le chêne de la fable; on est tenté d'essuyer ses pieds à la grille avant d'entrer, comme à la porte d'un salon vernissé; on a beau admettre à cette promenade Cincinnatus et Spartacus, il y règne toujours une atmosphère patricienne qui gêne l'humble bourgeois. Les Cascines, voilà la véritable promenade de tout le monde. D'abord, il n'y a pas de grilles; partout où vous mettrez des grilles, vous ne ferez jamais qu'une prison; si devant des grilles vous placez quelques sentinelles, alors la prison sera complète. Aux Cascines, ni soldats ni barreaux de fer : c'est un bois délicieux qui commence à la lisière de la ville, un bois véritable où l'on a ménagé quelques allées au cordeau, mais qui conserve encore presque partout une grande indépendance de culture : l'Arno longe les Cascines, comme la Seine les Tuileries, avec cette différence qu'entre les Cascines et le fleuve il n'y a pas un long rempart de lourde maçonnerie tout prêt à soutenir un siége. De fraîches pelouses conduisent le promeneur des Cascines sur la rive de l'Arno.

La promenade des dimanches aux Cascines est une charmante fête italienne. C'est un Longchamp hebdomadaire; deux longues files de calèches courent sur la grande allée; les cavalcades s'y entremêlent; les piétons circulent dans les nefs latérales du bois. Ce tableau est calme, élégant et gracieux comme tout ce qui est florentin; il ne sort aucun cri de cette foule décente; l'Italien fluide et argenté de la molle Toscane circule harmonieusement de bouche en bouche, sur des notes à l'unisson qui font plaisir à l'oreille. Point de luttes, de querelles, de grossiers propos : ce n'est pas au moins absence de passions chez ce peuple ; il se passionne quand il faut ; c'est un peuple profondément artiste qui ne juge pas à propos, dans son exquis bon sens, de dépenser son énergie dans des bacchanales de rue: s'il se promène aux Cascines avec tant de décence, c'est qu'il ne sait pas s'exalter à froid pour faire du bruit inutile en plein air. Allez le voir au théâtre ; là, il pleure, il rit, il trépigne ; il applaudit vingt fois une cavatine avec la frénésie de son midi ; allez le voir au sermon du Dôme, lorsqu'un de ces moines éloquents, comme j'en ai entendu, prêche l'Avent ou le Carême ; toutes les phrases de l'orateur vibrent sur les visages expressifs de l'immense auditoire; les mains se crispent pour se défendre d'applaudir: le sermon fini, on enferme prudemment le prédicateur dans une litière couverte ; le peuple l'emporterait en triomphe pour le remercier : on est obligé de protéger le prêtre contre cette ovation.

Un de ces beaux dimanches de printemps, je sortis de Florence par la porte *San-Gallo,* pour me rendre à une touchante invitation que j'avais reçue la veille ; j'allais entendre chanter les litanies de la Vierge, à la chapelle du village de la *Loggia* : c'était madame Catalani qui devait chanter avec sa fille, madame Duvivier ; la maison de campagne qui, par la volonté du grand-duc, porte le nom de l'illustre cantatrice, est contiguë à la *Loggia*.

Je ne sais rien au monde de plus émouvant que les offices de l'Église catholique dans les humbles chapelles des villages. En Italie surtout, comme dans le midi de la France, on se sent, malgré soi, touché de piété et de recueillement au milieu de ces villageois aux croyances naïves, et par un retour soudain, l'esprit se reporte aux plus douces émotions de l'enfance.

La messe fut dite par un vénérable prêtre octogénaire ; la chapelle était remplie de paysans et de paysannes, tous agenouillés avec indolence, mais se mêlant avec ferveur aux prières de l'autel. Dans le sanctuaire, il n'y avait qu'un très-petit nombre d'invités choisis, entre autres M. et madame Gaëtan Murat, et un glorieux exilé de Pologne, M. le comte Potocki.

Madame Catalani entonna les litanies avec sa magnifique voix, la même voix que l'Europe a entendue et tant applaudie ; il n'y avait cette fois pour l'admirer, ni le parterre de *la Scala*, ni les loges de *San-Carlo*, ni un auditoire de Parisiens, de Russes ou d'Anglais, ni un congrès de rois. De pauvres paysans l'écoutaient, bouche béante ; leurs figures exprimaient le ravissement, l'extase. J'ai vu peu de tableaux aussi touchants. L'artiste célèbre, qui chantait à genoux au pied de l'autel, est toujours belle et majestueuse comme nous l'avons vue aux Italiens ; ses yeux sont toujours superbes, sa physionomie toujours palpitante d'émotion ; c'était bien beau à voir que Sémiramis abdiquant ainsi la pourpre babylonienne, pour donner de la joie à tout un indigent village, pour prier la Vierge, en roulant les notes graves de la mélopée des chrétiens. J'étais heureux d'entendre ces saintes violences de la prière, qui éclataient dans une latinité sonore, sur des lèvres italiennes ; jamais la chapelle nue de ce village n'avait tressailli à pareille fête. A ces sublimes invitations : *Reine du ciel, Rose mystique, Tour d'ivoire, Consolatrice des affligés,* le chœur des villageois répondait : *Priez pour nous,* et cet harmonieux *Ora pro nobis* était chanté avec un ensemble étonnant, avec cette intelligence naturelle de la note et de l'accord parfait qui repose dans toute oreille italienne. Le mode des versets et des répons était grave et simple, tel qu'il fut noté par saint Bernard, ce grand serviteur de Marie ; la cantatrice ne leur faisait rien perdre de sa naïveté primitive ; mais elle attaquait chaque invocation avec une chaleur inspirée, un enthousiasme séraphique, qui donnaient un charme inattendu à la poésie virginale de cette prière ; la voix divine semblait s'élancer aux cieux, pleine de foi et d'espérance, et en descendre pour s'éteindre dans l'acclamation de l'auditoire ; ces chants alternés n'étaient ainsi jamais interrompus par aucune pause, conformément à la loi écrite qui veut que *la prière de l'Église ne tombe jamais à terre,* et que la bouche silencieuse recueille le dernier son pieux de la bouche qui vient de se fermer.

J'ai assisté à bien des concerts en Italie ; je n'ai rien entendu de comparable à cette solennité de village. Dans la chapelle Sixtine, à Rome, quand le divin *Miserere* éclatait devant la fresque de Michel-Ange, je me rappelai avec émotion les litanies de la *Loggia.* Le pape, les cardinaux, le saint collége, et Michel-Ange, plus imposant encore que toute la cour de Rome, ne me firent point oublier cet auditoire serein de villageois qui répondait à madame Catalani, dans une chapelle indigente et dépouillée : c'est en songeant aux Litanies que je m'attendris au *Miserere*; et si Dieu se complaît aux prières des hommes réunis, il aura donné aux paysans de la *Loggia* une oreille favorable, qui se sera peut-être fermée aux *soprani* scandaleusement admirables de la chapelle du Vatican.

A l'issue de la cérémonie, madame Catalani [1] nous introduisit dans sa villa. L'Europe artiste a payé cette magnifique résidence; Florence n'a pas à vous montrer une plus belle maison de campagne. La villa Catalani s'est fait une ceinture de citronniers et d'orangers; elle respire dans une plaine : elle donne sa façade d'hiver au soleil, sa façade d'été aux ombrages : elle a une cour à colonnades où elle étale quatre bas-reliefs de Lucca della Robbia, ce puissant sculpteur qui aurait pu travailler aux panathénées du Parthénon sur l'échafaudage de Phidias.

On est saisi d'un frisson de joie en entrant dans cette villa embaumée; une atmosphère de sérénité opulente vous rafraichit le visage; sous les chaleurs du midi, on croit nager dans un bain de marbre; partout le marbre et les riches pavés de mosaïque; partout l'élégance italienne artistement combinée pour lutter contre l'ardente saison. Les persiennes de cent croisées s'agitent à la brise de l'Arno, et font circuler la fraîcheur dans les escaliers

---

1. Je continue à donner à madame Catalani le nom sous lequel l'Europe la connaît, ce nom qu'elle a rendu si célèbre. C'est aujourd'hui madame de Valabrègue.

et les galeries. Les arabesques courent sur tous les murs, comme un rêve de bonheur; les citronniers embaument les corridors; les parfums du jardin montent dans toutes les alcôves. On se croit transporté dans un de ces palais que les peintres bâtissent sur leurs toiles, comme pour se consoler de n'avoir pu les trouver sur la terre; et pour cadre à cette villa, la campagne de Florence! De tous les balcons on aperçoit cette plaine lumineuse d'azur, couronnée de montagnes bleues, baignée par son fleuve caressant. On la voit aussi, Florence la belle, sous les collines de la villa Strozzi et de San-Miniato; elle semble couchée mollement au bord de l'Arno, avec son dôme et ses deux tours colossales, comme une femme indolente qui étend ses bras avant de s'endormir.

Un somptueux déjeuner nous attendait dans une charmante salle contiguë à l'orangerie. Le prêtre qui avait dit la messe avait été invité; il arriva pour s'excuser de ne pouvoir se mettre à table avec nous; madame Catalani lui fit les plus gracieuses instances dans cette langue toscane à laquelle on ne peut rien refuser, le prêtre persista dans son refus en souriant. Il ne voulut accepter qu'une tasse de chocolat, qu'on lui servit dans une autre pièce. Ce scrupule me parut bien beau et bien méritoire chez un vieillard.

A table on parla beaucoup de musique, et surtout des opéras français inconnus en Italie. On parla de *Robert*, qui n'a pas encore franchi les Apennins; c'est une véritable affliction pour les Italiens; il en est qui sont partis de Florence pour le voir représenter à Paris; ils ont payé mille écus leur billet de balcon. C'est que les Florentins n'ont, en musique, ni système ni exclusion : ils se passionnent pour tout ce qui leur paraît beau, et ne demandent pas d'où cela vient. J'ai assisté à la naturalisation des symphonies de Beethoven à Florence; l'*héroïque* et la *pastorale* excitèrent un véritable délire de joie; de prime audition, ces chefs-d'œuvre furent compris, étreints, dévorés. Le même monde allait le soir se pâmer à la *Pergola* devant Donizetti, le *maestro* de la saison. Je demandai si l'opéra de *Robert* ne serait jamais monté à la *Pergola*. La troupe l'aurait, certes, dignement exécuté; il y avait un ténor français, Dupré, qui a une voix délicieuse, une basse chantante, fort bonne, dont j'ai oublié le nom, et deux cantatrices pleines de talent, mesdames Persiani et Delsere. On me répondit que *Robert* serait éternellement exclu du théâtre à cause de l'acte des nonnes, et des moines, et des prêtres, et de l'église de Palerme.

Ces scrupules étaient trop mal fondés pour m'arrêter même un instant.

— Il est étonnant leur dis-je, que ces petites difficultés n'aient pas été levées depuis qu'on soupire après *Robert*: il n'est pas strictement nécessaire de s'astreindre au *libretto* français; au moyen de quelques variations qui ne changeraient rien au fond de la musique, vous pourriez vous faire un *Robert* épuré et admissible, même par les Toscans les plus minutieux et les plus exigeants.

— Voyons, nous ne demandons pas mieux, comment feriez-vous?

— Au lieu des nonnes, continuai-je, mettez les premiers fantômes venus; je ne vois pas la nécessité que ces fantômes aient une large croix sur la poitrine, et qu'ils dansent devant le tombeau de sainte Rosalie. Quant au cinquième acte, vous conviendrez que l'église de Palerme ne joue qu'un rôle accessoire d'apparition et de décor. comme le Vésuve dans *la Muette*. Supprimez l'église et terminez court au trio, l'opéra n'y perdra rien. Pour de véritables amants de la musique, le spectacle s'efface toujours devant l'art. Moines, prêtres, nonnes, cathédrale, lampes d'argent, tout peut être retranché sans qu'une seule note du chef-d'œuvre soit immolée dans cette dévastation de décors. A mon retour à Paris, je demanderai à M. Meyerbeer s'il approuve mon idée, et si le compositeur ne répugne pas à ces mutilations de la forme, je vous fais envoyer un *libretto* orthodoxe, dussiez-vous prendre les fantômes que vous avez sous la main, dans le château d'Udolphe, entre Sienne et Poggi-Bonzi.

Ma conviction convertit les plus récalcitrants et je ne doute pas que quelque jour mon idée ne soit exécutée sur les théâtres italiens.

Ce déjeuner finit selon les préceptes de la philosophie antique. Dans cette salle si riante, si parfumée, toute empreinte de la grâce toscane, au milieu de ces jardins d'orangers où la vie est si puissante, où toutes les joies aériennes du printemps florentin semblent infuser en nous l'immortalité du corps, un chant lugubre, un chant de tombeau, jeta son contraste et nous fit rêver tous avec une délicieuse mélancolie. Madame Catalani avait entonné le *Dies iræ* de l'Église d'Angleterre, dans lequel a été jetée toute la terrible poésie des puritains; cette hymne sombre doit avoir été écrite sur le marbre d'un sépulcre, avec une branche de cyprès. Les notes lentes du cor anglais accompagnent ce chant; elles s'interrompent et tintent comme le glas de la trompette de l'ange. Jamais surprise plus inattendue : comme elle est ingénieuse et créatrice, l'hospitalité de la villa Catalani! un exquis déjeuner servi entre les litanies de la Vierge et le *Dies iræ*! au dessert un sybaritisme vulgaire célèbre le champagne et l'amour; ici, sur les bords de l'Arno, la coupe pleine des vins de France, assis entre les femmes de Florence et les femmes de Paris, nous écoutions avec ravissement les versets de nos funérailles. La brise riait sous les orangers de la terrasse; midi descendait avec ses mystères de langueur italienne; une lumière douce jouait sur les vitres; des ombres diaphanes flottaient sur les fresques : c'était comme au *triclinium* de Tibur, lorsque Horace disait à Sestius :

« Cueillons les myrtes et les fleurs; la brièveté de la vie nous défend les longues espérances; soyez heureux; quand vous serez chez les ombres, vous ne tirerez plus aux dés la royauté du festin. »

Toute cette journée ne fut qu'un long concert : les jours de Florence ne sont faits que de musique, et ils ne finissent que bien avant dans le lendemain. Le piano fut envahi; l'auditoire couvrit les divans du salon, les partitions se déployèrent sur les pupitres. Madame Duvivier, la fille de madame Catalani, possède une des plus belles voix de contralto que l'Italie aient entendues; elle chanta des duos avec sa mère : on épuisa *Norma*, la *Donna del Lago* la *Semiramide*. Le salon élégant et artiste de Paris était dignement représenté, au piano de la villa, par madame Gaëtan Murat, la fille de M. de Méneval, qui fut l'ami de l'empereur. A chaque instant, les visiteurs arrivaient de Florence; le bruit des roues, le piétinement des chevaux sur les dalles de la cour, les annonces pompeuses des grands noms de l'aristocratie toscane, rien n'interrompait la note, rien ne calmait la furie de l'exécution musicale. La maîtresse de la maison était Norma ou Sémiramis, nous étions à Babylone, ou dans la forêt d'Erminsul; personne ne s'inquiétait de ce qui se passait au dehors du salon. C'était la belle passion de l'art dans toute sa divine folie, comme je l'ai tant de fois rêvée; il n'y avait point de complaisance d'artiste ni de chanteur, point de secrets efforts d'échapper à la sieste ou à l'ennui par la diversion forcée du chant, point d'intermèdes où l'on échange des remerciements et des félicitations; aucun programme n'avait numéroté nos jouissances; le plaisir ne languissait pas dans les essais des préludes et les hésitations de la coquetterie; tout courait de verve et de vraie passion, cavatine, cantilène, polonaise, duo, trio, romance; l'artiste était toujours prêt et ne faisait jamais attendre l'auditeur; celui-ci eût prolongé la matinée indéfiniment; les partitions étaient dévorées au vol; le piano ne donnait pas de trêve à la voix, ni la voix au piano. C'est ainsi qu'on fait de la musique à la villa Catalani.

Ce n'est pas sur le Thabor que je voudrais bâtir une tente, c'est dans cette fraîche oasis de la plaine de l'Arno. L'harmonieuse villa chante encore à mes oreilles; et dans la maison de la mer et des pins, dans la villa méridionale des fontaines, où j'écris ces souvenirs, il me semble que ma voisine, la Méditerranée, m'apporte de mélodieux lambeaux de ce dimanche florentin. La sieste du printemps ne m'a jamais donné un rêve plus suave que ce gracieux jour de vie réelle; la folle imagination qui cherche la poésie intime du bonheur, et qui ne la trouve jamais dans le cahotement des villes, se crée parfois dans un monde idéal des sites embaumés, de fraîches résidences enveloppées d'une lumière vaporeuse, retentissant de musique, de chants, de fontaines, de voix de femmes ; un jour la vision se matérialise, un jour seulement ; le bonheur ne dure jamais davantage ; et puis l'apparition s'évanouit comme le mirage du désert ; le sable nu reste, et l'amertume rentre au cœur.

Ce jour au moins devait être pour moi complétement beau ; je l'avais commencé dans une villa où la royauté du talent a volontairement déposé la couronne qu'elle avait conquise, je le finis dans un palais où une royauté plus auguste subit, dans un noble exil, la fatale et glorieuse destinée du plus grand nom moderne.

La sœur de Napoléon, la veuve du roi de Naples, m'avait fait l'honneur de m'admettre à ses soirées. Quel palais hospitalier que le sien ! L'étiquette ne s'y informe pas de l'opinion du voyageur ; arrivé sur le seuil, il dit : Je suis Français ; et la porte s'ouvre, et on lui fait fête. L'univers est représenté au salon de la comtesse de Lipona ; royaume, empire ou république, chaque État envoie ses ambassadeurs et ses courtisans désintéressés à la reine Caroline ; on n'a plus ni titres ni places à demander à la sœur de l'empereur ; on va chez elle pour la voir, l'admirer, l'écouter surtout et s'attendrir, car jamais femme n'eut plus de grâce et d'enchantement dans la parole. Dieu l'avait bien créée pour la faire asseoir sur le trône de la *villa-Reale*, devant cette mer napolitaine, harmonieuse comme sa voix. Sur elle aussi les ans et les malheurs ont passé, sans que l'éblouissant éclat de sa jeunesse se soit fané sous les larmes qu'elle a versées. Quelle famille ! Qu'un étranger entre pour la première fois dans ce salon rempli des plus belles femmes de Florence, demandez-lui de vous désigner celle qui fut reine, il n'hésitera pas et ne se trompera pas, son regard indiquera toujours celle qui aujourd'hui s'appelle la comtesse de Lipona. Il me semble toujours que les deux grands noms qu'elle porte resplendissent autour d'elle, en lettres de rayons.

On chante tous les soirs au salon de la comtesse de Lipona; elle a besoin de musique, et elle l'aime de passion; tous les Bonaparte sont artistes; c'est peut-être la seule famille couronnée qui ait le goût instinctif et vrai des beaux-arts; il est vrai qu'elle n'est pas née sur le trône. Madame Catalani vient souvent, avec sa fille, se mettre au piano de ce salon. Les amateurs de Florence se font joie de s'y faire entendre. Toutes les partitions nouvelles y arrivent dans leur primeur, et il ne manque jamais d'artistes pour les attaquer de première vue.

Ce soir-là donc, pendant qu'on chantait, madame la comtesse de Lipona me présenta son album, en me demandant des vers. Après une aussi poétique journée, et en présence de cette femme auguste, j'aurais rougi de renvoyer l'inspiration au lendemain. J'ouvris l'album, et, tout en écoutant la cavatine de *Casta Diva*, j'écrivis la pièce suivante sur un guéridon de la salle du concert.

LES EXILÉS A FLORENCE

Quand l'heure de l'exil sonne lugubre et lente,
Il est une cité, sirène consolante,
Qui, dans l'éclat des jours et la fraîcheur des nuits,
Ôte un peu d'amertume aux intimes ennuis ;
C'est Florence : on y vient lorsque l'âme est blessée,

Lorsqu'on subit le poids d'une triste pensée;
Que le cœur, trop ému d'un souvenir cuisant,
Cherche loin du passé le calme du présent.
Terre de doux repos, de gloire et de folie,
Belle entre les cités de la belle Italie,
Voyez-la dérouler sa ceinture de monts
Pour étreindre à la fois tous ceux que nous aimons,
Tous ceux qu'on salua de ce long cri de gloire
Qui s'élança du Nil pour mourir à la Loire;
Ceux qui furent si grands, qu'aux jours de leurs revers,
Un long crêpe de deuil assombrit l'univers.

    O Florence, noble reine!
    Qu'à nos exilés chéris
    Ta lumière soit sereine,
    Tes jardins toujours fleuris!
    Que la brise de ton fleuve
    Porte à quelque illustre veuve
    Des baumes purs et touchants;
    Que l'harmonieuse ville
    Lui fasse la nuit tranquille
    Avec de célestes chants!

    O Florence maternelle
    Qui t'attendris à ces noms,
    Abrite bien sous ton aile
    Ceux dont nous nous souvenons;
    Aux exilés sois bien douce,
    Sème les tapis de mousse
    Et les myrtes odorants;
    La nuit, sous de sombres voiles,

Mets la couronne d'étoiles
Sur ceux qui furent si grands.

Qu'elles soient toutes unies,
Florence, dans ces beaux lieux,
Ces joyeuses harmonies
Qui rendent l'homme oublieux !
Que toute brise qui passe
Leur porte, à travers l'espace,
Les airs qui calment les maux ;
Qu'elle roule son haleine
Sous les arbres de la plaine,
Et chante dans leurs rameaux !

Gracieuse enchanteresse,
Ville odorante, au ciel pur,
Toi qu'un beau fleuve caresse
Avec des lèvres d'azur ;
De tous ceux que l'on exile
Enchante le noble asile
Par tes fleurs et tes chansons ;
Qu'ils retrouvent à Florence
Un sourire d'espérance
Pour nous Français qui passons.

Après avoir lu ces vers à la noble exilée, je la priai de vouloir bien m'indiquer elle-même le sujet, le titre et le rhythme d'une autre pièce que je m'empresserais de composer sur-le-champ.

— Je veux bien, me dit-elle, avec sa grâce de reine ; voici votre sujet : je porte deux noms dont je suis fière,

je suis la sœur de Napoléon et la femme de Murat:
faites une ode là-dessus : le titre de votre pièce doit être :
« *Bonaparte et Murat.* »

Alors, j'écrivis l'ode suivante :

BONAPARTE ET MURAT

Bonaparte ! ce nom, quand la main le crayonne
Sur le grossier vélin, comme un astre rayonne :
Jamais nom de mortel n'eut des destins si beaux.
Si la France perdait l'éclat qui la décore,
Ce nom étincelant l'embraserait encore,
  Comme un soleil sur des tombeaux.

Ce nom, le grenadier dans les sables numides
L'incrustait en veillant auprès des Pyramides ;
L'Anglais le dessina sur le roc de l'exil ;
Et lorsque le burin manquait aux sentinelles,
Elles le ciselaient en lettres éternelles
  Avec la pointe du fusil !

Le sauvage le dit d'une voix ingénue,
Sur l'île où toute langue est encore inconnue,
Où l'océan du Sud murmure de doux sons ;
Les peuples endormis sous les ombres du pôle
Ont buriné ce nom sur l'immense coupole
  Arrondie avec des glaçons.

Allez à Tombouctou, la ville fabuleuse,
Où le Niger étend son onde nébuleuse ;

Prononcez de grands noms, des noms grecs et romains :
Aucun ne touchera le stupide sauvage;
Demandez Bonaparte à l'écho du rivage :
    Le rivage battra des mains.

Les Africains errants avec un culte étrange
Sur les pics décharnés du fleuve de l'Orange,
Chez eux le nom français n'est point encor venu.
Ils n'ont jamais prié le Créateur suprême;
Ils ignorent le monde, ils ignorent Dieu même :
    Bonaparte leur est connu.

Un voyageur, cherchant de l'or pur en filières,
A vu sur le sommet des vastes Cordilières
Ce nom universel, qui fascina ses yeux;
Bonaparte brillait sur le plus haut du site,
Comme s'il eût laissé sa carte de visite
    A la porte qui mène aux cieux.

Partout il est connu : cherchez bien sur la carte
Un seul peuple oublieux du nom de Bonaparte :
Notre globe le sait de l'un à l'autre bout.
Les peuples périront, ainsi que leurs histoires,
Les temples, les cités, le bronze des victoires;
    Ce nom seul restera debout.

Il en est encore un qui luira sur la France,
Et qui nous sera cher, ah! j'en ai l'espérance,
Tant qu'un feu militaire animera nos fronts,
Tant que la gloire sainte aura pour nous des charmes,
Tant qu'une main française élèvera les armes
    Pour nous venger de nos affronts.

Murat! ah! tout est dit! il suffit qu'on le nomme!
C'est la gloire incarnée et la valeur faite homme.
Qu'on lui trouve un rival dans les âges anciens!
Dans les rangs hérissés de flèches et de piques!
Récitez les exploits des poëmes épiques :
    Ils pâlissent devant les siens.

Quand le canon sonnait l'heure de la bataille,
Il montait à cheval, grand de toute sa taille,
Le premier réveillé dans le camp endormi,
Et courant, radieux, hors la ligne des tentes,
Avec son beau dolman et ses plumes flottantes,
    Il se montrait à l'ennemi.

Roi des camps! un cheval alors était son trône,
Sa large épée un sceptre, un casque sa couronne;
Les boulets du combat étaient ses courtisans.
La mort eut pour lui seul des regards de clémence,
Il livra sans blessure une bataille immense,
    Une bataille de quinze ans.

Ce n'était qu'un enfant aux belles tresses blondes,
Un enfant calme et doux, lorsqu'il passa les ondes
Pour montrer à l'Égypte un visage riant.
Eh bien! du premier coup d'une épée enfantine,
Il trancha le damas du bey de Palestine,
    Et fit chanceler l'Orient.

Tu t'en souviens encore, Aboukir! sur ta plage,
Tu le vis autrefois à l'aurore de l'âge.
Un pacha de Stamboul lui barrait le chemin :
Murat échevelé prit une armée entière;

Il entr'ouvrit les flots, ainsi qu'un cimetière,
    Et l'ensevelit de sa main.

Toujours courant, toujours sous les premières tentes,
Toujours pressant un fer de ses mains haletantes,
Un soir il arriva sur un fleuve lointain,
Sous les murs de Moscou, d'épouvante saisie,
Qui sentit ébranler ses minarets d'Asie
    Et ses mille dômes d'étain.

L'armée était bien lasse et loin de sa patrie;
Moscou se révélait comme une hôtellerie;
Lui seul ne daigna point s'arrêter pour dormir.
Il se précipita sur le Baskir immonde,
Sur la route qui mène aux limites du monde,
    Par les sapins de Vladimir...

Bonaparte et Murat! étoiles fraternelles!
Deux grands noms rayonnant de lueurs éternelles,
Baptisés mille fois sous le feu des canons:
Tout Français aujourd'hui qui sent brûler son âme,
Doit incliner son front aux genoux de la femme
    Héritière de ces deux noms.

Épouse du héros, digne sœur du grand homme,
De quelque titre saint que ma bouche vous nomme,
Une larme toujours viendra mouiller mes yeux.
Soyez heureuse, vous! Que ce chant vous console,
Car vous brillez encor de la double auréole
    Des deux noms qui luisent aux cieux.

La pièce écrite, je la lus à la sœur de Napoléon, à la veuve de Murat, et j'eus le bonheur de voir des larmes tomber sur son noble visage; c'est la seule fois que je me suis estimé heureux de savoir improviser quelques vers. Une pareille journée ne me reviendra plus.

L'ATELIER DE BARTOLINI

Quand on entre à Florence par la porte de Pise, on passe dans une rue triste et sombre qui fait contraste avec la ravissante vallée de l'Arno qu'on vient de quitter; à quelques pas de cette porte, une façade monumentale de maison arrête un instant vos yeux par son caractère artistique : c'est l'atelier de Bartolini, le Phidias toscan.

Tout le monde n'est pas admis à visiter ce palais du grand sculpteur; les princes et les lords, qui ne sont que princes ou lords, ont souvent fait antichambre à la porte de l'atelier; mais l'artiste voyageur, le pèlerin amant de l'Italie, le poëte fervent, ont leurs libres entrées, de droit, chez Bartolini. Il leur crie comme la mère d'Aristée :

Fas vobis limina divum.

Rien ne rappelle mieux les ateliers antiques de Praxitèle ou de Scopas que cette demeure tout empreinte de la majesté de l'art; les plafonds des salles s'élèvent à soixante pieds pour laisser respirer à leur aise les statues gigantesques qui viennent de jaillir du bloc; des masses énormes de marbre vous arrêtent à chaque pas; de jeunes élèves, enfants de la campagne voisine, comme Giotto, travaillent à tous les angles pour dégrossir le marbre, et le jeter au ciseau du maître. Le sol est jonché d'une poussière blanche et lumineuse, plus douce aux pieds de l'artiste que le gazon des Cascines, que les pelouses de l'Arno. Moi, pauvre et inconnu comme le Scythe Anacharsis, j'entrai là, comme lui chez le sculpteur d'Athènes, avec un saint respect dans le cœur, le frisson aux cheveux, la flamme au visage; une petite porte s'ouvrit, porte sacrée, interdite aux profanes, et j'eus le bonheur de surprendre Bartolini en flagrante obsession de l'art; il était couvert d'une auréole de fumée de marbre; les bras nus, la tête nue, les yeux étincelant d'esprit.

Il me reçut avec une simplicité grave, sans aucune dépense de gestes et de propos, j'aimai cette intelligente fierté du grand artiste qui, en vous initiant dans les plus grands mystères de son cénacle, vous accorde une faveur qui ne pourrait plus être qu'affaiblie par de vaines phrases et de fades compliments de réception. Il était muet et debout, le ciseau à la main, devant la plus récente et la plus aimée de ses créations, sa Bacchante, sa Bacchante déjà célèbre en Italie, quoiqu'elle ne soit pas encore sortie de son boudoir, la ravissante fille. Je ne vis plus rien de ce qui m'entourait, la divine statue m'absorba; je fus saisi d'une telle illusion, que je me retirai, comme on ferait par respect devant une jeune femme nue et surprise au lit.

Rien de suave, rien de gracieux d'ondulations comme la pose de la Bacchante : elle est mollement renversée sur le côté gauche ; la partie supérieure du corps se replie voluptueusement, et, dans ce délicieux abandon, elle se trahit tout entière. Que de jeunes filles toscanes ont donné leur contingent de beauté spéciale à ce marbre ! Il s'est enrichi, et s'est rendu parfait avec les dons épars de tant de modèles. Que de femmes il a fallu pour en composer une seule !

Le sculpteur Bartolini admire l'antique, mais il ne le copie pas : il copie la nature qui vaut mieux que l'antique. Si j'avais à faire un Apollon, me disait-il, je chercherais un homme physique, comme Diogène cherchait l'homme moral ; je n'irais pas au Belvédère du Vatican, devant la plus belle statue de ce dieu : je chercherais des formes divines chez l'humanité mortelle. La nature ne trompe pas le ciseau ; je suis sûr que l'Apollon du Belvédère se briserait en morceaux, s'il venait à marcher. Mais les modèles parfaits n'existent pas ; la nature laisse tomber une perfection sur un corps entre deux défauts ; et puis notre choix est restreint dans une seule classe de modèles, ceux qui posent par métier. Je ne néglige aucune peine, je n'épargne rien, ni argent, ni recherche pour avoir d'excellents modèles ; quelquefois je suis obligé de les deviner, par instinct, à la promenade, à la campagne, et sous des vêtements, dans un costume qui ne flatte pas leurs beautés de détail. Regardez cette jeune fille (il me montra une enfant de treize ans assise sur un lit) : comment la trouvez-vous ? (Je fis un signe d'hésitation.) Ses yeux vous semblent morts, n'est-ce pas? son regard éteint? vous allez la voir.

Il ordonna au jeune modèle de prendre la pose de la prière; l'enfant s'agenouilla et laissa pencher sa tête sur l'épaule droite. Elle devint sublime : ses joues s'enluminèrent de pudeur, ses grands yeux noirs parlèrent au ciel; ce fut la personnification de la prière dans tout son beau idéal de sainte et douce violence, de séraphique ferveur.

La nature! poursuivit le grand artiste, la nature, c'est toujours elle qu'il faut étudier dans notre art. Nous avons beaucoup de chefs-d'œuvre parmi nos statues antiques, je n'en copierais pas un orteil pour le pied de ma Bacchante. Tant qu'il y aura des femmes, je tâcherai de découvrir chez une d'elles la perfection, dans un ongle, un pli de chair, une racine de cheveu, et je m'approprierai cette beauté minutieuse de détail. Voilà tout mon secret.

Mes oreilles étaient toutes aux paroles de Bartolini; mes yeux ne pouvaient se détacher de sa fille de marbre; elle aussi semblait écouter son père, et le regarder avec amour, dans l'ivresse des bacchanales; on aurait cru voir la fille de Loth méditant son inceste. La chambre était éclairée par un jour tendre; de légers rayons couraient avec leurs atomes sur le corps de l'adorable statue, et semaient sur ses belles formes une teinte molle qui les incarnait. La Bacchante, noyée dans cette flottante lumière, semblait perdre parfois son immobilité; à force de la regarder fixement, je croyais saisir la vie et le jeu des muscles dans ses bras arrondis, dans son dos si souple, dans son col moelleux qui donnait un frisson magnétique à mes lèvres. Je compris la folie de Pygmalion.

— A quel amant destinez-vous cette belle maîtresse? demandai-je à Bartolini.

— Au duc de Devonshire, me répondit-il.

— Ce duc est bien heureux! Me permettez-vous de la revoir, car je sens que ma visite est trop longue et que votre temps est de l'or pur.

— Venez quand vous voudrez.

— Je n'y manquerai pas, croyez-le bien. Maintenant, accordez-moi une faveur.

— Laquelle?

— La faveur d'embrasser votre fille.

Le sculpteur étendit sa main droite vers elle avec un geste de paternel consentement.

Ma lèvre effleura les lèvres de la Bacchante. Je sortis heureux, comme on sort à vingt ans d'un premier et pudique rendez-vous.

Je me lançai dans Florence, la ville des statues. La Sabine de Jean de Bologne me parut lourde, la Niobé m'attendrit, la Vénus pudique me trouva glacé; 'en demande pardon à l'ombre de Praxitèle. Oh! sans doute, lorsque sa Vénus sortit de son ciseau, pure, blanche, lumineuse comme le marbre de Paros dont elle est faite, elle mérita les baisers de tous les jeunes gens de Cypris et d'Amathonte; elle était suave aux yeux et aux mains comme l'ivoire des lits du gynécée; sa chevelure exhalait encore les parfums de la mer Ionienne, comme la déesse dont elle est la divine image; sa radieuse nudité donnait des extases d'amour au prêtre qui la couronnait de myrte, à la veillée de ses fêtes. La Grèce entière avait passé, amoureuse et ravie, devant le sacré piédestal, quand la céleste image, inclinée à demi, souriant à l'adorateur, laissait mollement tomber un de ses bras pudiques, et de l'autre cachait le plus beau sein qu'un œil de mère ait pu voir. Mais aujourd'hui, après tant de siècles d'inhumation, comment nous l'a-t-elle rendu le corps divin, cette villa d'Adrien dévastée par les soldats de Théodoric? A Rome, les Visigoths ont violé la statue sainte, et quinze cents ans après ils ont trouvé des dignes imitateurs à Paris, chez les Tartares du Don. Quelle destinée! Au moins son frère, l'Apollon du Vatican, a traversé les siècles en conservant sa pureté native; dans la rotonde bâtie pour lui, il se lève encore splendide et virginal, comme sur l'autel de Claros: mais elle, cette Vénus mutilée, comme ils nous l'ont faite les saccageurs de Théodoric et d'Alexandre! Cadavre jauni par la terre grasse de la fosse; cadavre morcelé plein de souillures; il a fallu que de pieuses mains en réunissent les membres épars pour reconstruire un corps; et pourtant l'œil de l'artiste, s'il se ferme un instant sur les cicatrices du simulacre; s'il ne s'ouvre que sur les grâces divines de l'ensemble; s'il surprend encore la palpitation du marbre à travers le vernis du sépulcre, eh bien! c'est encore pour lui la Vénus de Praxitèle et de Médicis, la statue aimée de Périclès et d'Adrien.

Le lendemain, à sept heures du matin, je repris le chemin de l'atelier de Bartolini.

Florence est bien la ville des arts; en aucune autre cité vous ne trouverez ces brillants accessoires qui vous accompagnent poétiquement jusque sur le seuil du peintre, du musicien, du sculpteur. Dans la rue, à la promenade.

sur les quais, sur les places publiques, rien ne vous distrait de votre religieuse pensée de visite. Chemin faisant, vos réflexions courent dans une atmosphère imprégnée du parfum des beaux-arts. En me rendant chez Bartolini, je passai devant le palais Strozzi, bâti pour dévorer le temps : je m'inclinai devant la colonne apportée des thermes d'Antonin ; je traversai le magnifique pont que Michel-Ange fit à Rome, et qu'il envoya, dit-on, dans une lettre, au grand-duc qui le lui avait demandé. Vue de là, sous la transparente lumière d'une matinée d'avril, Florence était suave et gracieuse comme son nom ; l'Arno coulait comme de l'azur fluide entre ses deux rives radieuses de soleil, semées de palais et de dômes. A gauche, je voyais s'avancer la colonnade sombre des Offices ; auprès, le pont vieux où Hercule terrasse Nessus par ordre de Jean de Bologne ; au fond du tableau, la délicieuse colline de San Miniato ; à ma droite, je suivais l'Arno qui descendait avec ravissement sous les arbres des Cascines ; du centre des grands bois je voyais surgir un groupe de pins gigantesques dont les têtes s'arrondissent en parasol et dominent les vastes allées ; vis-à-vis, sur l'autre rive, montait la villa Strozzi avec ses cyprès et ses mélancoliques ombrages.

Je trouvai Bartolini comme je l'avais vu la veille, devant sa Bacchante ; à cinq heures du matin, il prend le ciseau et ne le quitte qu'à la nuit ; c'est ainsi qu'on se fait grand.

— Comment avez-vous trouvé la Vénus de Médicis? me dit-il.

— Froide, lui répondis-je, je venais d'embrasser votre Bacchante.

3.

Il sourit, comme un roi à une parole de courtisan : le génie est la première des royautés; l'adulation n'est permise que devant lui. Il m'offrit de me faire visiter les salles de son atelier, j'acceptai avec joie.

Il me montra sa galerie de bustes; il en a fait six cents, presque tous portraits de femme. Toutes les belles Anglaises ont posé devant lui; pas une dame opulente et voyageuse ne passe à Florence sans en rapporter son buste de marbre ciselé par Bartolini; le plâtre reste à l'atelier. C'est la plus curieuse collection de nobles et belles têtes qu'on puisse voir. Voilà le délassement du sculpteur florentin; son travail est réservé aux colosses.

Depuis plusieurs années, il a fondu des blocs pour son mausolée du seigneur Demidoff, ce riche des *Mille et une Nuits*, qui avait des mines d'or dans ses terres, qui aurait acheté à la mort une semaine de vie de plus, si cent millions eussent pu la payer. De grandes et belles statues, de magnifiques bas-reliefs orneront le tombeau du Lucullus moscovite; cet ouvrage prodigieux n'avance qu'avec lenteur, parce que de bons modèles manquent souvent au scrupuleux artiste; il faudra peut-être une vie d'homme pour achever le mausolée de ce riche mort. Florence a donné des regrets à Demidoff. Ce Russe intelligent n'avait pas adopté pour devise ces deux vers :

Nescio qua natale solum dulcedine cunctos
Ducit, et immemores non sinit esse sui.

Il pensait, sans doute, que la patrie n'est chère qu'à ceux qui ont une patrie habitable; il avait vu Florence et l'avait préférée à Moscou. On conçoit difficilement le

Samoïède qui regretterait dans le midi sa patrie d'ours blancs, de glaçons et d'éternelles nuits ; on comprend mieux Potaveri, le jeune sauvage, qui demandait, à Paris, ses doux palmiers et son Océan Pacifique où il donnait des rendez-vous à sa maîtresse sur une belle vague d'écume et d'azur. Demidoff avait planté trois tentes sur le Thabor florentin, et il ne tournait jamais ses yeux ni vers le Kremlin, ni vers la Néva, ni vers la cité polaire que Pierre le Grand a eu le courage de bâtir en plein hiver. Le palais du Russe converti au culte du midi s'enveloppait de l'ombrage des Cascines ; on y dansait, on y chantait, on y riait éternellement ; c'était le véritable Paradis terrestre, moins l'arbre du mal et le serpent. Demidoff était grand-duc de Toscane, il ne lui manquait que l'écu d'or et les cinq tourteaux de gueules ; sous son règne, Florence était plus Florence que jamais. Une nuit où la ville entière avait été appelée à la fête, un spectre jaloux, qui n'avait pas reçu sa lettre d'invitation, entra sans se faire annoncer, c'était la mort. Le lustre s'éteignit et ne s'est plus rallumé. Bartolini travaille aux décors de cette dernière fête ; il cisèle le tombeau.

Au milieu de ces lugubres images, un portrait suspendu à la muraille me frappa vivement ; il n'était ni de Rembrandt, ni de Van Dyck, ni de Titien ; c'était une œuvre toute fraîche ; si cette toile avait eu le plus léger vernis séculaire, je l'aurais volontiers attribuée au premier grand nom de l'école de Florence qu'on m'aurait cité ; j'aurais cru que Mazaccio était tout exprès sorti de la tombe pour peindre Bartolini dans son atelier.

Le portrait n'est pas signé ; un portrait d'Ingres n'est

jamais anonyme. Ingres est l'ami du sculpteur florentin; Ingres et Bartolini sont deux talents fraternels; à l'un la toile, à l'autre le marbre. L'Odalisque est sœur de la Bacchante. Ingres, passant à Florence, il y a quelques années, entra dans la maison de Bartolini comme dans son hôtellerie naturelle. Ces deux hommes de génie eurent entre eux de beaux et solennels entretiens sur l'art; personne ne parle de l'art comme Bartolini; il s'exprime dans notre langue avec une facilité merveilleuse, toute pleine de la grâce toscane. Les idées neuves jaillissent avec abondance dans sa parole de flamme. Il a médité sur tous les secrets de la nature et de l'école; il ne répète pas les théories écrites, il improvise les siennes, comme ferait un maître devant des élèves intelligents. Bien peu d'hommes ont autant d'esprit que lui; il a des saillies sérieuses qui prennent en naissant la rondeur concise de l'axiome : c'est l'artiste complet qui a toujours à sa disposition la parole éloquente pour défendre son art. Ingres était fait pour comprendre Bartolini : il a payé la noble hospitalité reçue en suspendant son portrait dans l'atelier du sculpteur, comme Titien chez François Ier. Aujourd'hui que le grand peintre est dans son palais du *Monte-Pincio*, où il dirige notre jeune école romaine, il fera sans doute asseoir l'artiste florentin au foyer de la colonie française. Cela rappellera ces beaux jours des illustres migrations où l'artiste grec, débarqué à Tarente, traversait l'Italie, son bâton à la main, et venait frapper au seuil d'Apulius ou d'Apollodore, qui peignait les fresques du palais d'Auguste sur le mont Palatin.

Il est une statue qui remplit l'atelier de toute sa grandeur, de tout son majestueux éclat; c'est l'image qu'on trouve partout à Florence et dans le monde; mais là, elle est de la taille que Kléber donnait au vainqueur d'Aboukir; c'est la statue de Napoléon : il a l'héroïque pose et le poétique vêtement de Trajan et d'Antonin; les beaux-arts ne connaissent pas la redingote à Florence. Le marbre impérial a dix-huit pieds de hauteur; si tout autre nom était attaché à cette image, elle paraîtrait colossale; mais comme elle se nomme Napoléon, elle semble de grandeur naturelle. Ajaccio marchande pour l'acheter; Bartolini veut être dignement rémunéré de son œuvre, et ses prétentions sont fort modestes. En échange de quatre-vingt mille francs, le sculpteur prend la statue, s'embarque avec elle, et va la placer lui-même sur le môle d'Ajaccio. Il vaut mieux être obélisque de Luxor que statue de Napoléon; la gigantesque image languit dans l'atelier de Bartolini, et nul brick ne sort de Toulon pour la conquérir. On parle de la suppléer par une statue de bronze; on prétend que le marbre se brise à coups de pierre, ce qui est incontestable; mais quel est le Corse qui jetterait sa pierre au simulacre de son empereur? Cela ne s'est vu qu'à Orgon, et Orgon en a pris le deuil depuis. A Florence, on ne conçoit pas qu'on prenne tant de souci pour la vie du marbre: Florence, elle qui expose, en pleine rue, les géants de Michel-Ange, de Donatello, de Jean de Bologne, et qui ne s'est jamais repentie de sa confiance dans le respect du peuple. Là, un Guelphe laisserait vivre éternellement un Gibelin, si la balle de son mousquet devait effleurer une statue. Ajaccio fera ses réflexions.

Avant de partir, je voulus revoir une fois encore la

Bacchante; Bartolini rouvrit le boudoir secret; elle me parut encore plus femme que la veille. Céleste enfant! Comme elle va frissonner dans les brumes du duché de Devonshire, elle née dans les rayons italiens! J'espère que Bartolini la gardera; il lui en coûterait trop de se séparer d'elle, je n'ai jamais conçu le père qui livre la plus belle de ses filles aux caresses d'un étranger : l'Épithalame de Manlius et de Junie l'avait déjà dit avant moi, en magnifiques vers latins.

PISE

Un bal chez madame Smith — Un concert
chez le prince de Montfort

Il me semble que Pise était autrefois un faubourg de Livourne; faubourg élégant, oisif et artiste, qui se lassa des bruits du chantier et du môle, de tout le prosaïque fracas de l'industrie et de l'agiotage, et se réfugia dans la solitude, en emportant son Dôme, son Campanile, son Baptistère, son Cimetière sacré. Pise est comme une ville dégoûtée du monde, et qui s'est retirée à la campagne. Pise est la cité anachorète ; elle a fait beaucoup de bruit dans l'histoire ; elle a entretenu commerce avec les nations; elle a soudé la chaîne d'un port à la base de ses palais; elle a donné des jeux d'hippodrome, comme Olympie; elle s'est battue, la croix au front, pour le Christ et son tombeau. Les villes qui ont ainsi vécu montrent de partout leurs larges cicatrices. Pise est encore verte, jeune et forte; elle a inhumé ses enfants morts et ses ruines; tout ce qui brille d'elle au soleil est mélancolique, sans doute, mais robuste et puissamment assis. On dirait que ses monuments sont de bronze, comme les portes de ses temples; nulle part la caducité ne s'y révèle; les dates seules ont vieilli: oubliez les dates, et vous vous croirez dans une ville bâtie de la veille et qui attend une population.

Les habitants gâtent les villes de poésie et d'art; j'aime Pise déserte, versez à Pise le peuple de Livourne, Pise perdra toute sa beauté. Cette ville est curieuse à voir à midi, lorsque nul être vivant ne se montre sur les rives, les quais, les ponts de l'Arno : c'est le plus singulier des spectacles; on peut se croire le locataire unique d'une grande cité. Tous ces palais qui bordent le fleuve et qui s'étendent devant vous à droite et à gauche, lorsqu'on passe sur le pont de marbre; toute cette magnifique bordure monumentale ne jette pas à l'air le moindre bruit, le moindre signe d'animation. Après avoir traversé le pont, on entre dans une rue, où l'on trouve un peu de fraîcheur, un peu de mouvement; quelques boutiques ouvertes y attendent les acheteurs; on y lit quelques enseignes, à lettres menues, où sont indiquées des denrées de consommation. En s'enfonçant dans la ville, c'est encore le silence et la solitude; plusieurs quartiers y rappellent la morne et féodale physionomie d'Aix en Provence; surtout la *Piazza dei Cavalieri*, avec sa statue, son palais d'architecture concave, ses hautes herbes dans les pavés. D'autres rues, calmes et solitaires, vous préparent comme à une mystérieuse révélation, à une surprise de saisissement; c'est dans le coin le plus retiré de son enceinte que Pise a déposé ses quatre trésors : le célèbre Campanile, le Dôme, le Baptistère, le *Campo-Santo*. Ces monuments incomparables n'ont point de fracas autour d'eux ; ils s'élèvent sur une belle et verte pelouse, semée de marguerites et de fleurs agrestes. Rien de touchant comme cette association d'édifices catholiques ; toute la vie du chrétien est là : le Campanile semble se pencher sur la cité pour appeler le néophyte ; le Baptistère le reçoit pour le faire chrétien ; l'Église s'ouvre pour le sanctifier ; le Campo-Santo pour l'ensevelir. Que de pensées dans toutes ces pierres !

J'avoue qu'il ne me vint point à l'esprit ni de mesurer la hauteur de la *Torre Torta*, ni de me créer un système pour me prouver que la tour avait été bâtie ainsi penchée, ou qu'elle avait pris cette pose à la suite de quelque révolution de terrain. En général, je m'inquiète fort peu de la hauteur et de l'histoire des monuments : lorsque je les connais, je n'en retire aucun avantage pour mes émotions; lorsque je les ignore, je ne prendrais pas la peine de m'en instruire, sur place, avec un cicérone ou indicateur. Convaincu, comme je suis, que rien n'est exactement vrai dans l'histoire, j'aime mieux le vague mystère qui entoure tant de ruines, que l'érudition de controverse qui vous tient en suspens et ne vous précise rien. Les plus précieux monuments du monde sont pour moi ceux de l'île de Pâques ; au moins, avec ceux-là, l'imagination a beau jeu : le voyageur vous avoue franchement qu'on ne sait ni d'où ils viennent, ni quelle main les a bâtis.

La tour de Pise est, je crois, le monument le plus connu qu'il y ait en Europe ; on l'a tant de fois copié en gravures ou en relief, et toujours si bien, qu'en le trouvant à Pise, pour la première fois, on croit le revoir.

Le Dôme est une de ces merveilleuses églises comme l'Italie seule peut nous en montrer; les richesses y sont amoncelées; c'est une magnifique galerie de tableaux, enchâssés dans le marbre, l'or, le bronze, la mosaïque, le porphyre. Quelque prévenu qu'on soit contre ce luxe d'ornements, souvent plus pauvre que la simplicité, on ne peut que lui donner de l'admiration, en ajournant ses critiques d'art et de vrai bon goût.

Le Baptistère fait contraste avec l'Église; il y a une pensée dans la nudité de ses majestueuses murailles; c'est la maison du néophyte : elle ne doit avoir aucune parure, aucun éclat. La chaire est superbe; elle repose sur sept colonnes symboliques, qui ont pour bases des animaux monstrueux, comme le Pline de l'*Apocalypse* en a imaginé. Sur un pilier, on lit le nom de l'architecte, Deoti Salvi : c'est lui qui a donné une âme, une couleur, un caractère à cet édifice étonnant. Vu de l'extérieur, on le prendrait pour le dôme d'une immense cathédrale; la cathédrale vient de s'abîmer sous terre; le dôme est resté au niveau du gazon.

Puis on entre au *Campo-Santo*; il n'y a pas dans l'univers un coin de terre plus touchant. Le *Campo-Santo* exhale toute la poésie de la mort, du néant, de l'immortalité. C'est le véritable cimetière du chrétien; le cœur n'y est pas serré par cette désolation qui entoure les sépulcres de l'homme; une douce et religieuse mélancolie vous accompagne dans ces quatre galeries funèbres, et vous fait penser à la mort sans horreur. Ce n'est point là que la terre rejette les ossements, que le ver fait son œuvre; cette terre miraculeuse préserve les corps de l'insuite du ver : elle se voile d'un magnifique linceul de gazon et de fleurs ; elle s'encadre dans de pures et gracieuses ogives de marbre blanc ; c'est la terre de Jérusalem sur les galères croisées ; elle a sanctifié les cadavres des vieux chevaliers pisans ; c'est le lit de repos des hommes forts qui moururent en Dieu, le glaive à leur droite, la ceinture aux reins. Comme il est doux ce bruit d'herbes qui monte de la sainte pelouse à la charpente nue des galeries! On dirait une psalmodie chantée par les ombres, un hymne de tombe écrit dans une langue que nous ne savons qu'après notre mort. Puisque nous sommes ignorants des mystères du sépulcre, et que nous nous complaisons dans des illusions consolantes qui nous viennent des objets matériels placés sous nos yeux, il nous semble qu'il est plus aisé de mourir dans le voisinage du *Campo-Santo* que partout ailleurs dans le monde. C'est au *Campo-Santo* que la mort est vivante, *mors viva!* comme l'a dit un ancien. C'est là que la terre est véritablement légère à ceux qu'elle couvre. Si quelque pensée de vie, quelque étincelle d'animation flotte encore autour de nos froides dépouilles (secret de Dieu seul), eh bien! le *Campo-Santo* a d'ineffables soulagements à donner à cette ombre qui survit au corps.

Ce n'est point pour plaire aux vivants que le génie de la religion et de l'art a paré ce cloître tumulaire ; les artistes ont écouté une inspiration venue d'en haut; les grands artistes ont toujours quelque mission céleste qu'ils accomplissent aveuglément. Ici peut-être ils avaient ordre d'embellir un purgatoire d'expiation de tout ce que les arts ont de plus touchant, afin de donner le baume de la patience à des âmes qui attendent encore sous la tombe l'heure tardive de leur migration : car ce n'est pas pour nous qui vivons, c'est pour elles que cette merveilleuse architecture a été créée. Pour elles, le marbre grec a pris la forme de l'ogive chrétienne ; pour elles, Cimabué a inventé la peinture, cet art divin qui console de la vie et de la mort. Il arriva de Constantinople l'artiste florentin, et traça la première fresque du *Campo-Santo*, et écrivit le frontispice de ce livre immense, dont chaque page est un reflet de la *Bible*. Puis vint un pâtre, en sayon de poil de brebis : un enfant de l'Arno, le Messie de l'art Italien, Giotto, dont la main était si habile et le visage si beau [1] : il jeta la furie de ses premières inspirations sur les pans gigantesques du cloître saint ; il ramassa le pinceau de Cimabué, son maître, et le légua, comme le sceptre d'une glorieuse dynastie, aux frères Gaddi, à Orgagna, à Simone Memmi, à Spinello d'Arezzo, à Benozzo Gozzoli, à Buffamalco, qui vinrent tous, l'Évangile à la main, matérialiser sur les murs toutes les divines paraboles tous les mystères de la foi, toutes les confidences que Dieu a faites à l'homme par la bouche de ceux qui parlaient en son nom.

Le doux ciel de Pise se chargea de distribuer au cloître la lumière et les ombres ; c'était le digne associé de tous ces grands artistes. Des teintes suaves, dorées, transparentes, coururent sur les ogives, sur la prairie et dans les corridors si calmes, si recueillis, avec leurs mosaïques de tombeaux armoriés. Ainsi devait être le *Campo-Santo* ; pareille sépulture devait être donnée aux veuves et aux

---

1. CUI QUAM RECTA MANUS, TAM FUIT ET FACIES.
        (Épitaphe de Giotto.)

fils des guerriers qui avaient combattu pour le Saint-Sépulcre de Jérusalem. La religion est la sœur de l'art; elle est toujours venue en aide à son frère. Quand l'Église meurt à Byzance, la religion envoie Cimabué au *Campo-Santo*; quand le trône de Lusignan s'écroule, elle convoque son puissant congrès d'artistes auprès des sépulcres italiens des chevaliers croisés, et l'art reconnaissant a vengé la religion des victoires de Mahomet II et de Saladin.

Pise est une ville qu'on ne doit jamais revoir; pour moi, je n'y reviendrai plus de ma vie; je craindrais de faire tort à d'incomparables souvenirs, de faner la fleur de mes premières impressions, d'arriver au désenchantement par l'habitude. Il faut qu'un artiste traverse rapidement le *Campo-Santo,* et puis qu'il aille vivre loin de là, s'il ne lui est pas donné d'y mourir. Cette apparition fugitive reste alors dans la mémoire comme le plus ravissant des songes.

Sur cette lumineuse place où s'associent, dans une commune pensée, quatre édifices religieux, il n'y a point d'études à faire, point de lacunes d'histoire à remplir, dans un frivole intérêt de science mondaine : il faut voir, sentir et passer. Les ruines arrêtent longtemps le voyageur et le rappellent encore : il y a toujours à lire dans des ruines; toute pierre monumentale qui se décompose est pleine de pensées inédites, que l'artiste recueille une à une avec ferveur; mais ici, devant le dôme de Pise, point de ruines, point de décrépitude: tout est bloc et diamant; le ciment ne s'est pas éclairci dans la fente des puissantes assises; le vent de la mer s'est usé sur les angles de marbre, sur les portes de bronze, pleines d'histoires pieuses, d'animaux symboliques, de feuillages et d'oiseaux. Tout cet ensemble grandiose est saisi d'un coup d'œil ; les quatre monuments se révèlent à la fois dans leur majestueuse et inaltérable solidité.

Je leur fis mes adieux, les mains jointes, les larmes aux yeux, avec l'idée de ne jamais plus les revoir, et depuis je les vois toujours avec la virginale émotion de ma première visite. Quand le ciel est triste, glacial et pluvieux, dans la grande cité, humide tombeau des vivants, je rentre par la pensée dans ce *Campo-Santo*, où les morts sont si bien, où l'herbe est si dorée, la brise du midi si fraîche, l'ogive si pure, l'art si beau. Je vois l'immense coupole du Baptistère, qui réflète le soleil comme une planète tombée ; je vois la cathédrale radieuse et le Campanile, dont la colonnade se déroule en spirale jusqu'au sommet. Autour, point de bruit, point de murmures d'hommes : silence et solitude, comme au désert. Le peuple s'est retiré à l'écart, par respect ; le peuple italien est trop léger au pied de ces monuments si graves. Les créneaux noirs des vieilles murailles de Pise s'abaissent derrière eux. Les colosses catholiques montent aux nues, en humiliant les hommes et les demeures des hommes. Je les reverrai toujours ainsi, tels que je les vis, quand ils allaient s'évanouir pour moi. Une atmosphère transparente les enveloppait comme une châsse d'azur et d'or ; les pelouses ondoyantes venaient mourir sur leurs bases, comme les douces vagues d'un golfe italien. Sur le seuil du *Campo-Santo* était assise une petite fille blonde, qui donnait de l'herbe à deux chèvres ; elle chantait un air toscan, d'une voix mélancolique, et un vieillard l'écoutait, appuyé sur un bâton.

En Italie, la vie est pleine; le temps n'y languit point; on peut y échanger chaque heure du jour contre quelque chose qui vaut une heure de vie. C'est ce qui donne à ce beau pays un attrait que l'artiste chercherait vainement ailleurs. Là les émotions du voyage ont des caractères si divers, qu'on n'y redoute jamais la monotonie du plaisir : le matin, au *Campo-Santo ;* le soir, au bal.

Je courais en *calessino* à Florence, que j'avais quitté le matin; je revoyais, dans mon esprit, le musée du *Campo-Santo ;* je pensais à cette *Vie de saint Reynier,* patron de Pise, si belle dans les fresques de Simone Memmi; aux *saints Ephèse et Polyte,* animés par Spinello, de la ville d'Arrezzo ; aux *Malheurs de Job,* chefs-d'œuvre du grand Giotto; à la *Création du monde,* de Buffamalco; aux *Portraits des Médicis,* que Benozzo Gozzoli a capricieusement suspendus aux étages de la tour de Babel; au *Triomphe de la Mort,* admirable création d'Andrea Orgagna ; au *Sacrifice d'Abraham,* ouvrage de ce peintre qui fait oublier par son génie l'outrage de son infâme surnom. J'étais ébloui de tant de sublimes et naïves images, peintes au livre biblique du *Campo-Santo,* lorsque j'entrai chez madame Smith, Anglaise opulente qui donnait un bal à tout le beau monde florentin.

Le piano jouait des contredanses de Paris; l'Europe avait fourni le personnel des quadrilles; la Russie, l'Allemagne, l'Angleterre, la Pologne, dansaient aux mélodies du *Pré aux Clercs,* dans le même salon. Les Anglaises étaient en majorité à ce bal. C'est toujours ainsi en Italie. Nos insulaires voisins ont la réputation d'aimer le *chez soi,* d'affectionner le toit domestique; ils ont même inventé un mot pour consacrer cette passion du foyer; mais

on les rencontre partout dans l'univers, excepté chez
eux. Je ne fis que traverser le brillant salon où dansait
l'Europe, représentée par ses femmes et ses langues,
mais uniformément habillée d'après les modes de Paris. Ce bal ne fut pour moi qu'une apparition. A Florence, on passe la soirée en vingt soirées : c'est l'usage.
Ce jour-là, il y avait concert chez le prince de Montfort,
autre glorieux exilé. Je courus au palais du frère bien-aimé de l'Empereur.

La nuit était harmonieuse et sereine; je m'arrêtai pour
la respirer quelques instants, sur la place de ce palais
tout illuminé de la fête. Les larges dalles du vestibule
retentissaient sous les roues et les pieds des chevaux.
Vis-à-vis, je voyais un jardin silencieux et mélancolique, plein d'ombrage et de recueillement. La pensée de
l'exil était écrite dans ce jardin si calme. L'édifice impérial avait déposé là, pour quelques heures, ses souvenirs amers, ses douleurs cuisantes, pour se faire un peu
de bruit, un peu de joie, en appelant la divine musique
au secours de ces nobles exilés.

Partout l'exil est amer. Si l'exilé voyage, il emporte sa
prison avec lui; il s'arrête, l'air lui manque pour respirer; l'horizon le plus vaste l'étreint comme un collier
de fer. La patrie absente est un fantôme qui suit incessamment l'exilé et l'entoure de mélancolie. Qu'importe
à l'exilé que cette patrie soit ingrate? Elle a des douceurs qu'il ne retrouverait plus sur tous les trônes de
l'univers. Rome avait chassé Coriolan ; l'histoire dit que
la vengeance ramena l'implacable général sous les murs
de Rome; l'histoire s'est méprise, comme presque toujours : ce fut l'irrésistible ennui de l'exilé qui rendit Co-

riolan criminel. Un seul chemin lui était ouvert; il s'y jeta les armes à la main. Sa mère Véturie pouvait se dispenser de lui demander grâce pour Rome : Coriolan ne venait pas détruire sa ville natale ; il venait l'embrasser. Tout semble permis à l'exilé qui réclame sa patrie.

Que de noms puissants, que de hautes fortunes ont subi les tortures de l'exil! Il semble que ce soit la destinée commune à tout ce qui fut grand, populaire, adoré. Tous les pieds sous lesquels le monde s'est ému se sont traînés dans la poussière de l'exil; toutes les voix qui ont réveillé les acclamations des peuples se sont éteintes sur une terre étrangère, en invoquant une patrie qui ne leur répondait plus. Rome a chassé de ses murailles tous les grands hommes qui les avaient défendues : aussi Rome est-elle exilée elle-même aujourd'hui. Elle a rompu tout pacte avec l'univers; elle a brisé son rayon de routes triomphales; elle s'est abîmée au milieu de sa plaine, vaste solitude, sans jardins, sans culture, sans moissons. Le monde entier fut autrefois la patrie de Rome; la cité universelle est aujourd'hui emprisonnée dans ses murs.

Mais c'est à elle qu'on va toujours après les infortunes suprêmes ; le roi tombé d'un trône court demander quelques soulagements à la grande exilée des nations; Rome, qui a banni tous ses glorieux enfants, accueille avec amour tous les bannis illustres. Elle a des douceurs pour adoucir les chagrins, elle leur ouvre son grand reliquaire de ruines, comme un bazar de remèdes ; elle sait parler la langue des consolations, et son silence sublime donne au cœur plus de baume que l'étourdissante voix d'une autre capitale folle de fêtes et de bruit.

L'exilé, roi de la veille, en regardant sa couronne tombée, songe à cette reine de l'univers, et il se fait une âme nouvelle plus légère au malheur. Il entre à Rome comme dans l'hospice des nobles malades ; il peut choisir entre la cellule et le palais, solitaires et mélancoliques tous deux ; il y a des patrons d'infortune au sommet de toutes les colonnes, à l'ombre de tous les portiques ; tous les martyres se sont consommés là, du mont Palatin au mont Vatican ; la vertu païenne vous nomme Lucrèce ou Virginie, à la têtes de ses saintes ; la vertu stoïque vous nomme tout le ciel. On ne sait qui renferme plus de grandeur et de sublimes leçons, de ses nécropolis ou de ses catacombes.

Une de ces batailles d'autrefois, Zama, Pharsale, Actium, ne retentissait jamais sur la terre sans jeter d'illustres débris en Égypte, en Bithynie, à l'Euxin. Dans les ports du Bosphore ou des marais Méotides, une galère arrivait avec un nom retentissant de proscrit ; alors on se disait sur le môle, parmi les barbares, que l'empire avait été joué aux dés entre deux rivaux, et qu'il fallait donner l'hospitalité au vaincu. Aujourd'hui, lorsque le marinier d'Ostie voit des familles tristes et graves débarquer dans son port, ce port de la ville vieille, où tous les pèlerins arrivent avec joie, le marinier se dit qu'un grand fracas de trônes écroulés doit avoir été entendu de l'autre côté des mers, et que Rome va recevoir de nouveaux proscrits afin qu'ils soient consolés.

C'est ainsi que le contre-coup de Waterloo jeta sur la voie cassia toute une famille de rois et de reines pèlerins. Le soir que Rome s'ouvrit à cette illustre migration, il n'y eut pas assez de croisées dans le Corso pour regarder passer les mystérieuses berlines : les noms des voyageurs étaient prononcés tout bas, sur les places d'Espagne, de la Colonne et de Venise. Plusieurs palais s'ouvrirent comme les hôtelleries obligées de ces augustes visiteurs: Rome, la ville tolérante, la noble mère de Constantin, se souvint de Napoléon qui avait relevé les autels ; elle accueillit avec amour son errante famille ; elle l'enveloppa de sa douce atmosphère, de son climat qui conserve et fait vivre ; tandis que lui, le grand exilé de l'Europe, allait mourir dans cette île qui porte le nom de la mère de Constantin, mais qui tue et dévore, comme la Tauride et Barca.

Là s'écoulèrent les premières, les plus longues années de l'exil ; puis les exilés impériaux se dispersèrent, grâce à la fatalité des temps. Rome ne garda que la vieille mère de Napoléon ; Fesch, un des princes de l'Église, homme d'esprit et d'étude, aimant Rome comme la nourrice de la religion et des beaux-arts ; Lucien, philosophe antique, toujours peu soucieux d'un trône, naturellement lié par ses goûts à une ville où chaque pierre porte écrit le nom d'un sage ou d'un héros.

A Florence, cette ville de bals et de concert, on cite les fêtes que donne le prince de Montfort, dans son beau palais Orlandini. Ce sont toujours de délicieuses soirées parfaitement ordonnées, où la cohue n'étouffe jamais le plaisir : on y entre, on en sort sans avoir perdu une seule fois la liberté de ses mouvements ; chaque invité peut se persuader qu'il occupe une place d'honneur ; le maître n'a pas spéculé sur l'encombrement, sur le bon ton du *raout* anglais : et l'on se dit pourtant le lendemain que tout Florence était la veille chez le prince de

Montfort. Il est vrai qu'on trouve là cette favorable distribution de salons et de galeries sans laquelle il n'y a point de véritables fête. Tous les palais florentins n'ont été bâtis que pour le concert et le bal: on y respire à l'aise; la foule y circule avec de douces ondulations; la musique y semble plus harmonieuse que partout ailleurs: le son ne glisse que sur le marbre, le stuc et sous les voûtes elliptiques des hauts lambris.

Le prince de Montfort invite à ses soirées les étrangers qui arrivent à Florence, mais les Français d'abord; dans leur répartition de politesses, les maîtres du palais Orlandini en accordent toujours la meilleure part aux Français. Au reste, personne ne s'en étonne, personne ne s'en formalise; toute l'aristocratie opulente et voyageuse de l'Europe accourt chez le prince de Montfort; et c'est une chose curieuse à voir que ce mélange de nations autrefois ennemies, et représentées aujourd'hui dans un salon du frère de l'Empereur, par de joyeux quadrilles dansant au piano la contredanse de *Zampa*, la walse de Weber, la mazurka de Varsovie. La paix et la civilisation amènent des rapprochements miraculeux : chez la comtesse de Lipona, j'ai vu causer familièrement ensemble l'amiral russe Tchitchakoff, qui fut envoyé par Alexandre pour couper à Napoléon la retraite de la Bérésina, et l'illustre et héroïque général polonais Wonsowich, qui était assis auprès de Napoléon sur le traîneau de Moscou.

Je ne sais trop quelle humble tournure de style prendre pour me glisser après ces grands noms. Mes souvenirs de Florence sont encore si confus dans ma tête, qu'ils ont quelque chose de l'incohérence du rêve. J'aime mieux d'ailleurs passer en désordre d'un nom à un autre, que de soumettre mes idées vagabondes à la méthode d'un sage classement. Me voilà donc, moi, Français obscur et pèlerin de Rome, me voilà, par une soirée de mars, dans le palais Orlandini. J'entends prononcer autour de moi des noms à consonnance harmonieuse et poétique, des noms de Guelfes et de Gibelins portés aujourd'hui par de jeunes seigneurs bien franchement unis. De tant d'animosités sanglantes, de tant de haines excitées par les classifications des partis, il ne reste plus à Florence que ces deux mots : *Via Ghibellina*, gravés sur l'angle d'un modeste carrefour; cela me donne quelque espoir pour la France. J'assiste à l'entrée des dames, et une voix officieuse me les désigne par leur nom et leur pays.

C'est ainsi que je vis arriver de jeunes et blondes Polonaises, nobles exilées qui venaient respirer un instant l'atmosphère d'un salon français; avec quel intérêt les regards se tournaient vers ces femmes, dont les frères ou les maris avaient encore le visage brûlé par la poudre de Varsovie! Au milieu d'elles étincelait, comme un diamant, la jeune princesse Mathilde, la nièce de l'Empereur ; tous les yeux se portaient sur la comtesse Camerata, fille du prince Bacchiocchi ; elle a le regard, le visage, le feu de Napoléon; on citait sa chevaleresque aventure de Vienne, lorsqu'elle tenta d'enlever à Schœnbrunn l'infortuné duc de Reichstadt. On me nommait encore la marquise Gippina-Corsi ; la marquise del Bagno, Florence personnifiée; la marquise Ginoni; la princesse Gallitzin, célèbre par son esprit; la comtesse Zamoïska ; la comtesse Strizonska; la princesse Lubominski; la comtesse Mozzi ; la marquise Furinola Gentile ; la comtesse Nenciri ; la comtesse Aldobrandini ; la princesse Poniatowski, veuve du héros qui mourut dans l'Elster; madame Monte-Catini, sa belle-fille, qui venait prêter son admirable talent d'artiste au concert du prince de Montfort.

Des dames françaises arrivaient aussi; elles étaient accueillies par la princesse de Montfort, qui est toute Française d'esprit et de cœur. Là, se faisait remarquer madame Gaëtan Murat, qui porte un nom d'héroïque et royale mémoire; on eût dit qu'elle venait représenter les gracieuses femmes du monde parisien à la cour du beau sexe de Florence. J'aimais à suivre de l'œil, dans les groupes, la tête napoléonienne du prince de Montfort, qui s'inclinait avec un galant respect devant les dames. Au milieu de cette éblouissante auréole de lumières, de fleurs, de diamants, un déchirant souvenir me ramenait au jour où le roi de Westphalie prenait la charge à Waterloo et enfonçait la ligne anglaise, le sabre à la main. En ce moment, il eut la bonté de s'avancer vers moi et de m'adresser d'obligeantes paroles; et moi, qui le voyais encore à Waterloo, j'osais lui parler de Waterloo sous le lustre de la fête. En quelques phrases, toutes de relief et de concision, il me conta la grande bataille; une larme coula dans ses yeux; ma langue était si desséchée par l'émotion, qu'elle me fit défaut pour le remercier.

C'était l'heure des distractions puissantes; le piano préludait sous les agiles doigts du chevalier Sampieri; arrivait madame Persiani, cette mélodieuse étoile qui s'est levée sur l'Arno : elle arrivait brillante des triomphes de la Pergola, accompagnée de son père Tachinardi, le célèbre chanteur que le salon a enlevé au théâtre Auprès du piano s'asseyait madame Degli-Antoni qui depuis a débuté à Favart; un groupe d'amateurs et de jeunes dames de la société de Florence venait se mêler aux artistes, car toute répugnance de position s'évanouit dans la communion fraternelle des talents et des beaux-arts. Le vaste salon du concert avait donné sa place à chaque invité; un grand silence se fit après que nous eûmes jeté un regard de salut et de respect aux tableaux de Gros, de David, de Gérard, de Girodet, de Vernet, aux bustes de Bosio, de Canova, de Bartolini, représentant la famille de l'Empereur.

Ce n'était point un de ces concerts bourgeois comme on en trouve souvent dans les salons, concerts si redoutables par la froideur et la gaucherie de l'exécution et par la complaisance polie de l'enthousiasme. Là s'étaient rendus tous ceux qui chantent dans cette harmonieuse Florence qui chante si bien. C'était une élite d'amateurs et d'artistes; les premiers au niveau des seconds, chose rare!

Ce concert italien s'ouvrit par un air français du *Comte Ory*; cette idée du programme fit plaisir. Après, se déroula la ravissante série des airs en vogue: cette cavatine *Rosmonda* qui, chaque soir, faisait incliner la Persiani devant vingt salves d'applaudissements; et l'air de *Casta Diva*; et d'autres chants de cette *Norma* qu'on retrouve en Italie sur tous les pianos, dans toutes les bouches; cet opéra qui vous saisit dès la première note et vous berce longtemps de sa musique vaporeuse, puis vous réveille avec son admirable trio, et vous arrache des larmes dans ses dernières scènes, les plus touchantes scènes qu'une voix de femme ait chantées, qu'un orchestre ait soutenues de tous ses instruments en pleurs. Je me rappelle toujours un jeune abbé qui, d'une mâle et forte voix, attaqua la *Papataci* de *l'Italienne à Alger* avec un aplomb et une gravité de basse chantante, digne d'un premier théâtre lyrique.

C'était un amateur ecclésiastique doué d'une belle organisation de musique mondaine. La noble tolérance du clergé toscan ne s'effarouche point de ces écarts d'artistes dans une ville où les arts ont leur sainteté, où la note purifie tout. C'est un excellent clergé! La veille, j'étais allé à l'église de Santa-Maria-Novella ; et comme je craignais de m'approcher de la chapelle peinte par Orgagna, parce qu'on disait la messe, un bon religieux qui devina les motifs de mon hésitation, me dit en souriant :

— Approchez, Monsieur, et regardez sans craintes nos belles peintures, vous êtes ici libre comme chez vous.

Telle est la vie de Florence : des scènes infernales de Dante que l'Orgagna traduisit avec le pinceau, du *Campo-Santo* de Pise, j'étais tombé dans le duo bouffe de l'*Italiana* ; la veille, le chant des religieux chimistes [1] de Santa-Maria-Novella; le lendemain, les airs de Rossini, de Bellini, de Donizetti. Madame Degli-Antoni, belle cantatrice aux cheveux noirs, débutait, pour ainsi dire, dans un salon français à Florence, pour se donner l'élan et ce courage qui pousse à Favart, le paradis de l'artiste. Tachinardi, muet depuis longtemps au théâtre, salua de sa ravissante voix le salon hospitalier du prince de Montfort : que d'applaudissements lui furent donnés par bien des mains qui avaient tenu l'épée aux jours des gloires impériales !

Et la nuit se prolongeait ainsi, emportant avec elle les

---

1. C'est dans la pharmacie de Santa-Maria-Novella que se fait cet alkermès qu'on boit dans toute l'Europe.

émotions que donnent les grands noms, les beaux souvenirs, unis aux émotions de la musique et du chant; je saisissais là, dans leur vol, quelques-unes de ces heures d'enivrement qui sonnent pour le voyageur, passant sur la terre d'Italie; heures rares, où les parfums, la gloire, les femmes, les arts, l'harmonie, tout ce qui donne joie au cœur de l'homme, tout se lie en lumineux faisceau pour vous prouver qu'il y a du bonheur encore à cueillir sur la terre!

Je me souviens qu'après cette soirée, la tête pleine de *la Norma*, de *la Somnambule*, du *Pirate*, les yeux éblouis par les lumières, les tableaux, les femmes et par tant de figures historiques qui avaient défilé devant moi comme les œuvres d'un siècle mort, je courus respirer sur la place du Palais-Vieux. La nuit était noire. Je n'entendais que le bruit des voitures qui roulaient sur les dalles polies comme l'acier. Deux heures du matin étaient écrites en chiffre rouge sur l'horloge du Palais-Vieux, ce vieux géant moresque qui porte pour collier les écussons de la maison d'Anjou et pour aigrette une tour. Rien n'était moins en harmonie avec la fête d'où je sortais.

L'édifice projetait sur la place son ombre immense. Les colossales statues de Jean de Bologne, de Benvenuto Cellini, de Donatello, de Michel-Ange, tous ces géants de marbre ou d'airain, sombrement éclairés par le feu des étoiles, ressemblaient aux grandes figures des guerriers du moyen âge, méditant, sur la place publique, la conspiration du lendemain. J'étais sorti d'un rêve pour retomber dans un autre; j'avais besoin de sommeil, et j'étais comme un aveugle cherchant à tâtons ma demeure. Mille tableaux passaient encore devant mes yeux ; tout se mêlait dans ma tête, lourde d'insomnie et d'émotions, tout courait confusément devant moi : Dante, les Médicis, Giotto, Napoléon, Michel-Ange, Varsovie, les généraux polonais, et le jeune fils de Jérôme, ce noble enfant qui porte pour figure une médaille de l'Empereur; cette galerie défilait au son des plaintes de la *Norma*, au milieu d'une double haie de femmes, toutes parées de grâces italiennes, toutes portant des noms harmonieux comme un éclat de voix de la Persiani. Abandonné au charme de cette éblouissante fantasmagorie, j'errais au hasard dans Florence, ne m'inquiétant ni de l'heure ni des rues. Quand l'aube blanchit la croix du Dôme, j'étais encore bien loin de mon lit prosaïque et des réalités d'un sommeil bourgeois; j'étais assis à côté de la pierre de Dante, *sasso di Dante*, et je prêtais encore l'oreille au piano du chevalier Sampieri, à la voix de Persiani, aux paroles du prince de Montfort, qui me parlait de Waterloo.

Le soleil se leva pour moi derrière l'église du Dôme, montagne de marbre, toute taillée à facettes; le jour, elle est resplendissante comme une mine de rubis; la nuit, elle est sombre comme une crête des Apennins. Les colossales statues d'Arnolphe et de Brunelleschi ressemblaient, dans leurs niches, aux fantômes des deux architectes; on eût dit qu'ils sortaient de leurs tombeaux pour admirer leur prodigieux édifice. Toute pierre élevée par l'homme doit retomber sur le sol, mais le Dôme d'Arnolphe restera dans l'air; c'est l'église où le dernier homme chantera la dernière hymne avant de partir pour Josaphat.

Il avait bien raison, Michel-Ange, lorsqu'il lui disait:
Je vais te bâtir à Rome une sœur qui sera plus grande et non plus belle.

La basilique de Saint-Pierre a déjà craqué sur ses fondements; sa coupole se ride et s'étançonne comme un vieillard : cherchez une crevasse sur le dôme florentin; les siècles détacheront une à une les écailles de sa cuirasse de marbre, mais le corps de ce géant est à l'épreuve des siècles. Viennent les ravageurs, ils ne trouveront dans sa majestueuse enceinte rien de ce qui livre un édifice au pillage et à l'incendie; là, point d'or à mettre en fusion, point de marbre pur à souiller par avidité ou sot orgueil de conquérant; la pierre des nefs est nue, la muraille sévère, le pavé rude; pour tout ornement, des tombeaux. Des deux côtés du sanctuaire montent jusqu'à la voûte des arceaux gigantesques, comme si on les eût élevés pour laisser passer Dieu.

Il fallait à cette église un campanile digne d'elle; on dit à Giotto de le bâtir : Giotto ne copia rien; il eut une idée sublime, et il traduisit cette idée en marbre, il la broda comme le voile d'une reine; il la fit monter vers les cieux à une hauteur qui dépasse le pouvoir humain.

Cette tour de Giotto est la merveille de l'Italie; c'est un bijou de trois cents pieds; bijou ciselé, poli, radieux, pailleté de rubis, de topazes, d'émeraudes. Rien ne peut résister à l'appel de la cloche chrétienne qui sonne dans ce campanile, tout percé à jour, harmonieux instrument, où le coup de l'airain tombe sur un clavier de marbre, et semble dire à Florence le nom immortel de l'artiste qui tira cette merveille du néant.

Comme à Pise, le Baptistère est bâti devant l'église;

les portes de ce baptistère sont belles, dit-on, comme les portes du paradis. C'est Ghiberti qui les a faites, s'il est vrai qu'un homme les ait faites, en peignant sur bronze. Le quatrième édifice manque; c'est un *Campo-Santo*.

Florence, la ville du plaisir, n'a pas voulu emprunter à Pise, sa sœur, ce funèbre complément d'architecture symbolique. Elle est trop jeune et trop belle pour songer à la mort. La cloche de la tour de marbre, les hymnes saintes du Dôme, les prières du néophyte sur la cuve du Baptistère, tout cela s'harmonie admirablement avec les fêtes, les bals, les concerts de Florence ; mais elle n'admet pas à son orchestre les notes lugubres du *Requiem*; elle écarte bien loin d'elle toutes les images qui donnent de la tristesse au cœur, qui jettent un crêpe noir sur le satin de Gynécée, qui arrêtent la coupe sur les lèvres d'un convive heureux. Florence est la ville sans ruines; tout ce qu'elle a créé, elle le montre encore : rien en elle ne parle de destruction; ses vieux monuments n'ont pas jeté un grain de poussière au pavé des places; ses statues séculaires ont traversé les orages civils sans perdre un seul de leurs cheveux d'airain ou de marbre; ses palais se hérissent, à leur base, d'assises diamantées en relief, qu'ils donnent en pâture au temps rongeur. Quarante siècles pèseront sur ces blocs avant d'arriver à l'épiderme du palais. Pitti, Ricardi, Strozzi, ont préparé des hôtelleries pour les derniers pèlerins de l'univers.

C'est bien là la cité de l'indolence heureuse, qui n'accepte de la vie que ses plaisirs et ses joies, qui ne plante point de cyprès dans le voisinage des roses, et cueille ses heures une à une, comme des fleurs. Entre le Baptistère et le *Campo-Santo*, il y a toute une existence de bonheur, de bonheur calme, serein, velouté comme la plaine florentine. Cette existence, mêlée de religion et de volupté profane, s'encadre entre ces deux monuments; mais ni le Baptistère ni le *Campo-Santo* n'inspirent le dédain des plaisirs du monde et la terreur de la mort. L'enfant qui naît n'accepte point les serments austères du baptême, et l'homme qui meurt croit s'endormir. A Pise et à Florence, tout représente la vie; rien n'y représente la mort, pas même le tombeau.

FLORENCE

I

Le prince de Montfort — Jérôme Bonaparte

Florence est une cité magnétique; les étrangers y viennent, y restent, y vivent, y meurent. L'attrait de cette ville est dans les monuments, dans le calme des rues, dans la sérénité du ciel, dans la beauté pittoresque du fleuve, et surtout dans je ne sais quelle langueur ionienne qui descend de l'air et vous donne l'amour du repos. On dirait que Florence, comme la Circé antique, enlace les étrangers d'étreintes invisibles, et leur donne une fête continuelle de musique, de paysages, de décors, de parfums, de femmes, pour leur inspirer l'oubli de leur pays natal. Je ne suis pas étonné que les proscrits et les exilés, qui ont été forcés de rompre violemment avec leurs habitudes de la patrie, se jettent dans les bras de cette Florence, qui est la mère commune de ceux qui souffrent, et qui a des paroles de consolation pour tous.

On m'a montré au Campo-Santo de *San-Spirito* une tombe singulière, s'il peut y avoir des singularités dans une tombe! C'est là que repose William Rudges, un Anglais fort riche de son vivant; il avait beaucoup de chagrins, malgré sa richesse, ou à cause de sa richesse, des chagrins de famille, ne pouvant en avoir d'argent. Il eut recours, pour se guérir, au régime des voyages. La locomotion est salutaire aux maladies morales. Rudges arriva en 1814, à Florence; il voulait visiter l'Italie, l'Allemagne, la Russie, l'Asie-Mineure, passer un hiver à Constantinople, un été à Smyrne, débarquer à Cadix, traverser l'Espagne et la France, et rentrer chez lui par Calais. Son plan était superbe, son voyage devait durer dix ans. Rudges s'installe à Florence chez madame Hambert, si connue des voyageurs; alors si jeune, si blonde, si gracieuse, si belle; aujourd'hui toujours charmante et somptueusement hospitalière dans sa jolie villa. Elle avait son hôtellerie au bord de l'Arno (à présent *Porta Rossa*). Elle reçut Rudges comme elle recevait tout le monde. Rudges résolut de passer trois mois à Florence. Il se lança dans les fêtes, les bals, les soupers, les promenades aux Cascines. En moins d'une heure d'étourdissement, il eut dévoré ses trois mois. Alors il se renouvela son bail, et loua une maison à *Borg'Ogni Santi*. Le trimestre expiré, la maison fut mise en vente. Rudges l'acheta. Achetée, il la meubla. Ayant une maison en ville, il ne pouvait se passer d'une petite villa. Du côté de *Poggia imperiale*, une charmante villa était en vente pour rien : l'Anglais l'acheta. Alors il lui fallut nécessairement avoir une maison montée. Il eut donc des chevaux, des domestiques, une livrée, une calèche de promenade et une berline de campagne pour les excursions projetées à San Miniato, à Empoli, au Val d'Arno, à Vallombreuse, à Poggi-Bonzi. Un matin il s'éveilla en disant :

— C'est singulier! Voilà donc un an déjà passé ici, on peut donc y passer deux ans.

Comme il réfléchissait sur sa destinée, il épousa par distraction la fille de la comtesse Furinola B***, une jeune Italienne de dix-sept ans, dont la famille était ruinée, mais fort adroite dans ses négociations matrimoniales avec les riches Anglais. Rudges promettait régulièrement tous les hivers à sa femme de la conduire en Angleterre, la belle saison venant. Les hivers et les belles saisons passaient, Rudges ne bougeait pas. En 1834, après vingt ans de séjour, notre Anglais est mort dans sa maison de *Borg'Ogni Santi*, en laissant une nombreuse postérité anglo-toscane à sa patrie d'adoption.

L'histoire est vraie, et elle donne une juste idée de l'attrait indéfinissable de ce beau pays. On comprend très-bien que les hommes et les femmes d'élite que le malheur de notre époque si tourmentée a condamnés à l'exil se rendent de tous les points de l'Europe à Florence. L'exil y est plus léger; souvent même on peut s'y surprendre à regarder comme exilés tous ceux qui vivent loin de cette ville.

Dans l'hiver de 1834, il faisait beau voir les Bonaparte recevoir à leurs soirées les Polonais proscrits et les réfugiés Vendéens. Le gouvernement tolérant du grand-duc ne s'alarmait pas de ces bals de victimes, de ces fêtes d'exilés, parce qu'il n'y avait dans ces réunions rien de politique, rien que les noms des invitants et des invités. Chacun y apportait sa sagesse, son bon sens, sa résignation, en respectant avec minutie les exigences peu ombrageuses de l'hospitalité toscane. En première ligne de ces royales demeures, où le malheur festoyait le malheur, on doit citer le palais Orlandini, résidence du prince de Montfort, le plus jeune des frères de l'Empereur.

Le palais Orlandini est au centre de la ville; il est peu éloigné de la place du Dôme. Sa façade n'est pas imposante, mais elle est empreinte de cette grâce italienne commune à tous les édifices de Florence. Ce n'est point le palais Ricchardi, à *Via Larga*, forteresse taillée par assises de diamant, ni le palais Strozzi, rue de la Trinité, ni le *Strozzino* à *Buen Governo*; c'est une grande et belle maison qui ne veut point soutenir des siéges, qui ne crie pas aux passants de reculer, mais qui les invite à venir.

Sous le vestibule, à gauche, au rez-de-chaussée, on trouve le cabinet de travail du prince de Montfort. C'est une pièce à tenture sévère, ornée avec goût; le jour n'y est pas abondant, il tombe d'une seule et haute croisée. La table de travail est placée sur une estrade; le prince écrit là ses mémoires, qui renferment, dit-on, des révélations importantes, curieuses et inattendues. Une vaste armoire vitrée couvre tout un côté de ce cabinet; elle est remplie de trophées d'armes, et de reliques impériales et militaires. A chacune quelque histoire est attachée. Le prince montre aux Français visiteurs, dans le casier de prédilection, les clefs d'or de la ville de Breslaw, que l'Empereur lui donna en le félicitant sur la prise de cette ville, et le sabre à cambrure orientale que portait le Premier Consul à la bataille de Marengo. Ce sabre n'est sorti du fourreau que le 14 juin 1800. C'est aussi un présent de Napoléon à son frère bien-aimé.

Les vastes appartements du premier étage sont réservés aux réceptions, aux bals, aux concerts, aux soirées; ils sont meublés avec magnificence. La première pièce d'entrée est un salon carré, où se réunit la famille du prince, après dîner, pour causer avec quelques intimes. Au milieu est une large table ronde, sur laquelle on voit les journaux et les revues de France, et des albums de toute dimension.

Un de ces albums, le plus grand, est peut-être aussi le plus curieux qui existe : on peut bien dire que tous les peintres européens y ont laissé, en passant à Florence, leur nom et un dessin. Horace Vernet, l'artiste par excellence de ces sortes de musées portatifs, a dessiné dans celui-ci un grenadier de la vieille garde appuyé mélancoliquement sur un tronçon de colonne, où toutes nos batailles sont gravées, à l'exception de la dernière ; à la place de celle-là, il y a un crêpe noir.

Malgré l'intérêt immense qu'excite cet album, riche de tant de signatures illustres, on donne volontiers le prix du concours à un nom et à un dessin qui sont tout à fait étrangers aux écoles connues : c'est une esquisse de la bataille des Pyramides, exécutée à la manière anglaise par le jeune et infortuné Napoléon Bonaparte, mort dans les troubles de la Romagne; c'était le neveu du prince de Montfort, et le fils de la reine Hortense et du comte de Saint-Leu, Louis, ex-roi de Hollande. L'immortelle bataille d'Orient est crayonnée avec une furie d'artiste vraiment admirable; c'est l'instant décisif où Mourad-

Bey tombe avec sa cavalerie sur les carrés de Desaix et de Bonaparte; la grande et calme figure napoléonienne semble luire dans cette tempête sombre qui soulève la fumée de l'artillerie et le sable du désert; la charge des Arabes est rendue avec un élan merveilleux. Mais ce qui achève de donner à ce dessin une noble idéalité poétique, c'est l'évocation des quarante siècles personnifiés qui se groupent nébuleusement sur les gradins des Pyramides, et assistent à la bataille, en spectateurs invisibles, debout sur l'amphithéâtre des Pharaons. Les larmes viennent aux yeux, lorsqu'on regarde ce petit tableau de famille, où le neveu a écrit une page de l'histoire de son oncle; on sent palpiter sur le vélin l'enthousiasme du jeune artiste, et l'on est profondément ému en songeant qu'il a péri de mort violente, à la fleur de l'âge, après avoir crayonné les Pyramides, ce beau titre de noblesse, sur l'album et la table de l'exil !

La porte du fond s'ouvre sur la galerie; c'est là que se donnent les bals et les concerts : tout y respire un luxe royal. La famille de l'Empereur semble habiter, vivante, cette galerie magnifique; tous les Bonaparte y sont représentés, dans leurs costumes des jours heureux, sur de hautes toiles, peintes par nos maîtres, et qui ont autrefois appartenu aux résidences des Tuileries, de l'Élysée, de St-Cloud, de la Malmaison. Les portraits aussi ont été exilés !

Depuis 1815, ce musée napoléonien s'est enrichi, en Italie, d'autres chefs-d'œuvre. A Rome, Canova a fait le groupe de Madame Mère et de ses petits-fils. A Florence, le célèbre Bartolini a fait les bustes de la famille du prince de Montfort, de ses deux fils et de la princesse Mathilde, sa fille. David, Gérard, Gros, Girodet, Isabey, ont peint les autres membres de la famille, dans leurs diverses phases de grandeur, de sorte qu'il n'y a point d'absent dans la galerie du musée Orlandini. Horace Vernet a ajouté à cette précieuse collection un tableau représentant la prise de Breslaw par le roi de Westphalie, aujourd'hui prince de Montfort.

Certainement on peut dire que toute l'Europe était invitée à ces fêtes charmantes, car il n'y a pas un petit État qui n'y eût ses représentants des deux sexes: l'absolutisme, la liberté, l'émigration, le royalisme y dansaient au même quadrille; c'était une terre neutre: chacun laissait ses opinions et son pays à la porte pour les reprendre en sortant.

Le prince de Montfort a une conversation animée, abondante, pleine de traits et de pensées justes; il est naturellement fort gai dans tous les entretiens qui n'apportent pas avec eux des souvenirs d'infortune. Malheureusement les sombres préoccupations de l'exil, les noms de famille qui résonnent incessamment à ses oreilles, les statues et les tableaux qui l'entourent, images muettes et si bruyantes, tout le ramène à un passé triste, contre lequel sa riante philosophie n'a point de défense.

L'avenir même de sa belle famille lui inspire à chaque heure de mélancoliques réflexions. Souvent je l'ai vu passer de l'accès de la joie la plus vive à cette tristesse sourde qui courbe la tête et assombrit subitement le visage. C'est qu'alors il regardait sa fille, la princesse Mathilde, la plus belle, la plus rayonnante fleur que le ciel ait aimée dans les gynécées de Florence. La vive et jeune enfant s'abandonne aux distractions d'une fête avec toute l'heureuse insouciance de son âge. Y a-t-il un avenir et un passé pour une demoiselle de seize ans, princesse ou

5.

bourgeoise? Le présent seul lui sourit avec ses séductions de musique, de toilettes, de promenade et de bal.

Un soir, que j'avais l'honneur de causer avec le prince de Montfort dans sa galerie, il me dit avec un accent de mélancolie qui m'émut aux larmes :

« On s'occupe quelquefois de nous en France, à la cham-
» bre des députés ; on voudrait nous rendre nos droits
» civiques par une loi. On sait que nous sommes, avant
» tout, les amis de la France, et que nous ne conspirons
» pas contre elle. On fait des vœux pour voir arriver le
» jour où le gouvernement pourra nous rendre à nos an-
» ciens foyers, sans qu'il y ait péril pour lui et pour per-
» sonne. Et bien! je vous assure que, pour moi person-
» nellement, je ne profiterais peut-être pas d'une loi de
» rappel. Qu'irais-je faire à Paris? à quel titre y serais-je
» reçu? Rois, princes, maréchaux, nous tenons tous notre
» noblesse, à titres égaux, de la main de l'Empereur.
» Soult est toujours duc de Dalmatie, par exemple. Si je
» voulais faire une visite à Soult, quel titre prendrais-je
» vis-à-vis de lui? Vous comprenez qu'il y a dans nos
» positions quelque chose d'exceptionnel et d'embarras-
» sant. Si une loi de rappel est quelque jour promulguée,
» c'est uniquement pour mes enfants que je m'en félici-
» terai, pour mes enfants qui ne connaissent pas la
» France, et qui seraient si heureux de la voir, quand
» ils ne feraient que la traverser incognito! Quant à moi,
» je suis tout à fait résigné à l'exil. »

Je puis affirmer que ces paroles sont textuelles, je les ai écrites sur mon album en sortant du palais Orlandini : elles me frappèrent par leur bon sens et par la manière touchante dont elles furent dites.

II

Joachim Murat

A Florence, chez la comtesse de Lipona, dès que le piano n'accompagnait plus les airs de Bellini, toujours vers minuit, les intimes du palais Griffoni se formaient en petit comité de causerie, et l'on échangeait des historiettes jusqu'au matin; il y avait un charme inexprimable, dans ces veillées; le salon était encore tout désordonné par le concert ou le bal; mais les danseurs et les artistes avaient disparu. Les partitions s'éparpillaient sur les pupitres; les tables de whist montraient leurs lampes éteintes et leurs quatre fauteuils vacants; après tant de bruits joyeux, venait la conversation de famille; on servait le thé et de belles gaufres, moulées aux armes de la reine de Naples par l'éternel cuisinier de madame Dubarry.

On ne songeait point au sommeil dans ces délicieuses soirées matinales. La comtesse de Lipona disait toujours :

« Trois heures de sommeil me suffisent à moi ; c'est une bonne habitude que je dois à mon frère l'Empereur. »

Et les intimes étaient fiers de se plier aussi à cette habitude qui leur venait directement de Napoléon. En sortant du palais, il nous arrivait bien souvent de voir les reflets de l'aube sur la noire colonnade des *Offices* et sur le dôme de *San-Spirito*.

La comtesse de Lipona nous racontait quelquefois des histoires charmantes, avec cette grâce italienne-française qui ne l'abandonne jamais. L'illustre héroïne avait assisté à tant de drames, à tant de fêtes, à tant de malheurs ! elle n'était jamais au dépourvu, lorsqu'elle daignait fournir son commerce d'anecdotes.

Une nuit, le cercle se resserra plus étroitement autour de son fauteuil ; la noble femme nous annonça quelque chose d'inédit, et sa parole était voilée par l'émotion ; sa belle et calme figure se contractait visiblement sous une impression de triste souvenir. Notre silence l'interrogeait avec respect ; elle nous dit :

« Au temps que l'Italie était française, une sédition éclata dans un de nos régiments en garnison à Livourne ; c'était une affaire fort grave ; c'était beaucoup plus qu'une mutinerie de soldats. L'Empereur parut extrêmement irrité lorsqu'il apprit cette nouvelle ; il promit un exemple sévère, et ce fut Joachim qui fut chargé de punir le régiment indiscipliné. Les ordres de l'Empereur étaient précis et terribles ; il ne fallait pas de conseil de guerre, mais d'immédiates exécutions.

» Joachim arrive à Livourne et fait rassembler le régiment sur la place d'armes; il annonce aux soldats qu'il a reçu de l'Empereur la mission de punir, et qu'il punira. L'énergie de sa parole, son geste impétueux et menaçant, et surtout l'autorité de son nom, avaient déjà soumis la troupe rebelle; les soldats se jetaient à genoux; ils étaient humbles et suppliants. Joachim fut ému, lui si bon! mais il avait des ordres; il fit violence à son émotion; il garda la colère sur sa figure, et d'une voix formidable, il s'écria :

« — Je vais faire fusiller un homme sur dix. »

» La consternation fut grande, vous le pensez bien; le régiment, prisonnier dans la caserne, envoya plusieurs députations à Murat pour implorer le pardon. Officiers et soldats jurèrent de se faire tuer à la première bataille, sous les yeux de l'Empereur. Murat fut longtemps inflexible, du moins en apparence : enfin, il parut touché de tant de soumission; mais la faute était si grande, et l'ordre si formel, qu'il exigea que trois soldats, choisis entre les plus mutins, payassent de leur vie le crime du régiment. Les trois victimes furent bientôt désignées; on les mit au cachot; on annonça leur exécution pour le lendemain. Le régiment demeura consigné.

» Au milieu de la nuit, Joachim fit venir secrètement auprès de lui les trois soldats; un geôlier, dont la discrétion n'était pas douteuse, les avait conduits.

» — Vous serez fusillés demain, leur dit Murat (les soldats fondaient en larmes); préparez-vous à la mort, et tombez en braves, pour faire oublier votre crime. Je me charge de transmettre vos derniers adieux et vos regrets à vos pères et mères; vos familles ne méritaient pas des enfants tels que vous; avez-vous songé à vos mères? dites... (les sanglots étouffaient leurs voix). Ces pauvres femmes auraient été glorieuses et fières, si vous étiez tombés devant l'Autrichien ; mais ici! malheureux! allez, je vais vous envoyer un prêtre pour vous donner le secours de la religion, pensez à la France et à Dieu; dès à présent vous n'êtes plus de ce monde.

» Les soldats se jetèrent aux pieds de Joachim, non plus pour demander leur grâce, mais le pardon avant la mort; et, comme ils s'éloignaient, Joachim les rappela :

» — Écoutez, leur dit-il, si je vous accordais la vie, seriez-vous d'honnêtes gens?

» — Non, nous voulons mourir, répondit un des soldats ; nous avons mérité la mort, qu'on nous fusille, c'est juste.

» — Eh! si je ne veux pas vous faire fusiller, moi! s'écria Joachim; pourquoi voulez-vous mourir, lorsque je veux que vous viviez? je n'ai jamais commandé le feu que sur les ennemis; je ne veux pas le commander contre vous, qui êtes mes frères, qui êtes Français, quoique bien coupables.

» Et Joachim pleurait aussi, comme une femme, lui, le plus brave des hommes! n'est-ce pas, Messieurs? »

Et nous pleurions aussi, nous, autour du fauteuil de la comtesse de Lipona, qui nous parlait si bien de son héroïque mari!

Après une pause, elle continua son histoire :

« — Écoutez-moi, dit Joachim, avec une voix radoucie, vous êtes de grands coupables, mais j'aime à vous reconnaître beaucoup d'énergie et de caractère; vous me seconderez bien; je vous accorde la vie, il faut que vous soyez morts pour tout le monde, surtout pour votre régiment. Demain, à l'entrée de la nuit, vous serez conduits hors de la porte de Pise, sur les glacis; vous recevrez un feu de peloton à vingt pas, et vous tomberez roides morts; en ce moment, la dernière file de votre régiment, qui change de garnison, passera sur la grande route, l'obscurité du soir nous favorisera. Un homme, dont j'achèterai la discrétion, vous placera sur un tombereau et vous conduira au cimetière. Là, vous trouverez des habits de matelots, et il sera compté mille francs à chacun de vous; vous resterez cachés deux ou trois jours dans une auberge qu'on vous désignera; dans deux ou trois jours, un bâtiment américain part pour la Nouvelle-Orléans; c'est là que vous irez vivre, et vivre en honnêtes gens, entendez-vous? vous serez conduits à bord, dès que le vent sera bon. Soyez prudents, et faites docilement tout ce que je vous dis. Allez, j'aurai soin de vos familles.

» Les soldats arrosèrent de larmes les pieds de Joachim, et ils lui répétèrent, à plusieurs reprises, qu'il serait content d'eux.

» Tout se passa comme Joachim l'avait combiné: l'exemple sévère fut donné au régiment; il n'y eut point de sang répandu, et l'Empereur, heureusement trompé, remercia Joachim de n'avoir sacrifié que la vie de trois hommes aux exigences de sa discipline. L'Empereur a toujours ignoré la ruse généreuse qu'a imaginée mon mari, dans cette circonstance; ce fut longtemps un secret connu de moi seule et de quelques-uns de nos affidés, qui ne l'ont jamais trahi: aujourd'hui, il n'y a plus d'inconvénient à le divulguer, et c'est ce que je fais pour vous. »

Après cette confidence, la veuve de Murat, trop émue

pour prolonger la veillée, se retira dans ses appartements. Nous étions attendris comme elle; nous gardions le silence; tous les regards étaient fixés sur le magnifique portrait, peint par Gros ; il représente le roi Murat, dans une attitude héroïque, courant à cheval sur le rivage du golfe napolitain; le ciel et la mer sont orageux; le Vésuve se détache, tout enflammé, sur le fond du tableau : Murat et le Vésuve! face à face deux volcans!

La suite de cette histoire me fut contée, quelques mois après, à Rome, par une personne qui vit dans l'intimité de la famille impériale. C'est comme le dénoûment romanesque d'un drame, qui me semble moins appartenir à la vie réelle qu'à l'imagination d'un écrivain.

Sur la lisière d'une forêt voisine de la Nouvelle-Orléans, un chasseur frappait à la porte d'une jolie ferme, pour s'abriter d'un violent orage; c'était dans l'automne de 1830. La porte hospitalière s'ouvrit, et l'étranger fut introduit, par une femme âgée, dans une salle fort propre, meublée simplement, et presque toute tapissée de lithographies parisiennes représentant nos principaux faits d'armes.

— Il paraît, dit l'étranger en langue française, que ma bonne étoile m'a conduit chez mes compatriotes.

— Monsieur est sans doute Français? dit la vieille femme.

— Oui, Madame, et bon Français : j'ai même des parents ici, dans cette salle.

— Mon fils est au jardin : je vais l'appeler; il sera bien content de vous voir.

— Votre fils est Français aussi

— Oui, Monsieur.

Cette réponse fut faite avec un peu d'hésitation ; elle ajouta avec plus d'assurance :

— Il est établi dans ce pays depuis longtemps, et, grâces à Dieu, il ne s'en repent pas; cette ferme lui appartient; nous vivons à l'honneur du monde; nous sommes heureux.

En ce moment le maître de la maison entra dans la salle.

— Monsieur, dit la mère, nous a fait l'honneur de se reposer un instant chez nous, en attendant la fin de l'orage; c'est un des nôtres, c'est un Français.

Le maître de la ferme fit un salut militaire, et balbutia quelques mots de civilité. La figure de l'étranger le frappait singulièrement, et il était si ému, qu'il ne répondait pas à ses questions. Enfin, il se hasarda péniblement à lui adresser la parole.

— Monsieur, dit-il, vous allez trouver ma demande inconvenante, peut-être, mais je suis obligé de vous demander votre nom... Excusez-moi... Votre figure...

— Mon ami, répondit le chasseur, c'est la seule question à laquelle je ne puis répondre; il me serait facile de vous tromper, en me donnant un nom supposé ; j'aime mieux me taire. Un homme qui porte mon nom ne sait pas et ne peut pas mentir. Maintenant que je vous ai refusé de vous dire mon nom, je n'ose vous demander le vôtre...

Le maître de la ferme ne répondit pas.

— Il paraît que vous êtes obligé aussi de taire votre nom? ajouta le chasseur.

— Oui, Monsieur, celui que je porte dans le pays n'est

pas le mien ; à quoi vous servirait de le savoir ? Je suis connu ici sous le nom de Claude Gérard.

— Au moins, dit la mère, il ne faut pas que monsieur s'imagine que mon fils ait à rougir de son nom de France... Il y a des raisons... qui...

— C'est tout comme moi, dit le chasseur ; je ne dis mon nom qu'à ceux qui méritent de l'entendre, et, dès ce moment, je vous crois dignes de cette faveur ; je suis Achille Murat, je suis le fils du roi de Naples.

Claude Gérard et sa mère tombèrent, la face contre terre, comme foudroyés par ce grand nom.

Le prince, aujourd'hui citoyen des Etats-Unis, les voyant pleurer, ne comprenait pas bien cet excès d'attendrissement qui se prolongeait toujours. Dès que Claude Gérard put parler, il montra, sur le mur de la salle, le portrait du roi de Naples, encadré par des rameaux de laurier vert, et il dit à son fils :

— Voilà votre glorieux père : c'est le maître et le saint de cette ferme ; c'est à lui que je dois tout : un jour que j'allais mourir, votre père m'a sauvé la vie.

— Sur le champ d'honneur ? dit Achille Murat.

— Non, sur le champ du déshonneur. Je m'étais oublié, moi. Ma tête était brûlée ; j'avais mérité la mort ; on m'a conduit à la porte de Livourne, avec deux de mes camarades, aussi coupables que moi. On a fait feu sur nous : nous sommes tombés. C'était Murat qui avait combiné tout cela. Avec son argent, je suis venu en Amérique. Mes deux camarades sont morts, depuis deux ans, à New-York. Moi, je vis encore, de cette vie que je dois à votre père. J'ai travaillé, je suis dans l'aisance ; ma mère, qui avait reçu mon acte de décès, a reçu quelques années après, une lettre de son fils vivant qui l'appelait en Amérique. La pauvre femme, qui avait tant pleuré, a failli mourir de joie en me revoyant. Maintenant, si le fils de mon royal bienfaiteur veut ma vie, mon bien, mon bras, tout est à lui.

— Je le reconnais bien là, le généreux Joachim ! dit Achille Murat, les larmes aux yeux.

— Il a fait grâce à bien d'autres encore, dit Gérard.

— On ne lui a pas fait grâce à lui, répondit une voix.

SAMPIETRO

I

Dans la traversée de Marseille à Toulon, on côtoie un rivage tout rempli des souvenirs de la glorieuse famille impériale, et ce rivage est marseillais : on y voit encore aujourd'hui la maison de campagne habitée par la famille Clary ; et bien souvent, à Florence et à Rome, la princesse Charlotte, jeune veuve à jamais regrettable, et l'illustre mère de Napoléon m'ont fait l'honneur de me demander une foule de détails sur cette maison de la montagne et ds la mer, où le jeune Bonaparte avait recueilli ses premières pensées et prêté l'oreille aux bruits mystérieux de son avenir.

Ce vieux domaine de la famille impériale, aujourd'hui

propriété de MM. Pastré, nom cher au commerce, est à deux lieues de Marseille.

Au pied de ces montagnes grises et bouleversées, qui s'allongent en promontoire, on rencontre un site africain plus beau que tous les paysages poursuivis par les peintres à travers les archipels et les déserts. On ne trouve là, ni vertes prairies, ni bocages humides, ni blés jaunes, ni pommiers modestes, ni chênes orgueilleux. C'est une nature intelligente qui n'a pas perdu son temps à faire des choses utiles et à se rendre aimable aux agriculteurs. C'est partout, sur la montagne, sur la rive, dans la vallée, un solennel dédain de toute végétation banale; c'est un échantillon du globe avant la charrue et l'arrosoir. Des pins énormes fendent çà et là les rochers et se penchent sur les abîmes comme des géants au désespoir; des plantes sauvages, des fleurs sans nom, des nappes d'immortelles jaunes, des touffes de genêts d'or s'y détachent par intervalle sur d'immenses plateaux de granit, comme des corbeilles isolées sur des tables de festin. La mer borde, enchante, parfume ce paysage des anciens jours de la création.

Singulier hasard! C'est dans ce site que la famille Clary avait sa maison de retraite; là, Bonaparte a rêvé le trône de l'Orient que le canon de Saint-Jean-d'Acre fit écrouler. Il était dans la destinée de Napoléon de se trouver toujours en face de quelque montagne à pic, depuis son berceau volcanique d'Ajaccio jusqu'à Sainte-Hélène, en passant par la montagne de Marseille, les gorges d'Ollioules, les Alpes, le Saint-Bernard, le Simplon, l'île d'Elbe, toute une longue voie pavée de volcans éteints. Le grand homme fit sa première étape de soldat sous les pins de la bastide Clary, et l'on conviendra que ce petit coin de France méritait bien d'être visité un jour par le noble voyageur, son neveu.

A peu de distance de la maison de campagne, et du milieu de quelques pins vulgaires, s'élève le plus noble des arbres inutiles que la terre ait créés. C'est un morven ou cèdre de Phénicie. Impossible d'assigner une date d'extrait de naissance à cet arbre, même en risquant l'erreur de quelques siècles. C'est un cèdre à cheveux blancs. On s'effraye en supputant le nombre des révolutions solaires qui peuvent argenter la tête d'un cèdre. Ce doyen du monde végétal a été embaumé comme une momie, de son vivant, par les aromates de la colline et l'air salin du golfe : il se survit à lui-même et joue comme un autre son rôle de mélodie dans l'orchestre de la forêt voisine. La sève ne coule plus dans ses veines; ses racines ne l'attachent plus au sol; ses rameaux sont creux et peuplés d'insectes, et pourtant il est debout, il sourit au soleil, il lutine avec le vent, il regarde la mer, il reçoit les hommages du pèlerin.

M. Pastré ayant eu la bonté de me demander quelques vers pour son cèdre de Phénicie, j'écrivis ceux-ci sur l'album de la famille :

Monument végétal, antiquité vivante,
  Vieillard de la forêt, ton âge m'épouvante :
Sur combien de sueurs, de plaisirs et de maux,
Vieux cèdre, as-tu versé l'ombre de tes rameaux?
Quel siècle t'a vu naître? As-tu l'âge qu'on donne
A l'arbre druidique, au chêne de Dodone?
Aurais-tu vu passer vers le coteau voisin.

Où fleurissaient alors l'olive et le raisin,
Avec des lyres d'or et des chants d'allégresse,
La sainte Théorie et les fils de la Grèce,
Qui venaient vers le temple, aux bords du flot grondant,
Pour adorer Neptune et baiser son trident,
Quand, aux jours de Protis, Marseille, notre mère,
Disait les hymnes saints dans la langue d'Homère?
Oh! garde tes secrets… un seul nous est connu?
Quelquefois, descendant du roc aride et nu,
Un soldat lumineux, un enfant de la Corse,
Avec son doigt de fer égrena ton écorce,
Et demanda pensif à tes rameaux puissants,
L'oracle sibyllin entendu des passants,
Ce géant au berceau, qui s'assit sous ton ombre,
Te donna ta vieillesse avec des jours sans nombre;
Les siècles, en mourant, debout, viendront te voir,
Car tu reçus de lui le céleste pouvoir
De survivre toujours, toi, vieillard de la plaine,
Au saule impérial qui pleure à Sainte-Hélène.

Maintenant, à propos de la bastide Clary, je vais écrire une anecdote des plus historiques, et à peu près telle que je l'ai racontée un soir à la princesse Charlotte, devant la princesse Clary et l'ex-reine d'Espagne, dans le vaste salon du palais Demidoff, à Florence, sur la rive gauche de l'Arno. Ce soir-là, je fus heureux de voir passer quelques éclairs de sourire sur la noble et charmante figure de la jeune veuve qui portait sa robe de deuil, et qu'une incurable douleur a conduite au tombeau, à la fleur de l'âge : tant d'esprit, de grâce et de talent devait exciter les mystérieuses convoitises de la mort.

Un vieux Marseillais que la mort a enlevé, il y a cinq ans, à sa famille et à ses amis, s'était mis en tête de me prendre pour l'auditeur obligé de toutes les anecdotes locales dont il avait fait une ample provision pendant sa longue vie. L'attention que je donnais à ses récits, souvent un peu diffus, me valut cet honneur accepté avec une déférence pleine de résignation. J'allais le visiter fréquemment dans la retraite champêtre où s'écoulèrent ses dernières années. Quand le temps était beau, il me conduisait sous les grands pins voisins de sa bastide, et après m'avoir fait asseoir à ses côtés sur un banc, il ne tardait pas à entamer une histoire sans que j'eusse besoin de lui adresser la phrase connue des *Mille et une Nuits* :

— Monsieur, si vous ne dormez pas, dites-moi un de ces jolis contes que vous savez.

Comme la plupart des contemporains et des contemporaines qu'il faisait figurer dans ses historiettes n'existaient plus, je croyais, en l'entendant, assister à une évocation de fantômes; mais lui, gai et souriant, ressaisissait, dans ses narrations toute la vivacité de sa jeunesse, et s'imaginait, quand il avait donné une date, comme celle de 1768, par exemple, à son récit, que sa figure avait repris l'éclat de ses belles années et qu'un odorant nuage de poudre était descendu sur sa jeune chevelure. A l'aide de ce facile procédé, il se rajeunissait, et les joies rétrospectives qu'il se procurait me prouvaient que si les vieillards louent volontiers le temps passé, c'est moins pour obéir à une humeur chagrine et critique, que pour rentrer, par l'imagination, dans l'époque brillante où leurs visages n'avaient encore subi aucun impertinent outrage.

Un soir d'été, j'avais pris à côté de lui ma place accoutumée. L'air, d'une douceur inexprimable, exhalait ce calme qui accompagne les roses crépuscules du midi. La beauté de la soirée, le frémissement léger des pins, les vapeurs dorées du ciel, et, par-dessus tout, la date du mois et du jour, faisaient, en ce moment, qu'un souvenir commençait à se dégager peu à peu des brumes de sa mémoire.

— Oui, me dit-il, après s'être recueilli dans une pose méditative, c'est à pareil jour, par une soirée aussi belle, que je vis pour la première fois un jeune homme qui n'a pas mal fait son chemin dans le monde. Depuis quelques mois, sa famille, exilée à Marseille, et la mienne vivaient dans une grande intimité; mon père recevait souvent ici la visite de sa mère et de ses sœurs. Un dimanche d'été, nos deux familles étaient réunies sous les pins et nous faisions des charades en action, quand il vint nous surprendre. Je m'étais improvisé un costume d'Agamemnon dans la charade de ce nom; j'avais un casque de carton et de papier doré sur la tête; le châle de l'une de ses sœurs figurait un manteau sur mes épaules, et un morceau de roseau, recouvert de papier, un sceptre dans ma main, quand la plus espiègle des demoiselles de la société, qui s'était vêtue en Iphigénie au moyen d'une nappe disposée comme la stola antique, s'écria :

— Ah! mon Dieu! voici mon frère, le capitaine d'artillerie, qui vient nous faire ses adieux avant de se rendre au siége de Toulon.

Il s'avançait lentement par la longue allée qui aboutit à la pinède; de longs cheveux aplatis sur les tempes encadraient sa longue et pâle figure. Je fus frappé de la distinction et de la finesse de ses traits. Sa mère nous le présenta : il y avait sur cette noble tête l'expression du commandement et de la domination si fortement empreinte, que j'éprouvai un risible embarras à m'offrir à lui dans ma parodie burlesque du costume d'un héros grec. Prenant à la main mon casque puéril de carton et de papier doré, je fis au visiteur inattendu de profonds saluts, et attendis ses ordres pour reprendre mon rôle dans la charade d'Agamemnon.

— Vous faites des charades? nous dit-il.

— Oui, capitaine, lui répondis-je. On a déjà deviné Aga, général turc, et Memnon, statue égyptienne.

— Et l'on n'aura pas grand'peine, ajouta-t-il, à voir en vous Agamemnon, le rois des rois.

Qui m'eût dit que, dans ce moment, j'avais aussi un futur Agamemnon devant moi !

Notre jeune capitaine d'artillerie s'assit au milieu de nous, me regarda assez brusquement en face, habitude dont il ne put jamais se corriger, et nous dit :

— Depuis que j'ai conduit ma famille proscrite à Marseille, je suis obsédé par le souvenir de Sampietro de Bastelica, de mon compatriote Sampietro, un rude homme, ma foi ! Ne me suis-je pas mis dans la tête que j'ai trouvé, ce matin, dans une de nos vieilles rues, la maison où a dû se passer la plus grande scène de sa vie ! Cette maison m'a tellement impressionné, que je jurerais volontiers que Sampietro de Bastelica l'a habitée. Tenez, je cherche maintenant un sujet de tragédie.

bien que l'époque tourne visiblement à la pastorale, depuis que le bourreau fonctionne tant sur nos places publiques.

— Tu veux faire une tragédie! mon frère, — s'écria la plus jolie de ses sœurs, une statue grecque animée par un rayon choisi.

Le capitaine d'artillerie poursuivit, sans prendre garde aux paroles de sa sœur :

« Je voudrais un sujet pris dans notre histoire insulaire. Il y a toujours eu en Corse des âmes si fortement trempées et comprenant si bien la haine nationale! Sampietro avait une de ces âmes, le More de Shakspeare ne lui va pas à la cheville. »

II

« Donc, ce matin, en rêvant à Sampietro, je me rappelai qu'il s'était mis, à Marseille même, à la hauteur de tous les héros des drames anciens et modernes. Cette idée me préoccupait vivement, quand, en levant les yeux, je vis une maison dont l'architecture est celle du temps de Henri II : des fenêtres avec des encadrements curieusement fouillés par le ciseau, une espèce de guérite qui surplombe et des gouttières à têtes d'animaux fantastiques. C'est peut-être là, me suis-je dit, que Sampietro se présenta inopinément à sa femme. Celle-ci était riche, d'une des plus anciennes familles de la Corse, et l'apparence de cette maison est telle encore aujourd'hui, qu'elle a dû être regardée, en 1555, comme une des plus belles de la ville. Alors une invincible curiosité m'a entraîné dans cette vieille demeure ; on m'a crié, dans l'escalier :

» — Que demandez-vous ?

» — Vanina Ornano, ai-je dit, la femme de Sampietro de Bastelica !

» — Personne de ce nom ne loge ici, m'a-t-on répondu du troisième étage.

» — Et qui loge au premier ? ai-je ajouté.

» — Le premier étage n'est plus habité depuis qu'on a brûlé le sorcier Gauffridi qui y demeurait.

» Vous sentez bien qu'un étage qui n'est plus habité depuis qu'on a brûlé le sorcier Gauffridi qui y demeurait, a bien pu avoir un hôte aussi terrible que Sampietro. Il y a des maisons marquées au sceau de la fatalité. Ainsi, encouragé par cette révélation aussi inattendue que diabolique, je demandai à visiter ce formidable premier étage ; la même voix me dit que je n'avais qu'à pousser une porte devant laquelle on ne passait qu'en se signant, et que je pourrais visiter tout ce que je voudrais.

» J'entrai dans une grande pièce d'une physionomie peu rassurante; elle était sombre, et une tapisserie à haute lice en couvrait les murs. Parmi les personnages de cette tapisserie, il y avait un chevalier qui se perçait le sein avec une épée. La vue de ce chevalier ne pouvait que me confirmer dans l'idée qu'une main mystérieuse ou mon étoile, si vous voulez, m'avait conduit dans un appartement où une scène horriblement tragique s'était passée deux cent cinquante ans auparavant.

» Je marchai sur le sol qui devait porter mon dernier acte ; je touchai le mur où Vanina s'appuya, tremblante, devant le froid et inexorable regard de son époux ; les deux fantômes se levèrent devant moi, et je recueillis leurs terribles et suprêmes adieux. Or, voici ma tragédie :

» Sampietro, né au bourg de Bastelica, près d'Ajaccio

en 1501, de parents pauvres, eut pour la France une affection égale à la haine qu'il avait vouée à Gênes. L'histoire l'a placé au rang des meilleurs capitaines de son temps. Avec trois cents Italiens il fit lever le siége de Jossan, que dix mille Allemands investissaient; sa brillante valeur se signala à Coni, à Landrecies, à Cerisole. Plus tard il voulut arracher la Corse aux Génois, la donner à la France, et préparer peut-être ainsi de merveilleuses destinées à quelqu'un de ses descendants. Pendant une année, il disputa, rocher à rocher, vallon à vallon, la Corse aux oppresseurs de son île, et les contraignit de repasser la mer. Mais, écrasé ensuite par des forces supérieures, il consentit à se rendre à une entrevue où l'on devait traiter de la paix; l'entrevue éclata en guet-apens. Sampietro, au mépris d'un sauf-conduit, fut pris et jeté dans la citadelle de Bastia, où l'outrage se dressa constamment devant lui. Sa haine contre Gênes s'accrut au point qu'il eût percé le sein de son père, si son père n'eût point partagé ses implacables ressentiments contre les maîtres de la Corse. Henri II demanda et obtint avec peine la délivrance de Sampietro. Celui-ci devint alors l'époux de la plus belle et de la plus riche héritière de notre île, de Vanina Ornano, qui accepta avec fierté la main de ce rude guerrier. Sampietro avait à peine quitté la Corse, qu'il apprend que le sénat de Gênes, se repentant de l'avoir rendu libre, venait de mettre sa tête à prix, et que des assassins épiaient ses pas et sa retraite. Cet arrêt de proscription aurait agrandi sa haine, si elle n'eût déjà rempli son âme tout entière. Le banni aimait la Corse ; il aimait ses forêts de châtaigniers qui se déploient, comme une grande armée végétale, sur les flancs des montagnes, au bord des précipices ; il aimait cette race héroïque, cette race de fer, qui boit l'eau des torrents et dort sous le chêne ; devançant son temps, il ne voyait sur la carte du monde que la France qui pût combler de sa gloire le bras de mer qui séparait son île de l'Europe. Oh ! quand le dernier outrage, le dernier défi jeté par Gênes à sa face lui furent connus, il aurait désiré souffler sa haine dans tous les cœurs et associer l'univers à sa querelle. Mais, tandis qu'il recrutait une armée destinée à opérer la délivrance de la Corse, il apprend que sa femme, retirée à Marseille, faisait faire de pressantes démarches auprès des sénateurs de Gênes pour qu'ils fissent grâce à son époux. Cette nouvelle, qui le bouleversa, lui parvint à Constantinople ; deux semaines après, il entrait dans la chambre où j'étais le matin.

» Ici j'ai mon dénoûment. »

Le jeune capitaine d'artillerie s'interrompit un instant pour regarder sa mère assise en face de lui. Cette femme me fit, dans ce moment, l'effet de la Cornélie antique ; sa figure sculpturale respirait l'énergie insulaire. Comme l'épouse de Sampietro, elle avait fui la Corse devant les nouveaux oppresseurs de son pays ; les arrêts de proscription et de mort formaient autour de sa tête la sombre auréole qu'y attachent les persécutions politiques.

— Ma mère, dit le jeune militaire, pardonnez à Vanina si elle fut moins grande que vous ; si jeune et si enivrée par l'opulence, elle rêva une réconciliation impossible entre Gênes et son époux. Vanina, ainsi qu'un de ses portraits que j'ai vu à Corte l'atteste, avait, sous une blonde et aérienne chevelure, une de ces têtes que nous adorons à genoux dans les églises, où on nous les montre couvertes de reflets des bougies et parfumées par les vases de l'autel. Le souvenir de Vanina me rappelle celui des jeunes filles de mon pays. Je ne sais ce que Dieu me réserve, mais je sais que, devant la bonne ou la mauvaise fortune, mon cœur écoutera toujours les mystérieux appels de la patrie ; que les impressions reçues en face de ma grande mer, au pied de ma haute montagne, sur les grèves dorées par le soleil et foulées par nos belles insulaires, quand la cloche du village tintait mélancoliquement, s'unissent dans mon âme aux énergiques émotions de la grandeur et de la gloire. J'ignore, je le répète, ce que Dieu garde à mon épée et à ma tête ; mais, si j'étais enchaîné comme Sampietro dans une forteresse ; si l'ennemi, roidissant son bras contre ma poitrine désarmée, me traçait, sur je ne sais quel rocher perdu dans le monde, le cercle fatal de Popilius, et mesurait l'air à mes poumons et le rayon à mes yeux ; je saurais créer en moi une fête secrète, en y évoquant les réminiscences du jeune âge dans l'île natale. Je reviens à mon drame.

« Vanina pousse un cri de joie à la vue de son époux, et s'avance pour le serrer dans ses bras ; mais Sampietro la repousse et arrête sur sa femme un regard qui la fait tressaillir.

» — Vous voyez le proscrit, Madame ; vous voyez un infortuné dont la tête a été mise à prix, vous savez pour qui, Madame !

» — Oh ! plus vous êtes malheureux, plus vous êtes cher à votre femme.

» — A ma femme, qui marchande ma honte !

» — Votre honte !

» — Ils savent à Gênes maintenant, que Sampietro consent à s'humilier et à demander sa grâce.

» — Vous auriez demandé votre grâce ?

» — Moi, grâce! moi, grâce! Connaissez-vous bien Sampietro, Madame ?

» — Ah ! Monsieur, vous me glacez le sang.

» — Avez-vous oublié qu'ils ont, les infâmes, bâti sur toutes nos montagnes des châteaux d'où le pillage, le viol, le meurtre descendent dans nos vallées ; qu'ils ont chargé de fers ces bras ; qu'ils m'ont jeté dans un cachot avec des rires moqueurs ; qu'ils ont mis ma tête à prix, et que le bourreau m'attend pour gagner son salaire avec ma tête ?

» — Je le sais, répondit tristement Vanina.

» — Vous le savez, et vous avez cru que je pourrais leur demander grâce !

» — C'est donc un adieu éternel qu'il nous faut dire à la Corse !

» — L'exil vous est donc bien amer !

» — Avec vous, Vanina irait au bout du monde.

» — Vanina, si Gênes, pourtant, écoutait la supplique de Vanina, dit Sampietro avec un faux sourire qui trompa sa femme..... Car, enfin, ces Génois ne sont pas si intraitables, ajouta-t-il.

» — Ah! oui, si Gênes se laissait fléchir ! Vous savez ce qu'a dit le grand Dante : « Malheureux celui qui sait combien est amer le pain de l'exil ! »

» — Et puis, continua Sampietro, Vanina a des amis puissants : les Ornano et les Doria sont unis par les liens du sang ; les Ornano désarmeraient aisément les sénateurs génois et obtiendraient d'eux la grâce de Sampietro !

» — Eh! que ferait Sampietro de cette grâce ? demanda timidement Vanina, qui appuya sa main sur l'épaule de son mari.

» — De cette grâce qu'il vous devr t, n'est-ce pas ? dit Sampietro, d'un air qui dissipa tous les soupçons de sa femme.

» — Allons, je vois que vous savez t t. Cette grâce...

» — Eh bien !

» — Je l'ai.

» — Vous l'avez ! s'écria Sampietro en reculant; mon déshonneur est donc signé, et c'est vous qui avez conduit la main du doge ! vous, la femme de Sampietro !

» — Ah ! mon Dieu !

» Voici ce qui eut lieu. Le More Othello est une fiction, une légende vénitienne; le Corse Sampietro est une histoire, une véritable histoire. Sampietro annonça à sa femme qu'elle allait mourir, et le malheureux adorait sa femme. Il se prit à contempler ce beau visage où montait déjà la pâleur de la mort, cette femme pleine de vie, éclatante de jeunesse, et dont il allait faire un cadavre; il aurait voulu donner mille existences pour racheter celle qu'il allait briser de ses mains. Mais les mots de *Gênes*, de *grâce*, de *honte* s'engouffraient, comme une tempête, dans sa tête : ils y éclataient vec une telle puissance, que le malheureux ne sentait plus que l'atroce nécessité d'une expiation sans exemple dans l'histoire. Alors, et Defosque, l'exact historien de cet homme étrange, nous l'atteste, alors Sampietro prit les mains de sa femme, les serra avec tendresse, et, forçant Vanina de se tenir debout devant le sacrificateur, le barbare s'agenouilla et adora sa victime. En ce moment tout son amour sembla l'emporter; il mouilla de ses pleurs les mains qu'il tenait dans les siennes, il donna à sa femme des noms doux et caressants. Vanina revint à l'espérance, et tandis que, baissée devant son époux agenouillé, elle lui souriait, Sampietro enleva l'écharpe qui entourait le cou de sa femme, la roula rapidement sur ses genoux et s'en servit ensuite pour étrangler Vanina. »

— J'aime mieux le More Othello, dit une personne de la société; si vous faites une tragédie de cette horrible histoire, donnez pour rival à Sampietro quelque Génois; alors celui-ci, se croyant outragé comme époux et comme citoyen, n'en sera que plus intéressant.

— Alors Sampietro, répondit le jeune capitaine, ressemblera à tout le monde; et l'on ne saura pas ce que c'est que la haine de la domination étrangère dans un cœur corse.

— Mais dans tout ce que vous venez de nous dire, je ne vois qu'une scène, fis-je observer à notre narrateur.

— Allons, répondit-il, je vois que, pour plaire à tous les parterres du monde, il faut toujours refaire cette éternelle tragédie qui commence aux Atrides.

Le vieux Marseillais, arrivé à la fin de son anecdote, me dit: Vous n'avez pas tardé à comprendre que ce capitaine d'artillerie était le jeune Bonaparte, qui avait eu réellement le projet de faire cette tragédie de Sampietro, mais il en fut détourné par d'autres travaux qui furent applaudis par l'univers.

CHAPITRE DES ALBUMS

Puisque j'ai parlé de l'album de madame la comtesse de Lipona, je crois qu'il est temps d'en finir avec ce sujet qui occupe une grande place dans mes souvenirs de Florence.

L'album est en vogue en Italie : partout il vous arrête au passage et sollicite une inspiration. Heureusement le pays est fécond en idées, en noms harmonieux, en poétiques souvenirs. Il est plus aisé d'écrire cent vers sur un album d'Italie qu'un quatrain ailleurs. On m'a fait bien souvent l'honneur de me demander quelques rimes improvisées, sur la terre classique des improvisateurs; j'ai été assez heureux quelquefois, non pas pour réussir, mais pour ne pas rester court en chemin; c'est tout ce qu'on peut demander. En transcrivant sur ce livre quelques-unes de ces poésies, celles que je me suis rappelées, ou dont quelques personnes avaient bien voulu garder copie, j'aurais pu revoir et beaucoup corriger ; j'ai mieux aimé les livrer à l'impression avec leurs défauts originels. J'imposais toujours une condition aux propriétaires des albums : celle de m'indiquer eux-mêmes le sujet de mes vers : j'étais bien sûr, d'ailleurs, que ce choix que je laissais à leur disposition, ne roulerait que sur l'Italie : Florence, Rome, Naples ; ou sur des souvenirs de l'Empire et de Napoléon ; c'est-à-dire la mine la plus riche et la plus facile à exploiter pour un poëte. J'ai déjà inséré les poésies que j'ai écrites sur l'album de madame de Lipona.

ARRIVÉE A FLORENCE

SUR L'ALBUM DE MADAME MARINI

Dans mes secrets ennuis, je l'ai tant appelée
Cette molle rivière et sa fraîche vallée,
Paysages si beaux et tant de fois dépeints ;
Ces collines d'azur que parfument les pins,
Et ce village étrusque où rayonne la tuile,
Où s'abrite au soleil l'arbre qui donne l'huile,
Où le pieux vallon, caressé par le vent,
M'apporte l'*Angelus* des cloches du couvent !

Et Florence était là ! sur son fleuve endormie,
J'ai voulu l'embrasser comme une tendre amie,

Et mes lèvres en feu frissonnaient de plaisir,
Comme si de ma main j'allais pour la saisir.
Des montagnes d'azur lui servaient de ceinture,
Elle me déroulait sa noble architecture ;
L'Arno devant sa porte, avec de joyeux sons,
Saluait des grands-ducs les larges écussons :
Pour la bien caresser, la rivière était lente ;
Que de tours couronnaient sa tête étincelante !
Quelle douce lumière impossible aux crayons,
Enveloppait ses murs d'un tissu de rayons !
Du sommet de sa tour, avec sa voix ardente,
Le Giotto m'envoyait le nom sacré du Dante ;
Il me semblait revoir, sur les clochers lointains,
Les spectres lumineux des sculpteurs florentins,
Et de Brunoleschi le magique fantôme
Debout, comme un géant, sur la croix de son dôme.
Bientôt la nuit tomba ; sur les marbres noircis,
Je vins m'asseoir aux lieux où Dante s'est assis ;
Indigne pèlerin, je crus que cette pierre
Donnerait un instant la force à ma paupière.
Afin de mieux la voir avec mes faibles yeux,
La tour que fit Giotto pour soutenir les cieux !

FLORENCE

A MON AMI ADOLPHE STURLER, PEINTRE D'HISTOIRE

Viens, mon nouvel ami, viens, Français de Florence,
Dans la belle cité guide mon ignorance ;

Viens, tu me parleras, en de doux entretiens,
Des tableaux incrustés sous les dômes chrétiens,
Des barons florentins du pieux moyen âge
Allant vers la Syrie en saint pèlerinage,
Et dont les angles noirs de ces larges maisons
Étalent aux passants les illustres blasons.
Cite-moi les grands-ducs et leurs nobles aïeules
Arborant l'écu d'or aux cinq tourteaux de gueules,
Et, le long du beau fleuve à leur sceptre soumis,
Conviant au travail tous les peintres amis.
Viens, le ciel est superbe, et Florence la reine
Nous enlace tous deux de ses bras de Sirène ;
Retournons à ce cloître aux tranquilles arceaux,
Où la jeune peinture essaya ses pinceaux,
A l'église où l'on voit, au doux éclat des cierges,
Dans son cadre naïf la première des vierges ;
Ce tableau que Florence, aux jours des arts naissants,
Apportait en triomphe avec des flots d'encens
Au pieux muséum, touchante galerie
Que bénit de son nom la nouvelle Marie [1] !

Ainsi je te parlais, un jour, un pur matin,
Où nous foulions tous deux le pavé florentin,
Où de l'Arno chéri l'onde mélodieuse
Partageait devant moi la cité radieuse ;
Eh bien ! en ce moment où l'on m'a ramené,
Tout ému du voyage, aux lieux où je suis né,
Où mon pays m'appelle, où l'amitié m'invite,

---

1. L'église de Santa-Maria-Novella, où l'on voit la Vierge de Cimabué.

Dans ce passé brillant, qui s'écoula si vite,
Je me replonge encor avec de tels élans,
Qu'ils me rendraient heureux si je vivais mille ans !
C'est beaucoup dans la vie, où toujours l'ennui sombre,
Sur le plus vif azur jette ses masses d'ombre ;
Oh ! c'est beaucoup pour moi qu'un souvenir pareil
Coloré de tant d'or, de soie et de soleil ;
Beau songe de printemps ! images infinies
Qui me suivent encore avec leurs harmonies,
Leurs colonnes, leur ciel, leurs dômes, leurs tableaux ;
Leurs grands pins dans les bois, leurs reflets sur les eaux ;
Énigme du bonheur qu'on cherche et qu'on devine,
Lorsqu'on tient dans ses bras Florence la divine !

Ami, bien qu'aujourd'hui citoyen d'autres lieux,
Ne crois point que mon cœur se soit fait oublieux ;
Il n'est pas de matin où je n'embrasse encore
La ville que partout tant de grâce décore.
Rappelle-toi le jour que tu serrais ma main,
Moi, partant si joyeux pour le pays romain ;
Vers le soir, descendu de ma lente berline,
Piéton, je gravissais une haute colline ;
On découvrait de là celle que nous aimons,
Florence, ses jardins, sa ceinture de monts,
Sa couronne de tours, sa rivière azurée,
Et ses dômes chrétiens d'éternelle durée.
J'allais à Rome enfin ! Depuis mes jeunes ans,
Rome m'avait ému de rêves séduisants ;
Les lettres de son nom, dès l'enfance première ;
Rayonnaient à mes yeux d'une vive lumière :
Quand je lisais ce nom, un parfum de plaisir

Du livre bien-aimé montait pour me saisir.
Qui l'eût dit? Ce jour-là, dans ma marche indécise,
Je contemplais Florence à l'horizon assise ;
J'avançais en arrière, et j'avais oublié
A quel but éclatant mon pas était lié.
Sur le chemin de Rome, adossé contre un arbre,
Je vis s'évanouir le blanc clocher de marbre,
La tour du palais vieux, le dôme aérien,
Et la douleur me prit quand je ne vis plus rien.
Dans tous les souvenirs de mon pèlerinage,
Aujourd'hui c'est encor Florence qui surnage ;
Toujours je les revois ces hauts murs éternels
Que gardent deux géants, colosses fraternels ;
Le vieux palais moresque, avec sa colonnade
Que bâtit un génie arrivé de Grenade ;
Avec sa vaste place où l'on peut voir, rêvant,
Le marbre ciselé s'insurger tout vivant.
De bronze et de granit prodigieux mélange !
Là Jean le Bolonais lutte avec Michel-Ange ;
Un Dieu, grand comme un Dieu, roulant son char marin,
Jette des flots d'écume à ces tritons d'airain ;
Là, Persée élevant une tête abattue ;
Là, le haut piédestal de l'équestre statue,
Le soldat ravisseur des filles des Sabins !
Colosses, tous rivaux des colosses thébains ;
Ornements éternels, précieuses reliques,
Exposés sans péril sur les places publiques ;
Car le sage Toscan, même aux jours malheureux,
Les sauva de l'insulte : il a veillé sur eux.
Toujours je me promène en esprit dans ce rêve,
Sur l'autre grande place où le dôme s'élève,

Où le Dante s'assit, où son nom est gravé;
Où, d'un immense poids écrasant le pavé,
La montagne de marbre aux lumineux atomes,
Le dôme aérien s'asseoit sur quatre dômes,
Près de la tour sublime, horloge des saints lieux,
Que Giotto cisela comme un pilier des cieux !
O des beaux-arts chéris, touchante nourricière !
Florence, en te quittant, j'ai gardé ta poussière;
Devant ton seuil de marbre, à tes portes d'airain,
Je n'ai pas secoué mes pieds de pèlerin;
La poudre recueillie en courant sur tes dalles,
Elle sera toujours empreinte à mes sandales;
Noble poussière d'or! elle vient des tombeaux
Qu'un vieux temple a couverts de ses marbres si beaux;
Panthéon du génie, asile où la croix sainte
Garde tous les grands noms dans une même enceinte [1]
Elle vient du Musée où Raphaël est roi,
Où l'Europe, à genoux, a passé comme moi;
Elle vient de la rue, où, la flamme au visage,
Saint Georges, le guerrier, vous arrête au passage;
Elle vient de partout, des cloîtres recueillis
Que cinq siècles éteints n'ont point encor vieillis,
Des ponts, du pied des tours, des fraîches promenades
Sur le gazon du fleuve et sous les colonnades;
Des palais où Strozzi faisait luire aux passants
Son colossal écu, chargé de trois croissants;
Elle vient de partout, car la cité chérie,
Florence tout entière est une galerie;
Et, comme en un jardin, on court sur son pavé

---

1. Église de Santa-Croce.

Que le fer a poli, que le fleuve a lavé.
Oh! pour moi la peinture était là tout entière ;
C'était l'art dégagé de la lourde matière,
L'art qui doit tout à l'âme et ne dit rien aux sens,
L'art, tel qu'il se montra dans les cloîtres naissants,
Lorsqu'au champ du repos, Pise, la chevalière,
Appelait autrefois la peinture écolière,
Et que l'art virginal se mit à voyager
Sur les pas conducteurs de Giotto le berger !

En écrivant ces vers, poëte cénobite,
Dans l'ermitage frais, la maison que j'habite,
Qui domine la mer, cet humide lien
Mariant mon rivage au sol italien,
Je vois venir de Naples, à l'anse accoutumée,
Une barque à vapeur couverte de fumée ;
On dirait, en voyant ce nuage léger,
Qu'elle a pris le Vésuve à bord pour passager :
Alors, jetant mes yeux à l'horizon immense,
Avec tous ses décors mon rêve recommence
Et m'allume le sang ; surtout le lendemain,
Quand l'agile bateau, reprenant son chemin,
Vers les golfes toscans tourne sa belle proue,
Fait écumer le port sous sa bruyante roue,
S'ombrage de sa tente, et, glissant sur les eaux,
Emprunte à la vapeur les ailes des oiseaux.
Oh! c'est alors, ami, que je dis en moi-même :
« Qu'il est aisé de voir ce beau pays que j'aime !
» Si je l'avais voulu, dès demain, vers le soir,
» Sous un arbre toscan je pouvais donc m'asseoir !
» Être encore une fois au rendez-vous de l'heure,

» Devant le palais vieux, quand son horloge pleure,
» Et retrouver encor ta famille d'amis
» Dans ce retour prochain que je leur ai promis! »
Oh! levons-nous, partons ; la route m'est connue ;
Revoyons l'atelier de la Bacchante nue ;
Le Phidias nouveau, peut-être cette fois,
N'aura pas oublié de lui donner la voix ;
Puissant Bartolini, gloire et reconnaissance
A la ville des fleurs qui te donna naissance !
Il faut revoir au fond de son calme jardin,
L'artiste aux blonds cheveux, la femme paladin,
Qui, traduisant le feu de sa vive paupière,
Fait un poëme en marbre et brode sur la pierre [1] !
Revoyons-les encore une fois ces palais
Qui s'ouvrirent un soir à l'obscur Marseillais ;
Ces salons où l'exil vous couvre de ses voiles,
Astres impériaux, lumineuses étoiles,
Pléiade qui rendis mon visage serein,
Lorsque devers l'Arno je passai pèlerin !
Oh! s'il est une place encore à tant de fêtes,
Une! pour le dernier des voyageurs poëtes,
Qu'elle me soit rendue! Ah! c'est que j'aime tant
La musique qui court sur un marbre éclatant,
L'orchestre italien, la PERGOLA, théâtre
Plein de femmes aux grands yeux noirs, au cou d'albâtre !
Les peintres florentins n'ont rien vu de si beau :
On dirait que le soir, sortis de leur tombeau,
Ils viennent exposer à nos tardifs éloges,
Leurs modèles vivants dans le cadre des loges.

---

1. Mademoiselle Fauveau.

Et ces bals parfumés, pleins d'harmonieux bruits,
Qui rendent un soleil aux éclatantes nuits,
Ces bals, dans ces palais que le fleuve caresse,
Ces bals d'enivrement, où l'heure enchanteresse
Est si prompte, qu'il semble, au précoce matin,
Que le soleil se couche à l'horizon latin,
Car tout ce qui fait joie au pauvre cœur de l'homme,
Toutes les voluptés que toute lèvre nomme,
Abondent à la fête ; il passe sous nos yeux
Un congrès opulent de quadrilles joyeux.
L'Europe voyageuse au rendez-vous arrive
Devant le tiède Arno pour danser sur sa rive :
Alors, si la croisée, entr'ouverte un instant,
Vous révèle au dehors un rayon éclatant,
On s'étreint de bonheur, car la fête se lie
Aux montagnes, aux bois, au nom de l'Italie,
A la villa qui dort sous les pins arrondis,
A ces jardins toscans, terrestre paradis,
Où l'Arno poétique enivra de son onde
Tout ce qui fut génie et grand sur ce bas monde.

Le rivage natal ne m'a point engourdi ;
Pour l'art je suis toujours l'artiste du Midi :
De ton bel horizon l'étoile fortunée
Me rappelle ces lieux où la peinture est née ;
Cette étoile aidera mes souvenirs récents ;
A la terre de Dieu je porte mon encens ;
Je n'ai pas mis au feu mon bâton de voyage ;
Mon pied ne faiblit point sous la torpeur de l'âge.
Le ciel est magnifique, et la brise d'été
M'apporte de la mer mille cris de gaîté.

I faut voir s'il est vrai, qu'une fois dans ma vie,
Éveillé, j'ai couru sur ces bords que j'envie,
Ou si ce n'est qu'un rêve éclatant et vermeil
Qui m'a montré Florence un jour de doux sommeil!

LE SAULE DE SAINTE-HÉLÈNE

A MADEMOISELLE FLAMINIA T***.

Il dort dans son île lointaine,
Cet empereur toujours vivant;
Il dort au bruit de sa fontaine,
Aux plaintes des flots et du vent;
Voilant le marbre de sa tombe,
Un saule se lève et retombe
Sur Napoléon endormi;
Et dans ces plages ignorées
Répand ses feuilles éplorées,
Comme les larmes d'un ami.

Sous l'arbre à la tige flottante
Où l'oiseau funèbre s'abat,
Il dort, comme sous une tente
La veille d'un jour de combat;
Lorsqu'un aigle fond de son aire,
Lorsque le fracas du tonnerre
Roule de la montagne au port,
On croit que, la flamme à la bouche,
Il va s'élancer de sa couche
Pour livrer bataille à la mort.

Le soir, du haut de la colline,
Sur le funèbre monument,
On voit le saule qui s'incline
Pour l'embrasser comme un amant ;
On entend la plainte touchante
Que l'arbre funèbre lui chante
Pour consoler ses longs ennuis ;
C'est une élégie inconnue
Qui tombe sur la pierre nue,
Avec le murmure des nuits.

Pour lui raconter sous la terre
Sa vieille gloire de quinze ans,
Il n'a qu'un arbre solitaire,
Le dernier de ses courtisans.
De tant de guirlandes de fête
Qu'un monde jeta sur sa tête
Que lui reste-t-il aujourd'hui ?
Un saule sur la roche dure,
C'est l'arc triomphal de verdure
Que le temps a laissé pour lui !

Visitant sa triste demeure,
Nos marins, le front découvert,
Du saule échevelé qui pleure
Se partagent un rameau vert ;
Et plus confiant aux étoiles,
A la brise ils ouvrent les voiles,
Sûrs de revoir leurs beaux climats.
Car on dit que ce saint feuillage

Donne au navire un doux mouillage
Et porte bonheur à ses mâts.

LE LAC DE BOLSENA

A MADEMOISELLE ***

Après les Apennins, lorsqu'on descend des nues,
Qu'on a fait ses adieux au doux pays toscan,
Qu'on est las de fouler ces grandes roches nues
Toutes noires encor des flammes d'un volcan,

Oh ! que j'aime à te voir aux régions nouvelles,
Beau lac que le soleil a choisi pour miroir !
En toi que de fraîcheur, soit que tu te révèles
Dans les feux du matin ou les brumes du soir !

C'est comme un vif plaisir après les ennuis sombres ;
Après le désert nu, c'est la terre de miel ;
C'est la clarté du jour après les noires ombres,
Après le désespoir c'est le rayon du ciel.

DE FLORENCE A ROME

Sienne — Radicoffani — Aquapendente Rome

En ce temps la vie de l'artiste fut une noble et puissante vie. L'Italie était un atelier, un champ de bataille et un boudoir. L'artiste ébauchait en même temps un palais, une fresque, un tableau, une statue, une église, une citadelle; il avait des journées toutes pleines de travaux, d'intrigues, de rivalités, d'aventures, de méditations, de graves études, de folies d'atelier : sa palette et son ciseau se mêlaient sous sa main à l'épée, à l'arquebuse, à la mandoline.

Michel-Ange est la personnification la plus imposante de l'artiste du xve siècle; sa vie ne ressemble à aucune autre vie; il n'a connu ni les loisirs, ni le repos, ni les ennuis; il a créé un monde; il a été adoré des deux plus nobles, des deux plus belles amantes de l'univers, Rome et Florence ; les papes, qui ne s'inclinent que devant Dieu, se sont inclinés devant lui. A sa mort, les souverains se disputent son cadavre comme une de ces précieuses reliques qui portent un bonheur éternel à la ville qui les reçoit.

A quinze ans, il était déjà sacré roi entre les artistes : il avait effacé Ghirlandajo, son maître, et promettait à l'Italie de lui rendre Mazaccio et Lucca della Robbia. Il devait tenir mieux que sa promesse. L'Italie devint son atelier. De Venise à Bologne, de Bologne à Florence, de Florence à Rome, les blocs de marbre l'attendaient au passage et il créait une statue à chaque relais. Chemin faisant, il dressait un échafaudage et peignait une grande fresque pour payer l'hospitalité dans quelques villes des Apennins. A Bologne, il ciselait *sainte Pétrone*, puis il montait à cheval, et courait à Rome pour achever son *Bacchus* ou sa *Notre-Dame-de-Pitié*.

Florence l'appelait alors ; et le voilà reparaissant sur la crête des Apennins, traversant la forêt de Viterbe, toute pleine de bandits, traversant les gorges marécageuses de Riccorci, les plaines volcaniques de Radicoffani, dormant sur la paille des étables, partageant le pain des pâtres de Torrineri et de Ponte-Centino, et après huit jours de fatigues revoyant sa Florence bien-aimée qui ébranlait toutes ses cloches pour le recevoir comme un roi. A peine descendu de cheval, il courait à l'église *Santa-Maria-Novella*, celle qu'il nommait son épouse, *mia sposa*. Il baisait les fresques de Paolo Ucello, de Fiesole, d'Orgagna, comme on embrasse, en arrivant chez soi, tous les membres de sa famille ; il s'agenouillait, dans la chapelle des Rucellaï, devant la Vierge de Cimabué, patronne des artistes. Au travail ensuite! c'était un bloc immense qui l'attendait sur la place du Palais-Vieux ; Fiesole avait écaillé ce bloc, il était trop pesant pour lui; Michel-Ange le fondait comme de la cire, il en tirait un géant de marbre, son *David*; il le plaçait sur un piédestal devant le palais, comme on place une sentinelle à la porte d'un roi.

A cheval encore! c'était Jules II qui appelait Michel-Ange ; l'artiste rentrait à Rome, et le pape le conduisait par la main aux ateliers ; Michel-Ange créait son Moïse, le Moïse du mont Sinaï, sublime comme dans le livre saint. Pour se donner quelque délassement après cette œuvre, il ciselait ses *Esclaves* et sa *Victoire*; puis il jetait les fondements du magnifique mausolée de Jules II, ou bâtissait la citadelle de Civita-Vecchia.

Nous le retrouvons encore à Florence, Léon X régnant: cette fois, le marbre lui manque, l'artiste a tout dévoré : il part pour les carrières de Saravezza, il va créer du marbre ; il se promène deux ans sur les rochers qui recèlent le trésor du statuaire; il épie le sol; il le perce du regard: c'est qu'il lui faut du marbre pur, du marbre d'élite, la chapelle des Médicis le demande ainsi. Le précieux filon est trouvé. Michel-Ange a frappé du pied sur la carrière ; il se mêle aux mineurs; avec eux il éventre la roche, il en tire des blocs vierges ; quelle joie d'artiste! Le voilà dans la chapelle Saint-Laurent, méditant son Guerrier: il sera plus beau que le saint Georges de Donatello, plus beau que le Démosthènes du Vatican; la tombe des Médicis sera gardée éternellement par des statues vivantes ; et toujours le voyageur, en les visitant, échangera des regards avec ce mystérieux guerrier qui domine la chapelle et lui donne ce caractère de religieuse mélancolie que le statuaire antique ne soupçonna jamais.

A Rome encore! il y des mausolées à construire et des statues informes dans les ateliers, et des fresques ébauchées qui attendent; Michel-Ange est partout : il peint, il cisèle, il équarrit des blocs ; il fait des satires contre ses ennemis, il envoie des sonnets aux dames romaines, des cartels à ses rivaux, des plans de basilique au pape, des lettres au Grand-Seigneur qui lui demande un pont pour le faubourg de Péra.

Un jour, après avoir terminé le *Christ embrassant sa croix*, il va respirer sur la colline où furent les jardins de Salluste; il passe sur les ruines des thermes de Dioclétien, et s'arrête, saisi d'admiration, devant huit colonnes antiques qui n'ont plus rien à soutenir, car le noble fardeau qu'elles portaient s'est écroulé sur le gazon d'alentour. Michel-Ange s'attendrit de l'oisiveté de ces puissantes colonnes, et leur bâtit un temple, en les laissant toutes à la place que l'architecte impérial leur avait donnée dans la grande salle des bains. C'étaient là des jeux de Michel-Ange; une autre fois, il se prendra corps à corps avec le panthéon d'Agrippa, il le pèsera sur ses mains, le lancera dans l'air à quatre cents pieds, et le colosse ne retombera pas.

L'Attila chrétien, le connétable de Bourbon, fait le siége de Rome. La ville éternelle a donné congé à ses artistes, à ses poëtes, à ses musiciens, elle a fermé ses ateliers; Rome se bat, comme autrefois, contre Brennus et Annibal, pour ses autels et ses foyers. Michel-Ange est à Florence, il a repris son ciseau dans la chapelle de Saint-Laurent; il taille, de verve, une statue de femme ; le bloc sera trop court pour la forme colossale qu'il a imaginée, que lui importe? L'artiste ne s'abaisse pas aux puérils calculs des dimensions : si le marbre manque aux pieds de la statue, l'ouvrage restera inachevé, voilà tout. Michel-Ange a-t-il le loisir de mesurer ses blocs? il se rue sur eux, il en extrait l'image rêvée, et part.

Cette fois la route des Apennins lui est fermée. Rome a été prise d'assaut; Rome a été violée; Espagnols, Allemands et Milanais inondent la belle Toscane et menacent Florence; Michel-Ange ferme ses ateliers, il prend l'arquebuse et l'épée, il se fait soldat : il se place en sentinelle devant le Palais-Vieux, et sert ainsi de pendant à la statue de David, haute de dix coudées, et moins grande que lui. Les ravageurs s'approchent; ils occupent les hauteurs de San-Miniato et de la villa Stozzi; ils campent sur les collines du Val-d'Arno; ils étreignent Florence; le péril est grand : Michel-Ange est nommé inspecteur général des fortifications; l'acclamation du peuple confirme ce choix. Après avoir produit ses chefs-d'œuvre avec son ciseau, il faut maintenant que l'artiste les défende avec son épée; il a sa noble famille de marbre à protéger contre les stupides saccageurs de Rome, car les lansquenets et les Espagnols ne respectent rien; comme les Perses de Cambyse, ils mutilent l'homme et la pierre : mais Dieu et Michel-Ange sauveront la ville des Médicis, Florence sera plus heureuse que Rome, les Huns baptisés ne la violeront pas.

C'est Paul III qui siége au Vatican; Rome est revenue de sa stupeur; les ateliers se rouvrent; les chantiers reprennent leur mouvement accoutumé; Michel-Ange, qui s'est reclus dans un clocher à Venise, après la capitulation de Florence, et qui pleure sur la liberté toscane indignement sacrifiée, descend enfin de son ermitage aérien et reprend la route de Rome. A peine arrivé, il se remet à ses œuvres, comme si le pain de sa journée en dépendait. Un visiteur frappe à la porte de l'atelier; ce visiteur, c'est le pape, c'est Paul III; après avoir béni la ville et le monde, il vient bénir Michel-Ange; le pontife et l'artiste s'asseyent sur un bloc de marbre, ils commencent un de ces sublimes entretiens qui réjouiront les beaux-arts. Paul livre la chapelle Sixtine à Michel-Ange, il l'entraîne avec lui au Vatican, il le place devant un pan de muraille et lui dit: voilà la toile de ton jugement dernier.

L'artiste a trouvé enfin une peinture digne de lui: le Vatican est son atelier, sa toile une muraille immense; la basilique de Saint-Pierre est son chevalet; sa palette est une cuve pleine de couleurs; il y a plongé un pinceau gigantesque, et du premier élan d'une inspiration furieuse, il crée le ciel, la terre, l'enfer; il fait poser devant lui toutes les générations; il tire des tombeaux les représentants de tous les âges; il matérialise, sur sa fresque prodigieuse, les mystères de l'Apocalypse, les visions de l'apôtre, les joies du ciel, les épouvantements de Josaphat; c'est bien le jour des jours, le jour de colère que David et la Sibylle ont prédit: c'est le tableau d'un monde en dissolution; il est tout retentissant d'éclats de trompette, de mugissements de damnés, de chute de montagnes; c'est le jugement.

Quand le dernier coup de pinceau eut été donné à l'œuvre incomparable, Rome, la ville artiste, tressaillit comme aux jours merveilleux des Antonins; la foule se précipita sur le pont des Anges, le gonfanon papal fut arboré au Môle d'Adrien, la cloche de Saint-Pierre tonna sur la basilique; Michel-Ange fut porté en triomphe, comme un consul victorieux, sur ce même Tibre, sur ce même sol qui avaient vu passer Paul-Émile et Trajan.

Le cri populaire le poussait au Capitole, là où finissaient les ovations; mais le Capitole n'avait conservé que son nom; il y manquait ces riches monuments qui servaient d'hôtellerie aux triomphateurs; il fallait rebâtir le Capitole pour Michel-Ange; le pape lui mit à la main la truelle et le marteau. Ce fut Michel-Ange qui rebâtit le Capitole pour lui.

Alors les points culminants de Rome chantèrent la gloire du grand artiste sur un lumineux triangle; à gauche Sainte-Marie-des-Anges; à droite le dôme de Saint-Pierre; au bout de la ville, le mont Capitolin; il avait signé de son nom ces trois monuments; sa mission était remplie; nul homme n'avait plus fait que lui; le ciel lui avait prodigué les jours, et l'artiste reconnaissant n'en perdit pas un seul, dans sa vie presque centenaire; il n'avait subi aucune des infirmités de notre nature; sa constitution fut si puissante qu'on aurait dit qu'il s'était sculpté lui-même, et que sa chair était la chair des statues; sa première maladie fut sa mort.

C'est en songeant à cette vie étonnante, si pleine d'œuvres et de jours, qu'on traverse les Apennins de Florence à Rome: le pied de Michel-Ange y est imprimé sur toutes les roches, l'artiste s'y est inspiré de toutes les imposantes scènes que Dieu y étale, comme dans une galerie digne de lui. Cette route est le grand chemin de Michel-Ange; elle garde écrite en caractères éternels la pensée orageuse de l'artiste; elle est le symbole matériel de ces existences d'élite auxquelles il fut donné de connaître toutes les joies et toutes les plaies, de cueillir des fleurs sur la cendre et la lave, d'avoir des nuits de tempêtes après des jours pleins de sérénité. A l'extrémité de cette voie apennine si tourmentée de contrastes et d'âpres accidents, on trouve une plaine calme, majestueuse; on trouve Rome; Rome, pour l'artiste, c'est le but du voyage de la vie, c'est le paradis, le repos, l'immortalité.

Elle est féconde, joyeuse et dorée comme un rêve de jeunesse, cette campagne qui vous conseille le voyage des Apennins; il y a des fleurs agrestes qui bordent la route, de beaux arbres qui s'arrondissent sur le pèlerin endormi, des torrents de vignes qui coulent de collines en collines jusques à l'horizon, de jolis villages qui adossent leurs maisons coloriées sur le vert éclatant des pins, des couvents solitaires, réfugiés dans les bois, des métairies avec des peupliers qui tremblent sur les fontaines: ce grand paysage vous suit complaisamment et vous fête comme si vous étiez cent mille à le contempler; on s'étonne de se trouver seul admis à tant de magnificences. Quelle joie de suivre à pied, le bâton à la main, cette ravissante décoration qui se perpétue à l'infini, qui vous sourit avec tant de grâce et semble vous promettre de vous accompagner toujours!

Le soir on arrive à Sienne, la Florence des Apennins, ville charmante oubliée dans un désert; là on retrouve l'élégance de la cité toscane, l'architecture de diamant, les rues pavées de dalles, les palais forteresses, les écussons de Strozzi; une population calme et heureuse qui parle en musique et fait éclater dans les rues le murmure argentin de l'italien siennois. Tout en marchant sur le pavé, qui conduit à Rome, on respire un parfum d'église, on entend le son d'une cloche qui vous attire à droite : c'est la cathédrale ; elle vous sert d'hôtellerie, elle se révèle à vous dans toute sa splendeur. La cathédrale de Sienne appartient encore à ce bienheureux siècle où l'art ne travaillait que pour la foi, où l'architecte, le peintre, le sculpteur, rendaient à Dieu en chefs-d'œuvre tout ce qu'il en avait reçu en talent.

L'Italie est semée de ces belles églises de marbre ; elles sont ouvertes à tout arrivant ; le voyageur échauffé par la route, blanc de poussière, humide de sueurs, trouve un délicieux abri dans leurs nefs toujours fraîches. C'est une halte précieuse : on secoue la poussière de ses pieds sur le parvis, on rafraîchit son front avec l'eau du bénitier, on s'agenouille devant Dieu ou devant Raphaël, en chrétien, ou en artiste ; puis on se relève, et on descend encore sur la voie romaine, aujourd'hui silencieuse et triste, autrefois animée par cette caravane de peintres, de sculpteurs, d'architectes qui ont bâti partout ces merveilleuses églises, et les ont remplies d'images saintes et de tableaux.

Un jour, sous cette porte de Sienne, deux cavaliers se rencontrèrent ; l'un sortait de l'hôtellerie de Poggi-Bonzi, l'autre allait à Florence. L'un grand, athlétique, avec de grands yeux noirs, un teint basané, des cheveux bruns et crépus ; l'autre un enfant, avec un visage rose et virginal, comme une jeune fille sous un costume qui n'est pas le sien. Ils se serrèrent la main cordialement, du moins en apparence :

« Je vais à Florence, tailler du marbre, » dit l'un des cavaliers.

« Je vais travailler à la sacristie de Sienne, » dit l'autre.

C'était Michel-Ange et Raphaël.

Le pâtre siennois qui vit cette rencontre fut bien heureux. Sous cette même porte, on ne trouve plus qu'un douanier qui vous demande votre passe-port.

La sacristie où travaillait Raphaël fait oublier l'église; on ne regarde qu'avec distraction ces nefs magnifiques écartelées de marbre blanc et noir, cette chaire élevée sur des animaux de l'Apocalypse, sur des colonnes de jaspe et de porphyre, et ce pavé du sanctuaire, sans égal au monde, et cette corniche du chœur composée des têtes de tous les papes depuis saint Pierre jusqu'à Alexandre III; on passe rapidement devant tout cela, on ne songe qu'à la sacristie voisine, tout illustrée de fresques par Raphaël; un cicerone en soutane vous introduit dans la sacristie; là on est un peu désappointé d'entendre dire que Raphaël n'a peint qu'une seule de ces fresques naïves qui servent de tapisserie aux quatre murailles; c'est lui pourtant qui en a fait tous les dessins; Bernard Perugin les a terminées; elles représentent les actions historiques du pape Pie II. Au milieu de la sacristie, le clergé siennois a donné une hospitalité généreuse et touchante aux trois grâces; elles sont décentes parce qu'elles sont nues; en Italie, de quelque religion qu'il vienne, l'art est toujours saint et béni.

Sienne laisse d'heureuses et riantes pensées dans la mémoire du voyageur, on aime à se rappeler son élégante et gracieuse physionomie, ses édifices modernes de brique rouge, si gaie au soleil; sa place *Del Campo*, dont le pavé concave ressemble à une immense cuve. Il y a une chose encore qui m'a frappé à Sienne, et dont aucun voyageur, je crois, n'a parlé : Sienne a reçu probablement en héritage la Louve romaine; on y trouve partout la fauve nourrice allaitant les Gémeaux; c'est le blason de la ville ; Rome, en adoptant la tiare et les clefs, a cédé à Sienne ses antiques armoiries, afin qu'il ne fût pas dit qu'on les eût effacées du sol latin. L'écusson de Romulus, incrusté à l'angle des carrefours, vous sert comme d'indicateur, pour vous désigner la double ornière qui mène aux sept collines. On sort dans la campagne avec un cœur joyeux, car il semble que Rome est à l'autre bout du chemin.

Cette illusion dure peu ; insensiblement le paysage s'assombrit, les arbres s'éclaircissent, les collines se nivèlent à la plaine ; on sent que la Toscane vous échappe, que la vie s'éteint, qu'un nouveau domaine commence. C'est comme le premier nuage du désenchantement après l'ivresse du jeune âge. La campagne se déroule vide et monotone ; par intervalles, des rochers calcaires se hérissent du milieu des blés, comme les premiers chaînons d'une montagne volcanique que l'on croit distinguer parmi les brumes de l'horizon. Il y a bien encore, çà et là, quelques villas aux croisées vertes qui s'épanouissent dans une oasis et semblent protester contre la tristesse de a plaine, mais elles passent et ne repassent plus ; la verdure maigrit, le sol se pétrifie, le grand chemin se couvre d'une poussière noire ; un vent triste siffle dans les roseaux des marennes, et vous apporte une légère odeur de soufre ou des miasmes fiévreux. Les petits hameaux qu'on trouve sur la route ont un aspect désolé ; leurs rares habitants ont des mines souffreteuses et sauvages ; ils font peur ou pitié ; quelquefois on distingue assis sur un quartier de roche, parmi les bruyères, un pauvre pâtre, couvert d'un manteau rouge et surveillant quelques moutons plus maigres que lui ; ce sont les seules figures qui animent ces mélancoliques paysages.

On arrive à quelques maisons silencieusement habitées, qu'on appelle d'un nom empreint de misère, *Torrinieri*; puis à Polderina, autre association de cabanes. Là, commence une route qui fait regretter tout ce qu'on vient de voir ; elle se resserre entre de hautes montagnes qui ont des formes sinistres ; la voie romaine devient un sentier de chèvres ou de bandits. Où conduit ce chemin ? demande-t-on au pâtre ; sa voix sépulcrale répond « à Riccorsi, » et une main de squelette sort des plis du manteau et s'allonge pour recevoir le salaire de l'indication. Allons à Riccorsi !

Ce nom me rappelle un de mes malheureux jours, et n'écrirais-je ces lignes que pour donner aux voyageurs un charitable avertissement, je croirais avoir assez fait pour mes compatriotes qui passeront après moi dans ce val de désolation. J'étais parti à pied de Polderina, à pied et à jeun. Ce Riccorsi était pour moi la terre promise, où je ne m'attendais pas à trouver du miel, mais je comptais au moins sur du lait. Au fond de la plus épouvantable vallée des Apennins, j'aperçus une chaumière que je pris pour une maison avancée de Riccorsi; je descendis en courant le sentier rude qui dissimulait le précipice, et je tombai devant la chaumière ; la chaumière était Riccorsi. Une petite enseigne collée sur la porte me l'annonçait : *Osteria di Riccorsi, qui si fa la carretta*. J'entrai dans une pièce obscure et puante à soulever le cœur ; c'était le salon, la chambre à coucher, la cuisine et l'abattoir ; deux jeunes filles sortirent d'un nuage de fumée; elles étaient belles, ces jeunes filles : que font-elles donc dans cet horrible pays? Je les priai de me servir à déjeuner, j'étais mort de faim. Elles exécutèrent une pantomime dolente, et me chantèrent en duo un *niente* homicide. Je me mis à leurs genoux, je leur récitai deux sonnets de Pétrarque, je les conjurai de chercher dans leur hôtel du pain et des œufs; au moins des œufs, il y en a dans tout l'univers; elles me répondirent encore: Nous n'avons rien. Quelle *osteria!*

Un éclair de compassion passa sur leurs figures roses et fraîches.

— Êtes-vous seul? me dit l'aînée.

— Non, je suis avec deux amis qui me suivent, et qui vont arriver. Au nom de Notre-Dame de Riccorsi, préparez-nous une ombre de déjeuner; mettez au moins une nappe sur une table, si vous avez une nappe et une table; nous nous reposerons, vous aurez alors peut-être quelque idée; voyez, tenez conseil; nous allons à Rome; nous vous en rapporterons un chapelet béni le samedi saint; nous vous paierons vos œufs, comme des voyageurs anglais.

— Eh bien! me dirent-elles attendries, nous vous ferons une soupe aux pigeons!

Une soupe aux pigeons! cela me fait frémir d'y songer.

— Mais, leur dis-je, puisque vous avez des pigeons, faites-les rôtir.

— Nous n'en avons qu'un, et nous le gardions pour en faire un agneau pascal, dimanche prochain.

— Enfin nous mangerons ce pigeon; mais où est-il?

— Ah! qui le sait?

Nous nous mimes en quête pour découvrir le pigeon. l'infortuné se promenait, en attendant Pâques, sur les petites roches calcaires qui enclavent l'hôtellerie de Riccorsi ; il se laissa prendre avec une résignation touchante, et une demi-heure après on nous le servit noyé dans un *brodo* clair comme l'eau. Nous sortîmes de ce famélique vallon, où depuis Enée tous les voyageurs sont contraints à dévorer leurs tables et nous reprîmes notre route avec une défaillance de cœur qu'aggravait encore la brise ironiquement apéritive des Apennins. Du sommet de la montagne, je jetai un dernier coup d'œil sur Riccorsi ; j'aperçus sur le seuil les deux jeunes filles dans une pose mélancolique.

Ces deux malheureuses ont souvent rappelé au voyageur indifférent ce proverbe latin qui a été inventé dans leur pays : *Sine Cerere et Baccho Venus friget*. Le paysage qui les entoure ne peut avoir sa copie ou son modèle que dans ces royaumes du vide où la Sibylle conduit les héros ; on y voit des gouffres béants de cataractes épuisées, où l'eau est représentée par des touffes de lichen, blanchâtre comme la barbe d'un vieillard ; on y voit des lits de torrents desséchés qui roulent des roseaux et du gravier, avec des bruits remplis de plaintes ; au nord, une épouvantable vallée s'enfonce et se perd dans de lointains et mystérieux abîmes ; en hiver, cette vallée est un fleuve, qui emporte, Dieu sait où, des quartiers de roche, des troncs d'arbres, des forêts de roseaux, des ponts de bois ; l'hôtellerie de Riccorsi assiste à ces bouleversements, à ces tempêtes, à ces inondations, en attendant l'été qui arrive tard et les voyageurs qui n'arrivent jamais. Pauvre Riccorsi ! pauvres filles !

Enfin, voici un village à peindre, vu de loin, car de près il est bien noir et indigent : c'est San-Quirico ; il s'est retiré sur une montagne, afin de respirer un air pur, précaution excellente pour des habitants qui vivent de l'air ; j'aime San-Quirico, étreint dans sa belle ceinture d'oliviers, et que domine une haute cour carrée. La tristesse retombe après sur la grande route ; la campagne se dépouille encore ; tout annonce la montagne volcanique, le village noir et ferrugineux de Radicoffani.

Radicoffani pleure dans les nuages ; c'est un Etna qui a éteint ses fournaises parce qu'il n'avait plus de villes à ensevelir, plus de campagnes à brûler. Le mystère de ses antiques éruptions n'est pas expliqué par les géologues ; en général, la science n'explique que ce qui est déjà compris ; ici, elle vous dit : Radicoffani était autrefois un volcan. — Mais quel volcan ! Il avait pour domaine toutes les montagnes amoncelées qui courent d'horizon en horizon jusqu'à Bolsena. C'était une traînée incendiaire dont les laves, se divisant, allaient s'éteindre dans la Méditerranée et l'Adriatique. Alors n'était venu ni Evandre, ni Romulus, ni Porsenna ; l'Italie était en fusion ; la Péninsule était une langue de feu qui croisait ses flammes avec la Sicile, par-dessus Charybde et Scylla.

Un jour tout cela fut glacé par un souffle d'en haut, tout cet embrasement s'éteignit comme une lampe qui n'a plus d'huile. Les torrents de laves, les roches bouleversées, les scories ardentes, les montagnes fondues gardèrent la forme qu'elles avaient quand le souffle glacial vint à les saisir ; c'est là le merveilleux spectacle que Radicoffani donne au voyageur. En se précipitant de ce pic sauvage et noir comme un brasier éteint, on tombe sur

S.

un domaine sans nom et sans maître: c'est une terre neutre dont personne n'a voulu, ni le grand-duc qui possède peu, ni le pape qui prend tout. On ne trouverait, je crois, que dans la lune un sol pareil à celui qui s'abaisse sous Radicoffani; jusqu'à la dernière portée du regard, le terrain est bouleversé de laves et de scories, comme s'il venait de s'éteindre; on dirait qu'une immense convulsion souterraine a lancé les montagnes en l'air, et qu'elles sont retombées en lambeaux.

A cet aspect, le cœur se crispe d'ennui; il semble que ce deuil est commun à toute la nature, que tout ce qu'on a vu jusqu'à ce moment, de frais et doux paysages, n'est qu'un rêve de la dernière nuit, et qu'une erreur de voyage vous a fait tomber sur une terre inconnue, inhabitée, où vos pieds vont réveiller les volcans. On ne peut se figurer que la verdure puisse renaître au bout de cet horizon incendié, de ces montagnes fondues, de cette plaine de bronze qui ne permet pas qu'un seul brin d'herbe rassure le pèlerin. Pour moi, qui me laisse aller à l'impression des objets extérieurs, je fus accablé de ce spectacle comme d'un malheur, sur la route de cette Rome, le paradis de l'artiste; je regrettai le sentier de ronces et d'épines annoncé par l'Évangile, car les ronces et les épines ont au moins quelque vie et ressemblent de loin à des fleurs des champs.

De tous les sommets volcaniques, je cherchai rapidement dans le nouvel horizon un fantôme d'arbre, un sillon cultivé, une pierre bâtie par l'homme; toujours rien, toujours le néant, la mort, toujours des landes métalliques, des plaines labourées par la lave, des pyramides de charbons éteints, des puits de cratères, des côtes de granit polis par les flammes. Enfin, vers le soir, la lisière de cette campagne de l'enfer se fondit dans des marécages : j'aperçus un pâtre et quelques brebis qui assurément ne broutaient pas des laves ; la joie me revint ; un vague rayon de soleil glissa sur des massifs de roseaux et les mit en relief sur une rivière luisante comme un miroir. Je reconnus les eaux torrentielles de la *Paglia*; j'allais entrer sur les terres de Rome ; ce petit hameau à gauche était Ponte-Centino ; à droite, s'adossait au flanc d'une montagne l'ancienne capitale des Volsques, la cité de Porsenna. En ce moment, un aigle planait sur Ponte-Centino : je saluai l'augure, et j'oubliai les horreurs de Radicoffani.

Ici les détails prosaïques de la douane, de cette horrible douane qui fait l'autopsie du voyageur, qui se plonge dans ses malles, qui se rue sur les livres, les albums, les manuscrits, pour y découvrir Voltaire, Rousseau, Volney, ces formidables ennemis du Vatican. J'avançai en tremblant vers cette douane spoliatrice ; le bureau était fermé ; le bureau d'ailleurs est toujours fermé ; les douaniers se promènent sur le plateau de Ponte-Centino, en chantant des airs de Rossini, et ils tiennent constamment leurs yeux fixés sur la route volcanique de Radicoffani : dès qu'ils aperçoivent des voyageurs, ils ferment le bureau ; alors ils sont fondés à exiger un droit qui est intitulé *fuori ora*, hors l'heure : ce droit est laissé à la bonne grâce du voyageur, lequel ne demande pas mieux que d'obtenir son visa après la fermeture du bureau, *fuori ora*, moyennant une sorte d'amende qui n'excède jamais vingt-deux sous. Si on demande aux douaniers à quelle heure se ferme le bureau, ils vous répondent toujours que si vous étiez arrivé cinq minutes plus tôt, vous l'auriez trouvé ouvert.

On introduit avec dignité le voyageur dans une salle ornée de trois bureaux. Sur le pupitre du milieu, on lit *ministro primo*, à gauche *ministro II*, à droite *ministro III*. La salle est tapissée de sénatus-consultes scellés de la tiare et signés par le cardinal Somaglia. Les trois ministres prennent place solennellement, et lisent les passeports, ou font semblant; pendant cette cérémonie, le voyageur a la ressource de contempler la capitale des Volsques et de songer à Mutius-Scævola. Le visa donné, on procède à la visite des malles; voici le terrible!

J'ouvris mon porte-manteau, sur l'invitation gracieuse du premier ministre. Je n'avais que deux livres, mon Virgile et mon Horace du collége; ils étaient en fort mauvais état, ils avaient un air suspect. Deux livres noirs comme ceux d'un *carbonaro*. L'interrogatoire commença; le ministre me dit :

— Quel est ce livre?

— C'est l'ouvrage de l'un de vos compatriotes, lui répondis-je, d'un nommé Virgile Maro, qui vivait à Rome sous un empereur avant qu'il y eût des souverains-pontifes.

— Que trouve-t-on dans ce livre?

— Pas grand'chose: votre compatriote y donne des conseils aux laboureurs pour marier la vigne à l'ormeau, et ensuite il a fait une grande quantité de sonnets sur un certain Énée, surnommé le Dévot, qui a fondé la ville de Rome, où Dieu vous a fait la grâce de vous donner le jour.

— Est-ce un écrit en italien?

— Oui, en italien latin.

— Et cet autre ?

— C'est un ami de Virgile qui l'a écrit ; il se nommait Horace ; il a fait des chansonnettes sur le vin de Falerne et sur une petite villa qu'il possédait à Tivoli.

— C'est bien ; vous n'avez rien autre à déclarer ?

— Non, Excellence.

— Vous pouvez sortir.

Alors une escouade de soldats pontificaux, le caporal en tête, vint se recommander à notre générosité ; ils n'étaient pas fort exigeants ; nous leur distribuâmes des baïoques, et nous donnâmes un modeste *pourboire* aux trois ministres qui se confondirent en salutations. La formidable visite se termine ainsi. L'auberge est vis-à-vis ; elle n'a rien de repoussant, elle est propre et blanche, elle a même une cuisine, mais on y soupe fort mal. Heureusement le *cameriere* parle un français correct et vous raconte ses campagnes ; il a servi sous l'Empire ; il aime les Français, et leur donne secrètement du vin de Montefiascone. Les chambres de cette auberge ont des portes, mais elles n'ont ni clefs, ni serrures. Janus, qui a inventé les clefs et les serrures, n'a pas visité cette partie du Latium. Pourtant on ne peut concevoir aucune crainte dramatique ; la garde pontificale veille devant l'auberge et chante des chœurs du *Barbiere* avec un ensemble parfait. Après quelques heures de douteux sommeil sur un lit plat, on se met en route pour Aquapendente.

Qui n'a pas vu Aquapendente ne connaît la misère que de réputation.

Aquapendente est un village en putréfaction liquide, sur une crête des Apennins. C'est la capitale du monde misérable : une lèpre mousseuse couvre toutes ses masures ; des haillons suintants pendent à toutes les lucarnes; des ombres transparentes d'hommes presque humains se traînent sur le sol gluant des ruelles ; une atmosphère grasse, un parfum d'hospice, une haleine de poitrine fiévreuse, une odeur de grabat, tous les miasmes endémiques de la faim et de l'indigence, environnent le voyageur de ce pays agonisant. On s'y console avec un des plus magnifiques paysages que la nature ait exposés dans son musée des Apennins. L'œil plane sur un horizon circulaire d'abîmes, de montagnes bouleversées, de forêts suspendues aux nuages, de cascades lumineuses, de ponts agrestes jetés sur les torrents. Mais tout cela ne donne pas une once de pain à l'affamé village.

Aquapendente est fortifié de faibles murailles; c'est une précaution très-inutile contre un siège : personne au monde ne songe à s'appauvrir d'une pareille conquête. A la porte, un fantôme douanier vous demande votre passeport, selon l'usage ; ce n'est pas qu'il se soucie de votre passeport ; tout Aquapendente se cotiserait pour en déchiffrer une phrase qu'il ne saurait y parvenir : mais c'est au droit fiscal qu'on en veut, et, il faut leur rendre justice, cet impôt continuel est tracassier, mais n'est pas onéreux. L'octroi donne souvent au voyageur la faculté de le voter lui-même à sa discrétion. Le fisc d'Aquapendente nous demanda deux pauls pour mes deux amis et moi: nous donnâmes à l'employé une pièce de cinq pauls, en le priant de vouloir bien nous en rendre trois. Là était la difficulté.

La caisse du fisc était à sec : nous étions les seuls voyageurs qui avaient pris la route de Viterbe. Toutes les caravanes anglaises qui se rendent à Rome; vers les fêtes de Pâques, s'étaient jetées sur la route de Perugia. Un accident tragique tout récent avait déterminé ce choix: une famille anglaise venait d'être arrêtée par trois brigands vers Ronciglione. C'était une fatalité pour les aubergistes, les douaniers et les mendiants de la route de Viterbe.

Le préposé d'Aquapendente prit notre pièce de cinq pauls et nous pria de le suivre chez le receveur-général. Ce fonctionnaire s'habillait; il avait des culottes de satin à boucles et des bas de soie, tout cela de la plus haute antiquité; il portait une perruque poudrée et la queue; sa figure était joviale et fiévreuse: après nous avoir poudrés de salutations, le receveur-général nous dit qu'il n'avait pas de monnaie à nous rendre, mais qu'il allait nous en trouver dans le voisinage. Nous le suivîmes dans les quartiers opulents d'Aquapendente, nous heurtâmes à toutes les maisons qui avaient des portes; le receveur-général, à notre tête, élevait le phénomène monnayé et conjuguait à grands cris le verbe *baratar* dans tous ses temps; les contribuables reculaient de stupéfaction devant la monstrueuse pièce d'argent et secouaient la tête avec des signes rapides de refus. Il fallut que douze notables concourussent à cette affaire de bourse, et la pièce de cinq pauls fut changée par actions.

Nous demandâmes une hôtellerie; c'était un mot inconnu: en courant la ville, nous aperçûmes une espèce de porte à vitres grasses, surmontée d'une enseigne avec ces mots: *Caffe di Buon Gusto*. Nous entrâmes au *Café du Bon Goût*. Notre voiturier nous affirma qu'on y était fort bien.

La salle avait cinq pieds carrés; quatre guéridons larges comme la main ornaient les angles. Deux fashionables, en haillons fraîchement restaurés, buvaient une liqueur inconnue, debout devant un guéridon, car on avait banni le luxe des tabourets et banquettes. La jeunesse d'Aquapendente se pressait extérieurement contre le vitrage et contemplait avec des yeux d'envie les deux compatriotes heureux qui dépensaient largement leur baïoque dans l'opulente vie de café. Le maître avait revêtu l'habit dominical, c'était un vêtement de toutes pièces ; sa cravate s'éparpillait en charpie sur son gilet onctueux ; son pantalon révélait des formes de squelette. mais ses yeux noirs, son nez italien, sa large bouche. ses joues tiraillées par le jeu des muscles, représentaient plus de gaieté intérieure qu'il n'en rayonne sous le chapeau d'un cardinal.

— Qu'avez-vous à nous donner à déjeuner? lui dis-je.

Avec un long et délicieux sourire, il me laissa couler de ses lèvres un *niente* désespérant.

— Comment? vous n'avez rien dans ce café, le premier et le dernier café d'Aquapendente ! Vous n'avez pas même du café!

— Du café, répondit-il, oui, mais je n'ai pas de sucre: ma provision est finie, j'en attends   Viterbe.

— Avez-vous du chocolat?

— Oui, Monsieur, mais cru.

— Eh bien! faites-le cuire.

— Tout de suite, si Vos Excellences veulent attendre un petit moment (*momentino*).

Le maître souleva un pesant rideau qui cachait une porte, et appela toute sa famille à son secours ; il s'agissait de faire trois tasses de chocolat; son laboratoire était glacé; ses fourneaux paraissaient vierges de feu. Il fallait d'abord créer du feu; je crus un instant qu'on allait avoir recours à l'expédient des sauvages, qui roulent du bois sec et en font jaillir de la flamme par le frottement; nous avions, par bonheur, un briquet de voyage; à cette vue le maître tressaillit de joie; en un clin d'œil la flamme étincela sur la cheminée...

Les deux fashionables donnaient des signes expressifs d'impatience. Notre présence les gênait; ils jetaient par intervalles un regard brûlant et sombre sur le rideau de la porte; ce rideau s'agita, et je les vis se roidir de fierté, de joie, d'espoir satisfait; ils caressèrent rapidement leurs haillons, leurs cheveux, leurs favoris; une femme entrait dans la salle: c'était la maîtresse du *Café du bon Goût*.

Tous les visages collés aux vitres s'animèrent de plaisir; un murmure d'admiration éclata parmi les groupes des jeunes gens. La jeune dame, accourue au secours de son mari pour l'œuvre du chocolat, fit plusieurs révérences à la société; les deux fashionables s'inclinèrent profondément, et un léger sourire de pudeur enfantine courut entre leurs épais favoris noirs.

La Pénélope d'Aquapendente était d'une laideur remarquable; un peigne colossal planait sur sa chevelure extravagante, avec son teint pâle, ses mains décharnées, sa robe d'une blancheur terreuse et froissée, elle ressemblait à une âme en peine échappée, en suaire, de la fosse. Le maître du café avait le maintien d'un époux heureux et envié; il affectait de prendre avec sa femme certaines familiarités qui faisaient frissonner sous ses haillons toute la jeunesse d'Aquapendente. Les deux fashionables rongeaient leurs poings et détournaient les yeux pour ne pas voir tant de bonheur conjugal, cruellement étalé en public pour le désespoir d'une ville entière. Cependant notre chocolat se trouvait compromis au milieu de ce tourbillon d'intrigues, nous nous en plaignions hautement, mais la jeune dame s'excusait de ses lenteurs avec une mignardise si voluptueuse, avec tant d'oscillations de tête, de cou, de bras, qu'il fallait céder et attendre. Le *momentino* dura une heure.

Les trois tasses de chocolat terminées enfin, on s'aperçut qu'il n'y avait pas de tasses; la dame y suppléa ingénieusement avec des verres. Le chocolat versé, point de pain; l'époux allait se dévouer et courir au boulanger, lorsqu'une idée le retint : laisser ainsi sa femme seule au milieu de ce paroxysme universel d'Aquapendente! Quelle imprudence! Envoyer sa femme c'était l'exposer à être dévorée sur place ; pourtant, il nous fallait du pain. Au mot *pane* cent fois répété, le rideau de la porte intérieure se leva, et nous vîmes poindre dans l'obscurité une forme blanche de petite fille de dix ans; c'était le squelette humain dans sa moindre dimension ; une chemise en lambeaux découvrait la pauvre enfant; la souffrance de la faim desséchait sa figure, éteignait ses yeux; la mère fit un geste de fureur et le rideau tomba sur l'apparition.

Nous avions envoyé notre voiturier à la découverte du pain; c'était fort heureusement un dimanche, jour où l'on mange dans quelques maisons d'Aquapendente; le pain arriva. Chacun de nous s'empara d'un guéridon et se mit à déjeuner. A ce spectacle le nombre des curieux s'accrut encore; chaque vitre de la porte était un tableau à trois visages; leurs yeux éblouis lançaient des regards de flamme au luxe de nos tables, aux collets rouges de nos manteaux, aux deux fashionables heureux qui se posaient fièrement comme nos convives, et surtout à la femme adorée, plus séduisante encore dans ce jour de triomphe et de bonheur.

Le maître pleurait de joie; il joignait dévotement ses mains devant l'image de sa madone, comme pour la remercier, dans une courte prière mentale, d'une prospérité inouïe dans les fastes du café du *Bon Goût*; de la madone, il passait à sa femme, et la faisait entrer en participation de ses ferventes actions de grâces; puis, doucement tourmenté d'attendrissement et de joie, il prodiguait des regards bienveillants à la foule ébahie de la porte et semblait lui demander pardon de son bonheur; il tombait ensuite dans une douce rêverie; un magnifique avenir se révélait à lui, sans doute; il prêtait l'oreille au retentissement de notre déjeuner sur toutes les voies romaines; il voyait son café envahi par les voyageurs, son enseigne ornée de deux renommées, sa femme couverte de joyaux comme une madone, sa fille mariée à un commis-voyageur de Paris, sa maison visitée par un cardinal; toutes les allégresses spirituelles et temporelles, entrant dans sa boutique à la suite de nos trois tasses de chocolat.

Nous demandâmes la carte à payer. C'était le moment solennel; le maître prit une pause grave, se recueillit comme pour un calcul important, et, se fortifiant de toute son audace, il demanda douze baïoques, quatre sous environ par consommateur.

La dame, épouvantée de l'effronterie de son époux, pâlit et baissa les yeux; les deux fashionables se récrièrent sourdement contre l'énormité des prétentions du maître: leurs signes télégraphiques, en passant par le vitrage, apprirent à la foule que le mari jaloux écorchait les voyageurs : une sédition faillit éclater en notre faveur parmi la jeunesse d'Aquapendente: le maître persista courageusement, et répéta *douze baïoques*. Cette fois la dame ne put supporter la secousse, elle s'assit plus pâle que de coutume: les deux habitués lancèrent au maître un regard foudroyant et se placèrent derrière nous, comme pour nous soutenir dans la discussion inévitable qui allait s'engager. Nous donnâmes les douze baïoques, autant pour le garçon; il n'y avait pas de garçon, tout revenait au maître.

Quel triomphe pour le maître! Son œil d'aigle nous avait sondés et compris; sa femme s'était relevée rayonnante, et rendait hommage à la sagacité de son époux; les deux fashionables, vaincus par cette audace heureuse, s'étaient retirés à l'écart; la foule contemplait de loin le trésor monnayé que le maître faisait ruisseler sur le comptoir. A notre sortie, toutes les têtes se découvrirent, toutes les poitrines s'inclinèrent, toutes les mains touchèrent au marche-pied de notre berline stationnée devant le café. De toutes les avenues, débordaient sur la place de nouveaux habitants qui venaient voir les voyageurs aux douze baïoques; les mères nous montraient aux petits enfants. Pour accomplir la fête, nous laissâmes pleuvoir par le store une vingtaine de sous en quatre-vingts petites pièces de monnaie; oh! alors l'enthousiasme fut au comble: les applaudissements éclatèrent; on parla de dételer les chevaux; la berline partit dans une salve d'acclamations italiennes; l'ivresse volait autour des roues;

on jeta sur notre passage toutes les palmes bénies du dimanche des Rameaux; un improvisateur nous poursuivit longtemps avec un sonnet où j'étais comparé à Plutus; nous ne fûmes délivrés de cette tyrannie de reconnaissance que dans le chemin vieux qui conduit à Saint-Laurent le *Ruiné :* on pourrait donner ce surnom à tous les villages de la route.

La campagne reprend sa tristesse ; le sol se dépouille ; on marche encore à travers des débris volcaniques : la végétation se rabougrit; de vieux arbres, au tronc miné, au feuillage malingre, s'isolent de loin en loin sur des piédestaux de ruines ou de scories ; il semble que le spectacle de Radicoffani va recommencer : le découragement saisit le voyageur. Toujours des couches de laves, des amas de scories, des torrents altérés, des cataractes sans eau, des volcans sans feu, des campagnes sans verdure; c'est à vous accabler de mélancolie, lorsqu'on n'est pas géologue. On est tenté de retourner à Florence et de s'avouer victime d'une mystification ; car on ne suppose pas que Rome soit au bout de cette série de volcans, dont les auteurs latins n'ont jamais parlé.

Non, ce ne sont point là les marais qui prirent un œil à Annibal, les arbres étrusques qui ont écouté les secrets de Catilina, les gorges, *fauces Etruriæ*, où Manlius et ses conjurés se prosternaient devant l'aigle d'argent. ce n'est qu'un désert de tout temps inhabitable : c'est une terre sans ressource, qui n'a jamais pu nourrir ni l'armée carthaginoise, ni les soldats de Sylla, ni les cinquante mille prolétaires de Catilina: un pâtre a de la peine à vivre aujourd'hui dans ce domaine de la famine! Tout à coup, du sommet de la montagne Saint-

Laurent, on voit se dérouler un horizon inattendu, comme le mirage du désert.

On voit éclater, sous ses pieds, le lac de Bolsena, éblouissant comme le miroir immense du soleil; une forêt vigoureuse semble se précipiter avec vous de la crête apennine sur les rives du lac; des milliers d'oiseaux volent en nuages sur cette Méditerranée tranquille; des bois d'oliviers la couronnent; deux îles verdoyantes flottent sur ses eaux, comme deux navires à l'ancre; ses petites vagues dorées se brisent devant les haies vives des beaux jardins de Bolsena, au pied d'un château du moyen âge qui laisse pendre de ses ruines le genêt jaune, le saxifrage et l'aloès.

C'est une surprise délicieuse; elle vous réconcilie avec les Apennins; on ne saurait la payer par trop de volcans et de scories; le lac de Bolsena rafraîchit l'imagination desséchée par les tableaux de la veille; on se plonge, avec extase, dans cette nouvelle et magnifique nature, où les ombrages, les eaux vives, la lumière d'Italie, les suaves contours des collines, s'associent enfin pour vous donner un peu de joie. Bolsena et ses campagnes ont posé devant Poussin; là reposent tous les originaux du grand paysagiste; il y a puisé à pleine palette; il y a établi son atelier.

C'est un miracle qui a donné à Bolsena ces bois, ces eaux, ces belles montagnes. A la place de ce lac bouillonnait autrefois un terrible volcan; un jour le volcan se fit lac et se remplit de poissons frais; Dieu veuille qu'il ne reprenne pas sa première profession! On ne peut compter sur rien de stable dans ces terres volcanisées. En attendant, jouissons du lac; il a vingt lieues de circonférence, le cratère en avait autant ; c'était humiliant pour le Vésuve et l'Etna.

A l'hôtellerie, on nous servit des poissons du lac ; ils n'ont rien de volcanique ; à Bolsena, on commence à dîner ; le jeûne des Apennins cesse ; l'hôte vous apporte pompeusement le vin du Monte-Fiascone ; la volaille et le gibier sont connus à Bolsena : on y fait même du pain ; il est vrai que les habitants n'ont pas l'air de s'en douter, car ils paraissent bien misérables. Cette indigence, cette lèpre, ces haillons, ces rues hideuses, sont dissimulés au voyageur par l'éclat opulent de l'hôtellerie, la beauté de la campagne et des jardins. Il faut entrer dans les villages pour voir un affligeant contraste, mais personne ne prend cette peine, l'hôtellerie est située *extra muros*.

On passe devant Monte-Fiascone, village perché sur une montagne et dont je ne connais que la coupole ; ensuite, l'histoire des volcans et des lacs sulfureux recommence ; n'importe, on a pris du courage à Bolsena ; on peut se permettre quelques observations de géologie ; on flaire le bitume dans l'air, on ramasse le premier caillou venu, on en tire du feu comme Achate, non pas pour rôtir des cerfs, mais pour allumer son cigare ; il est doux d'allumer son cigare à des volcans éteints quand on a bien déjeuné à Bolsena. Bientôt, à l'extrémité de l'horizon, à une portée de vue pénible à l'œil, on distingue nébuleusement des atomes blancs qui sont la ville de Viterbe. On a toute une plaine à traverser, la plus longue et la plus large des plaines. Le voyageur quitte un instant ces éternels Apennins, qui le suivent partout en Italie avec une obstination désespérante. Enfin, il peut dire : Je suis en plaine jusqu'à Viterbe : après six heures de marche, Viterbe, petite ville ennuyeuse et sans caractère, vous reçoit au pied de sa montagne, et vous offre une table où l'on mange peu et un lit où l'on ne dort pas. Qu'importe? encore dix-sept lieues et Rome est au bout.

Il faut traverser la célèbre forêt de Viterbe, domaine des tragédiens de nos boulevards; c'est un long et funèbre chemin connu des bandits et redouté des voyageurs. Pendant la nuit, à la clarté brumeuse des étoiles, les arbres prennent des poses de mélodrame, les buissons se hérissent de canons de fusil, l'air murmure des syllabes effrayantes; les vers luisants se changent en lames de poignard; le voyageur récite la prière des agonisants; il tient sa bourse d'une main et sa vie de l'autre, tout prêt à jeter la première pour retenir la seconde: les arbres et les buissons ne lui demandent rien; on passe aujourd'hui avec moins de péril, à minuit, dans la forêt de Viterbe, que sur le boulevard du Temple à midi. La civilisation est à Viterbe. L'imposante et majestueuse forêt couvre la montagne; on la visite dans ses secrètes et mystérieuses horreurs; elle vous accompagne quatre heures, tantôt impénétrable au regard, comme un voile funéraire partout déployé, tantôt entr'ouvrant ses rideaux pour vous révéler ses abîmes, ses vastes cavernes, ses pics chevelus, ses croix tumulaires inclinées par le vent.

Tombé plutôt que descendu de la montagne, le voyageur arrive à Ronciglione, triste village, ravagé par les Français, et qui garde encore les traces de l'incendie. Notre nom n'est pas béni à Ronciglione; il est de la prudence d'y parler anglais. On ne s'y arrête que pour admirer, dans la grande rue, un paysage étonnant, creusé dans le roc; c'est un abîme ténébreux sur lequel les maisons se penchent, avec la perspective d'y tomber un jour. On trouve à Ronciglione un poste de dragons pontificaux; ils ne sont pas déplacés sous la forêt de Viterbe. On peut dire que la campagne de Rome commence à la porte de ce village.

Campagne toute nue et silencieuse, elle invite au recueillement et non plus à la mélancolie. Quelque chose de grave et de solennel semble luire à l'horizon. La plaine ne peut plus vous distraire avec des arbres, des chaumières, des villages. C'est le désert : du sommet d'une montagne, on aperçoit un immense bassin circulaire couronné de montagnes radieuses; c'est comme un lac de verdure; une seule maison blanche se perd au milieu; elle fut un temple de Bacchus, elle est aujourd'hui Baccano, simple hôtellerie, dernière étape du pèlerin. Baccano franchi, on court dans un chemin creux, on monte sur une éminence, et toutes les voix de l'air crient : Voilà Rome!

La ville sainte ne se révèle encore que par des points blancs et lumineux, amoncelés aux limites de la plaine comme une constellation. On distingue la croix de la basilique de Saint-Pierre, cette huitième colline que la religion a ajoutée à la cité de Romulus; le mont Soracte s'élève comme un nuage. Je voyais tout cela bien confusément avec des yeux humides. Moi, qui n'avais connu que les joies du collége, jamais les ennuis, je me trouvais enfin devant la ville qu'habitèrent les premiers et bons amis que j'avais aimés en entrant au monde. Cette Rome dont je savais l'histoire à dix ans; ces poëtes dont je récitais par cœur tous les vers à l'âge où on bégaie; ces consuls sous lesquels j'avais livré tant de batailles dans les rêves ou les jeux du collége; toutes ces grandes images, ces œuvres sublimes, ces héros de mes affections primitives, tout mon univers était là. Le moindre objet que je rencontrais sur cette route me fondait dans l'esprit un impérissable souvenir; le pâtre couché sous l'arbre, le cavalier qui me couvrait de poussière, le petit pont jeté sur un ruisseau, la cabane isolée, la borne milliaire où je lisais *via Cassia*, rien de cela ne m'était indifférent.

J'avançais avec la fièvre; à chaque instant je fermais les yeux pour avoir cent fois le bonheur de les ouvrir sur l'horizon où Rome grandissait à chacun de mes pas. Aussi Rome, qui voyait en moi son plus fervent adorateur, me recevait dans toute sa magnificence; elle me donnait une de ces splendides journées qu'elle tient en réserve pour ses amis, sous les ides orageuses de mars; la lune se levait sereine sur le mont Soracte: le soleil s'inclinait, sans nuage, à l'horizon maritime; l'air était tiède, embaumé, transparent; un ciel pur faisait saillir les édifices lointains du Vatican et du Janicule; la majesté de la campagne entourait la ville sacrée d'une auréole immense et lumineuse. J'étais fier de sentir que j'étais pour quelque chose, peut-être, dans cette fête de la ville et du ciel, que cette atmosphère de rayons et de sérénité m'avait été réservée, afin qu'un seul nuage ne vînt pas ternir mes émotions d'enfant; je saluai le Tibre comme un vieil ami; je courus sur le pont, je traversai le faubourg avec autant de hâte que si Rome allait m'échapper: la porte du Peuple m'arrêta: je ne m'attendais pas à cette magnificence; honneur à ceux qui ont ainsi annoncé Rome au pèlerin! il fallait cette entrée à Rome.

J'aime ces portiques superbes, cet obélisque porté par des sphinx; j'aime cette colline d'arbres et de fleurs qui monte aux jardins de Lucullus, ces statues colossales qui gardent l'Hémicycle, les statues de Rome, du Tibre, de l'Anio, de Neptune, avec ces marbres qui jettent l'eau à torrents; j'aime ces églises catholiques mêlées aux simulacres païens, le signe du Christ sur l'obélisque de Rhamsès, la tiare à côté de Neptune: oui, c'est ainsi que la place du Peuple devait annoncer Rome. Entrons maintenant; heureux ceux qui n'en sortent plus! car cette ville ne peut être abandonnée qu'avec regrets et larmes, tous les voyageurs l'ont déjà dit. C'est là que l'artiste surtout, l'homme de poésie et de sentiment, aime à fonder son tabernacle; Raphaël songeait au bonheur calme et serein que Rome seule peut donner, lorsqu'il peignit la Transfiguration. Michel-Ange mit en œuvre d'architecture la théorie du Thabor; il bâtit à Rome trois tentes: Sainte-Marie des Anges, le Capitole, le dôme du Vatican; une pour lui, une pour Virgile, une pour Dieu.

UNE VISITE

A LA MÈRE DE L'EMPEREUR

La semaine sainte de 1834 sera mémorable à Rome. Jamais, depuis Brennus, Rome n'avait vu autant de Gaulois : les idiomes de la Seine, de la Loire, du Rhône, de la Durance, se croisaient depuis le pont Ælius jusqu'au tombeau de la fille de Crassus le Crétois. Au Capitole, les chiens et les oies nous regardaient amicalement passer sur la plate-forme où veillent Castor et Pollux. Cette fois, il est vrai, nous ne venions pas incendier le temple de Jupiter Capitolin, ni massacrer les sénateurs sur leurs chaises curules, ni bouleverser les sépulcres de Romulus et de Numa. Pèlerins pacifiques et pieux, Gaulois dépouillés de l'anneau de fer et de la francisque, nous arrivions à Rome sans chef, sans esprit de conquête, ne nous souvenant plus de l'étendard du gui sacré au coq essorant. Nous arrivions par centuries bourgeoises, avec un fracas inouï de roues et de chevaux, par la route d'Anxur, par le lac de Trasimène, par les gorges de l'Étrurie, par les antiques domaines de Porsenna, et par la mer Tyrrhénienne sur des galères à roues qui fumaient comme des volcans. C'était un concours immense comme aux fêtes d'Olympie; on eût dit que le monde entier était invité par Rome à l'inauguration d'un cirque, d'une naumachie, d'un tombeau. Les hôtelleries regorgeaient, les étables manquaient aux chevaux; les plus indigents de ce pèlerinage universel avaient établi leurs pénates d'argile sous les portiques des dieux.

Le jour que j'y arrivai, avec deux de mes meilleurs amis, Rome n'avait pas un seul lit à nous donner; et cela me fit éprouver un sentiment bien agréable : il me fut doux de penser que je ne profanerais point mon arrivée à Rome par les soins vulgaires de la table d'hôte et de la chambre à coucher. Des hôtelleries, il y en a partout à Rome; il y a dix lieues de chambres à coucher sous les arches des aqueducs; c'est un dortoir généreusement offert au premier arrivant, un vaste caravansérail d'alcôves ruinées, plus solides que nos monuments neufs. Ainsi mon souci d'arrivée fut bientôt calmé. Si les mille maisons dont parle Ovide me refusaient l'hospitalité d'une nuit, mon parti était pris; je me couchais sous un linceul de lierre sur quelque matelas granitique tombé d'une ruine, ou bien je montais au Capitole, je m'enveloppais de mon manteau comme César, et je m'endormais, plus heureux que lui, malgré les ides de mars, à quelques pas de la statue de Pompée, sous l'alcôve que Michel-Ange avait bâtie pour moi.

Il était fort tard, je me promenais dans Rome comme

si je l'eusse habitée toute ma vie, tant cette ville m'était connue. J'avais laissé mon modeste matériel de voyageur sous le péristyle d'Antonin le Pieux. Pardon, Antonin ! ta basilique est une douane ! Je n'avais gardé que mon manteau ; car la nuit était fraîche, et serpentant de rues en rues, j'étais arrivé sur la place de Venise, au pied du Capitole. Là, je m'arrêtai.

Voilà, me dis-je, la *San-Romoaldo*, qui conduit à l'ambassade française ; voilà le palais de Venise, édifice immense, bâti avec une rognure du Colysée ; et voilà..... non, je ne me trompe point... à l'angle du Corso et de la place... voilà le palais de la mère de Napoléon.

Et je me mis à regarder l'imposante prison où dormait la plus illustre des mères, cette femme que la mort semble avoir oubliée, cette ruine vivante si majestueuse dans la ville des ruines ! La place était déserte ; la lune la remplissait de clarté douce : le palais de Venise, moitié dans l'ombre, moitié blanchi par la lune, avec son architecture sévère, ses sombres murailles à talus, sa corniche de château-fort, contrastait singulièrement avec l'élégance italienne des autres édifices. Rien ne ressemblait moins à ma ville de Rome que cette décoration de place publique. Un bruit de cloche descendit du haut d'une tour jusqu'à moi, c'était la cloche du Capitole ; le murmure de l'airain roula quelque temps le long des murs du palais de Venise, un silence sublime revint ensuite. Ni la majesté de ce silence, ni la cloche qui me parlait du Capitole, ni le fracas lointain des grandes eaux où Rome s'abreuve, ni la pleine lune aimée de Rome, astre qui ne semble avoir été créé que pour elle, rien dans cette première nuit tant désirée ne me jeta dans ces rêveries d'autiquité, dans ces chaudes extases auxquelles je m'étais préparé toute ma vie : je ne pensais qu'à la femme qui fit Napoléon, je sentais quelque orgueil à me dire que, cette nuit, j'étais le seul homme qui prononçait le nom de cette femme devant la maison où elle dormait, à l'heure où quelque rêve lui montrait son fils vivant et son jeune petit-fils, malheureux prince que la cloche de ce Capitole avait salué roi comme le canon des Invalides. Par intervalles, quand les rayons de la lune ne resplendissaient plus sur les vitres du palais, je suivais les mouvements d'une lumière intérieure qui venait subitement éclairer quelque magnifique salon, quelque boiserie éclatante, quelque large cadre de tableau, ou faisait tournoyer au plafond l'ombre de la rampe dans la nudité grandiose d'un immense escalier. Il y avait bien du charme pour moi à cette curiosité d'enfant; j'étais si heureux de mon espionnage, que je craignais de voir s'entr'ouvrir une des larges croisées et apparaître un fantastique majordome qui me criait le *Perge viam* en italien. J'avais peur des sbires aussi : on m'avait tant parlé des sbires : ma station sur cette place, à heure indue, devait être suspecte aux sbires. Les sbires ne parurent pas. La liberté romaine me laissa rêver toute la nuit sur la place de Venise. Noble veillée, qui me préparait à la visite du lendemain !

Le jour que je quittai Florence, le prince de Montfort m'avait remis une lettre de recommandation pour M. le chevalier Bohle, à Rome. Cette lettre m'était bien précieuse, parce que j'avais lieu d'espérer qu'elle me donnerait accès auprès de la mère de l'Empereur. Je me rendis donc en toute hâte chez M. Bohle. Je trouvai chez lui la cordialité la plus franche ; il me dit qu'il se mettait à ma disposition pour tous les services que je pourrais lui demander.

— J'aurais pu vous en demander un hier, lui dis-je, mais il était trop tard. J'ai trouvé Rome envahie par l'univers et j'ai été la victime de cette réaction ; l'hospitalité romaine m'a fait défaut ; j'ai passé ma nuit à me promener. Aujourd'hui, mes amis, mes compagnons de voyage ont découvert quelque chose qui ressemble à un gîte ; ils ont passé notre bail à vingt francs par jour. J'accepterais bien tout ce que vous m'offrez de gracieuse hospitalité, mais je ne puis me séparer de mes amis. Il s'agit en ce moment d'une autre faveur que j'attends de vous : M. le prince de Montfort, si affable, si bon pour tous les Français qui passent à Florence, m'a donné droit d'espérer que je serai présenté à la mère de Napoléon…

— Comment ! me dit avec chaleur M. Bohle, c'est une affaire arrangée ! vous verrez Madame mère aujourd'hui même ; aujourd'hui non… mais demain ; demain, vous pouvez y compter ; j'irai chez vous demain matin ; donnez-moi votre adresse…

M. Bohle fut exact au rendez-vous.

En allant à la place de Venise, il me dit une chose bien touchante pour moi et dont je serai toujours fier comme Français : Rome, me dit-il, est en ce moment visitée par toute l'aristocratie voyageuse de la Prusse, de l'Angleterre, de l'Allemagne ; chaque jour des hommes de haute naissance sollicitent la faveur d'être admis un instant auprès de Madame mère ; mais dans l'état de faiblesse où elle se trouve, vous concevez que tant de visites, la plupart de curiosité, lui seraient accablantes. Aussi Madame mère a pris le sage parti de ne recevoir personne: mais lorsque j'ai prononcé votre nom, le nom d'un Français, elle s'est empressée de me dire qu'elle vous recevrait avec le plus grand plaisir.

Nous arrivâmes à la place de Venise.

Ce qui me frappa d'abord en entrant dans le palais, ce fut le silence qui régnait dans une aussi somptueuse demeure. L'escalier était désert: je traversai des appartements et des galeries solitaires. M. Bohle ouvrit une porte et m'introduisit, en prononçant mon nom, dans un salon magnifique tout resplendissant de soleil: à l'angle de la cheminée, une femme était couchée à demi sur une chaise longue: c'était la mère de l'Empereur! Un sourire éclaira sa majestueuse figure; elle répéta mon nom et me désigna un fauteuil à son côté gauche. Je m'assis.

— Vous venez de Florence, n'est-ce pas? me dit-elle; vous avez vu mes enfants, je le sais: Louis était malade: comment se porte-il maintenant?

— Le comte de Saint-Leu m'a paru assez bien se porter; je n'ai eu l'honneur de le voir qu'une seule fois.

— Et Julie?

— Madame la comtesse de Survilliers est toujours souffrante, sa maison est encore frappée d'un deuil si récent!

— Ah! oui, pauvre Charlotte! veuve si jeune!... Et Jérôme, et Caroline?

— Le prince de Montfort, sa famille et madame la comtesse de Lipona jouissent d'une santé parfaite; il n'est pas de maisons à Florence plus agréables et plus hospitalières aux Français que les leurs.

— Je le sais, je le sais... Comptez-vous séjourner longtemps à Rome?

— Hélas! non, Madame, deux ou trois semaines seulement; je suis pressé d'arriver à Naples; c'est un voyage que j'ai entrepris dans l'intérêt d'un livre auquel je travaille.

— Le séjour de Rome vous plairait beaucoup... on y vit longtemps, comme vous voyez... Il y a vingt ans que je l'habite.

Je ne pus me défendre d'une exclamation, comme si j'eusse ignoré la grande date historique de la chute de notre empire.

— Vingt ans! répétai-je d'un air étonné.

— Oui, Monsieur, vingt ans!

Et elle secoua la tête avec une expresion de souvenir mélancolique.

Dans un assez long intervalle de silence que je n'osai interrompre, je descendis à quelques observations de détail. Une seule dame de compagnie était auprès de Madame mère; elle travaillait à un ouvrage de broderie. Le salon était orné de beaux tableaux représentant la famille de Napoléon; ils étaient signés par nos peintres célèbres et avaient appartenu aux galeries des résidences impériales. Rien ne m'a paru touchant comme cette mère illustre privée de ses enfants et entourée de leurs portraits. Immobile sur sa chaise, elle me parut souffrante, souffrante de ses douleurs physiques, de sa vieillesse, de ses souvenirs, mais héroïquement résignée. Sa robe, qui la serrait étroitement, laissait deviner un état de maigreur extraordinaire; ses mains étaient décharnées; sa figure n'avait conservé qu'un pâle épiderme: ses yeux, bien ouverts, erraient au hasard, mais ne semblaient point privés de l'usage de la vue. De la place que j'occupais, je voyais à la fois et la tête immobile de la mère de Napoléon, et la haute tour du Capitole. Quel assemblage de noms ! La grandeur de la chose romaine luttait avec la grandeur d'une femme: le Capitole et la femme avaient eu la plus étonnante part de puissance dans les créations qui ne sont pas venues de Dieu ; et le hasard des révolutions humaines avait fait asseoir la femme à l'ombre du monument romain pour me les présenter ainsi associées, à moi, obscur pèlerin, qui n'avais reçu du ciel et de la fortune que des yeux faciles aux larmes devant ce grand spectacle, et un cœur énergique pour le sentir.

Lorsque ses lèvres se rouvrirent avec effort pour parler, elle prononça le mot de France et le nom de son fils. Jusqu'à ce moment elle avait été une femme ordinaire, une mère chargée d'ans qui demande avec simplicité au voyageur des nouvelles de sa famille absente. Mais après, à ses paroles, à ses gestes, à la miraculeuse énergie qui galvanisa tout à coup ce squelette de femme, je reconnus la mère de Napoléon. Un moment surtout elle me parut sublime. Non, il ne sera jamais donné à un autre homme d'entendre ce qui fut dit par une femme brisée par l'âge, la douleur, l'exil, et dit avec une fermeté d'accent, un bonheur d'expressions, une vigueur de geste qu'on admirerait dans une héroïne de vingt ans Je n'affaiblirai point ses paroles en les écrivant, parce que la froideur de la lettre ferait tort au sublime de l'image, et que d'ailleurs je ne crois avoir droit ni mission pour les publier. Si ces paroles ont été prononcées pour demeurer secrètes, je me souviendrai que je les ai entendues à quelques pas du temple où Rome avait placé la statue qui tenait un doigt levé sur ses lèvres.

J'avais besoin de retomber aux familiarités de la conversation, car tout ce que j'entendais d'historique me faisait mal sortant des lèvres de la femme dans le sein de laquelle l'histoire s'incarna. Il me serait impossible de traduire mes impressions lorsqu'elle me parlait de son enfant, lorsqu'elle entrait dans ces minutieux détails de vie privée, d'anecdotes domestiques dont les histoires graves ne parlent pas et qui, pour cela même, ont tant de charme. Oh! il faut que le climat de cette île de Corse bronze l'épiderme de ses enfants et perpétue leur force intelligente jusqu'à l'heure précise de leur mort; car dans ce corps de femme où le mécanisme matériel du mouvement semble s'être arrêté, bouillonne encore tant de sang chaleureux, tant de puissance de facultés morales! Les muscles se sont affaiblis, les nerfs détendus; la chair se dissout, parce que les ressorts d'organisation physique ne jouent que leur temps donné; mais c'est merveilleux de voir chez cette femme combien l'esprit est radieux de vigueur sur les ruines de la matière, combien la décrépitude se rajeunit sous la virilité des idées, de la parole, des sensations, des souvenirs.

Et en a-t-elle vu, dans sa vie, de ces choses qui brûlent la vie! A-t-elle souvent tremblé pour des fils, quand tous les boulets de l'Europe étaient lancés contre eux, à l'éternelle bataille impériale de quinze ans! A-t-elle parcouru l'échelle complète des émotions dévorantes, inouïes jusqu'à elle dans les fastes de la maternité, depuis le coup de canon du sacre impérial, depuis le *Te Deum* de Notre-Dame jusqu'au *Dies iræ* de Waterloo et de Sainte-Hélène?

L'autre jour encore, il n'y a pas bien longtemps, elle

avait mis la plus grande part de ce qui lui restait d'affections sublimes sur le plus beau des enfants des hommes, sur le fils de son fils; elle, prisonnière sur le Tibre, lui sur le Danube; elle, envoyant chaque matin ses baisers maternels au roi de Rome, par le vent qui souffle du Capitole. Il ne lui avait jamais été accordé, ce qui réjouit la vieillesse morose des aïeules, d'embrasser une seule fois son petit-fils. On lui parlait de lui quelquefois à l'oreille; on lui en parlait souvent, et elle tressaillait de joie, la pauvre femme! Un jour on ne lui en parla plus... C'est elle qui a pu dire alors: « O vous qui passez par ce triste chemin, voyez s'il est une douleur pareille à la mienne! » Niobé, Rachel, Marie, toutes les mères inconsolables, voilà ses patronnes: et elle n'a pas fléchi sous la douleur! Plus virile que son fils sur le roc de Sainte-Hélène, elle s'est cramponnée au roc Tarpéien; le désespoir ne l'en a pas précipitée: elle a voulu vivre longtemps, le front chargé de la couronne du malheur; elle a voulu longtemps lutter avec les fortes ruines qui sont de l'autre côté du mont. La chair s'est éteinte; mais la vie s'est réfugiée dans l'esprit. Chaque jour le génie rongeur qui va donner son coup de faux à la colonne de Phocas, passe devant la vitre impériale et s'incline. Pour cette femme, l'automne n'a plus de fièvres, les marais Pontins sont à sec. On dirait que Rome entoure de toute sa puissance de conservation la mère qui créa le dernier des demi-dieux.

Je l'écoutais parler sous l'obsession de ces idées; elles ne m'arrivaient pas une à une, méthodiquement formulées, mais toutes ensemble, toutes d'un bloc, comme une flamme à mille rayons, et je me demandais par quelle fatalité heureuse je me trouvais là le dépositaire des réflexions suprêmes de cette femme; à quel titre j'étais assis à sa gauche comme un confident, lorsque le pavé de la place grondait sous le tonnerre continuel de tant de brillants équipages qui avaient le droit de s'arrêter partout dans Rome, hormis devant le seuil de ce palais. Aussi, après plusieurs heures d'entretien, je regardai ma visite comme excédant les bornes des convenances et je me levai pour sortir.

— Vous partez déjà? me dit-elle avec un accent plein de bonté; vous allez sans doute aux *fonctions* de la semaine sainte?

— Oui, Madame, je vais à la chapelle Sixtine!

— Avez-vous vu Fesch?

— Je n'ai pas encore eu cet honneur.

— Ah! je vous recommanderai à Fesch; vous aurez du plaisir à le connaître: il vous montrera sa belle galerie de tableaux. Croyez-vous trouver une place à la chapelle Sixtine?

— Je l'espère, en y arrivant un des premiers.

— Si vous aviez eu le temps de voir Fesch, il vous aurait fait placer; mais il est un peu malade aujourd'hui; je crois même qu'il n'ira pas aux fonctions.

— Je me ferai un devoir d'aller chez le cardinal Fesch après les fêtes de Pâques.

— Oui, oui, il aura plus de loisir.

Elle me salua de la main; je m'inclinai en balbutiant quelques mots décousus de remerciement. Son secrétaire, officier français de beaucoup d'esprit et de belles manières, M. Robaglia, qui était entré vers le milieu de notre conversation, m'accompagna jusqu'à la porte et me dit:

— Eh bien! comment l'avez-vous trouvée?

Je ne répondis que par les signes expressifs de l'étonnement et de l'admiration.

Délivré d'un bonheur qui m'était devenu cuisant, tant je suis faible pour supporter des crises de ce genre, je remontais lentement et avec fatigue, la rue du *Corso*. En jetant au hasard les yeux sur l'angle de la rue *delle Murate*, je vis une affiche de spectacle. Elle annonçait la prochaine ouverture du théâtre *di Valle*, et l'opéra *l'Elixir d'amour*, de Donizetti. Pour la première fois de ma vie, je fus insensible à l'annonce d'une première représentation d'un opéra nouveau. C'était un autre spectacle, un autre théâtre qu'il me fallait. Par les rues sinueuses qui rayonnent du cirque *agonale*, je me dirigeai vers Saint-Pierre. Le jour était propice aux douleurs d'un grand deuil; Rome portait un crêpe; ses mille cloches étaient muettes; son peuple courait aux églises, c'était le vendredi-saint. Le hasard ne pouvait mieux choisir mon jour : il me fallait toutes les lamentations des prophètes, tous les gémissements de la mélopée hébraïque pour accompagner mes plaintes intérieures. Lorsque j'entrai à Saint-Pierre, un son lugubre de l'orgue répondit à ma pensée; une voix chantait dans la chapelle du chœur, et, dans le cri de latinité sonore qui roula sous les voûtes, je distinguai ce verset mélancolique: *Elle pleure, et personne ne vient pour la consoler!*

LES

TOMBEAUX DES SCIPIONS

Un calessino nous emportait sur la voie Appienne : nous allions visiter les ruines du cirque d'Antonin Caracalla, propriété actuelle de M. Torlonia, banquier. L'héritage des empereurs romains est tombé dans les caisses de l'agio. Nous avions laissé à notre droite la pyramide de Caïus Sextius, les catacombes de Saint-Sébastien, les thermes d'Antonin, la basilique de Saint-Paul. Nous traversions une campagne arrosée d'eau bénite et d'eau lustrale; campagne à double face, comme Janus qui la cultiva, païenne d'un côté, catholique de l'autre. Notre cocher sifflait l'ouverture de *Sémiramis*.

Comme je songeais au spectre de Ninus, le cocher suspendit son ouverture, arrêta ses chevaux : nous nous élançâmes sur la poussière appienne en jetant de tous côtés nos regards pour découvrir le cirque de Caracalla. Nous étions encaissés entre deux murs grisâtres, festonnés de lierre et de pampres; rien n'annonçait la grande ruine impériale, l'opulent domaine du Rothschild romain.

— Où donc est le cirque? dis-je au cocher.

— Bien loin encore, me dit-il; je vous fais arrêter ici, parce que j'ai pensé que vous seriez bien aise de visiter les tombeaux des Scipions (*Sepolcri de' Scipioni*).

Bien que la langue italienne soit du latin en putréfaction, elle a toujours un charme, une grâce, une mélodie, une solennité même qui enchantent l'oreille et le cœur, lorsqu'elle tombe d'une bouche romaine dans l'atmosphère de la voie Appia. Nous fûmes subjugués par cette phrase qui s'arrondissait avec cette appellation sonore des *tombeaux des Scipions*. Nous oubliâmes le but de notre course; la grande famille de l'Africain l'emportait sur Caracalla; nous remerciâmes le cocher: il ouvrit à notre gauche un portail délabré; il nous indiqua une allée à suivre, au bout de laquelle s'élève une ferme lézardée qui ressemble plutôt à un repaire de bandits qu'au mausolée des Scipions.

Cependant nous ne nous possédions pas de joie. Je disais à mes deux compagnons:

— Savez-vous, mes amis, qu'il eût été bien malheureux de quitter Rome sans avoir vu les tombeaux des Scipions! Ces cochers sont des cicerone précieux. Maintenant, quels peuvent être ces Scipions qui sont enterrés là? Est-ce Publius Scipion, mort dans une embuscade avec son frère Cnéius? c'est possible; il est même probable que l'armée aura rapporté d'Espagne leurs corps, et qu'ils auront été déposés ici. Quant à l'Africain, son tombeau est à Literne ; mais son frère Lucius Scipion, qui s'est battu contre un Antiochus, doit reposer ici; nous trouverons sans doute à côté de lui Scipion Nasica, l'inventeur des clepsydres, et Scipion Émilien, qui brûla Carthage. Je crois même avoir lu quelque part que leurs cousins Tibérius et Caïus Gracchus ont été inhumés dans un tombeau de famille. Cela ne m'étonnerait point, car ces deux malheureux tribuns ont été massacrés tout près d'ici. Cette campagne funèbre, où nous sommes, serait alors le seul lot qu'ils auraient retiré de leur loi agraire ; quelle leçon ! préparons-nous à voir la plus touchante collection de tombeaux qui soit dans l'univers.

Ainsi parlant, nous étions arrivés devant la porte de la ferme tumulaire. Un être, qui ressemblait à une femme, nous y attendait; à côté de ce fantôme sibyllin pleurait une jeune fille de quatorze ans, couverte de lambeaux, de haillons et d'une laideur incomparable. Dès qu'elles surent que *Nos Excellences* venaient visiter les tombeaux des Scipions, la jeune fille alluma nonchalamment trois petites bougies, en donna une à chacun de nous, et nous fit signe de la suivre dans une espèce de cellier qui n'était pas celui d'Horace; il n'y avait qu'un tonneau vide et des instruments de vendange d'une haute antiquité.

— Est-ce bien ici, au moins, le tombeau de la famille des Scipions? demandai-je à notre guide.

— Oui, Monsieur, me répondit-elle, nous allons y entrer.

Nous entrâmes, en effet, dans une grotte étroite et fort humide : nous en touchions les parois grasses à droite et à gauche; le sol était glissant; nos bougies ne nous donnaient qu'une clarté fort douteuse, j'interrogeai de nouveau la jeune fille; elle ne répondit pas.

— C'est une grotte de bandits, murmurai-je tout bas à mes deux amis; nous avons donné dans une embuscade, comme Publius et Cnéius Scipion, en Espagne. La passion de l'antiquité a toujours fait faire des sottises aux voyageurs. Nous sommes perdus : notre patrie n'aura pas nos os, comme l'a dit Scipion l'Africain tout exprès pour nous.

Et nous avancions toujours dans ce boyau souterrain : des ténèbres profondes étaient derrière nous; devant, la voûte s'abaissait toujours; l'eau suintait sur nos têtes. Nous ne comprenions pas cette étrange manie des Scipions, ces hommes si sages, qui rendaient les belles captives à leurs maris ou qui passaient leurs nuits à causer astronomie avec Ennius, et qui se faisaient ensuite inhumer à cent pieds sous terre, au lieu d'avoir une belle pyramide de marbre comme Sextius, ou une tour superbe comme Crassus le Crétois.

— Verrons-nous bientôt les tombeaux? dis-je à la jeune sibylle.

Elle s'arrêta, en se tournant vers nous; nos bougies firent étinceler ses grands yeux gris et ses joues empourprées du feu de la fièvre. Elle étendit son bras vers une cavité sombre, et dit d'une voix aigre :

— *Ecco un sepolcro di Scipione.*
— Quel Scipion?
— *Un Scipione.*

— Mais lequel des trente ?

— *Non so.*

Nous penchâmes nos trois bougies sur le lieu désigné ; il n'y avait ni tombeau, ni Scipion. La jeune fille nous dit que le sarcophage était au Vatican ; elle nous avait montré la place où était le tombeau.

Et elle se remit à marcher. A dix pas plus loin elle s'arrêta de nouveau, en répétant son *Ecco un sepolcro di Scipione.* Nous ne vîmes rien du tout ; elle ajouta avec le même sang-froid, que le tombeau de cet autre Scipion était à la galerie du Vatican. C'est toujours de cette manière qu'elle nous montra dix ou douze tombeaux absents. Il est vrai que nous découvrions quelquefois sur les murs des lettres hiéroglyphiques, des caractères indéchiffrables, des *cn,* des *coss,* des *sc :* nous surprîmes aussi un monogramme S. P. Q. R. qui se cachait derrière un éboulement ; mais de tombeau, pas l'ombre. Ce souterrain a deux issues, nous en sortîmes sans avoir la douleur de revenir sur nos pas ; nos bougies étaient près de s'éteindre quand nous revîmes la campagne et le jour.

La hideuse mère nous attendait à la porte : elle nous présenta sa main osseuse et brûlée, pantomime éloquente, et, en Italie, toujours comprise des voyageurs ; il était bien cruel de payer une promenade souterraine et de récompenser une mystification ; il fallut pourtant se résigner. Nous donnâmes trois *pauls.*

— Ce n'est pas pour les Scipions, dis-je à la mère, c'est pour les trois bougies, qui ne valent pas trois baïoques.

Je m'attendais à une explosion de remerciments.

—Trois *pauls*! s'écrièrent en duo la mère et la fille (et les furies de Virgile n'ont jamais été plus effroyables de colère), trois *pauls!* jamais nous ne montrerons pour ce prix les tombeaux des Scipions ! On ne nous fait pas la charité à nous : nous sommes Romaines; les tombeaux des Scipions! trois *pauls!* vous n'avez pas honte, ô étrangers !

— Mais où sont-ils vos tombeaux des Scipions ? leur dis-je en riant.

— Ils sont ici, répondit la mère dans tout le délire de la colère; ils sont ici ! Oui, c'est écrit dans les livres ; tout le monde le sait ; vous êtes ignorants comme des étrangers ; mais vous ne sortirez pas, vous paierez ; voyons, payez-moi. Nous ne montrons les tombeaux des Scipions que pour un écu; donnez-moi un écu.

Nous fûmes obligés d'user de violence pour nous frayer un libre passage jusqu'à notre calessino, stationné sur la voie Appia. Notre cocher, qui dissimulait sous un maintien d'insouciance, sa complicité dans cette affaire, nous laissa exposés un quart d'heure aux feux croisés de la mère et de la fille. Elles s'étaient penchées, comme les harpies de Virgile, sur la muraille, et leur duo de malédictions, leurs anathèmes entremêlés de *pauls* et de Scipions, nous suivirent longtemps sur la grande route. Les chevaux du calessino allaient le pas: le cocher perfide ne voulait pas nous faire perdre une seule note de cet ouragan de syllabes italiennes qui soufflait sur nous du tombeau des Scipions.

A notre retour du cirque d'Antonin, il nous fallut nécessairement repasser devant la ferme tumulaire des Scipions. Les deux mégères n'avaient pas quitté leur place;

elles nous avaient aperçus de loin dans notre calèche découverte. Cette fois nous enjoignîmes au cocher de passer au galop sous la batterie des malédictions. Le cocher souriait malignement en affectant de ne pas comprendre notre italien. Nous nous attendions à une grêle de pierres, sur cette même place où tant de martyrs ont été lapidés ; nous fûmes assez heureux pour n'essuyer qu'un feu roulant de *pauli*, de *forestieri*, de *birbanti*, de *Scipioni* et de *sepolcri*, qui ne blessèrent aucun de nous.

Avant cette journée j'avais un culte secret pour la mémoire des Scipions ; depuis je ne prononce ce nom qu'en frémissant. Quand je lis la bataille de Zama, ou la ruine de Carthage, ou la continence de l'Africain, je songe toujours aux trois bougies, aux deux sibylles, aux trois pauls, aux tombeaux absents ; je suis même fâché qu'Annibal n'ait pas battu Scipion à Zama; je regarde rancune au peuple de Rome, qui n'a pas lapidé le concussionnaire Scipion, lorsqu'au lieu de régler son budget des finances, il proposa aux sénateurs une promenade au Capitole, pour rendre grâces aux dieux immortels, lesquels n'avaient rien à démêler avec les chiffres du budget. C'est ainsi que les haines s'établissent dans le cœur contre les hommes les plus vénérés, les plus illustres. Toutefois je serais désolé que la même cause amenât les mêmes effets pour d'autres voyageurs qui viendront, après moi, courir la voie Appienne, sous la conduite des cochers stationnés sur le *Monte Citorio*, devant la *Curia innocentiana*; ils sont tous payés par les mégères du tombeau des Scipions. A l'exemple des marins qui marquent d'un point, sur la carte, un écueil nouveau qu'ils ont découvert, je signale aux touristes futurs la ferme des sibylles : c'est qu'il y a bien plus qu'une mystification à subir ; on affronte une chance très-probable d'éboulement, comme aux catacombes. Il serait pénible, en cherchant un tombeau qui n'existe pas, d'être écrasé par la voûte et de creuser le sien.

LE VATICAN

Le Vatican — La Semaine sainte — Le Forum

Il n'est pas aisé, en France, de se faire une idée juste du clergé de Rome; d'abord cela intéresse fort peu de personnes; ensuite, celles qui peuvent y prendre quelque intérêt, sont forcées de s'en rapporter aux observations contradictoires des voyageurs; ceux-ci, le plus souvent, n'ont pas pris la peine d'étudier cette classe puissante, qui commence au souverain-pontife, et descend par mille échelons au prolétaire clérical qui dit sa messe pour avoir du pain, et n'en a que fort peu. En général, on reproche au clergé de Rome son fanatisme intolérant, son amour de la domination, sa cupidité, son ignorance. La philosophie du siècle dernier avait inventé des Romains pour ses tragédies, elle inventa aussi des papes, des cardinaux, des prêtres pour ses libelles d'athéisme et d'impiété; ce n'est pas qu'il n'y eût beaucoup à fronder, avec une certaine justice; mais dans cet immense redressement d'abus qui était la mission des encyclopédistes, il ne fut tenu aucun compte de tout ce qu'il y avait de sublime, de merveilleux, d'incompréhensible autour de cette Rome chrétienne qui se constitua l'héritière de l'autre, et fit bien plus avec une tiare et une croix, pour la civilisation et les arts, que n'avait fait son aînée avec ses aigles et son épée de soldat. Dieu seul peut savoir quelles eussent été les destinées de Rome, depuis dix-huit siècles, entre les mains d'un empereur ou d'un roi, sous un gouvernement profane. Ce que nous savons, nous, c'est que le reliquaire antique a été religieusement gardé, c'est que les nobles traditions d'Auguste et des Antonins ont été recueillies par les papes; c'est que Michel-Ange et Raphaël ont été reçus au Vatican, comme Zénodore et Apulius sur le mont Palatin. Dans les orgies d'une époque sanglante, ceux qui chantaient *Allons*

   Rebâtir le Capitole
   Des débris du Vatican,

auraient détruit le Vatican, c'est incontestable, mais à coup sûr ils n'auraient pas rebâti le Capitole. Eh bien! Rome chrétienne a mieux fait, elle n'a rien démoli, elle a rebâti le Capitole et fondé le Vatican; le Vatican, c'est un monde; le Vatican, c'est comme une planète inconnue, avec sa population de marbre, ses portiques de jaspe, d'agate, de porphyre, sa basilique prodigieuse, ses fresques incomparables, ses galeries, ses jardins, ses cloîtres, ses terrasses, ses balcons. Si les grands artistes qui ont bâti le palais des Césars, les thermes de Dioclétien, le Panthéon d'Agrippa, revenaient au monde, et qu'on leur dît, après avoir montré le Vatican : quels sont, depuis dix-huit siècles, les empereurs ou les rois connus qui auraient ainsi continué votre Rome? Les papes seuls pouvaient faire ce qui a été fait, répondraient les architectes d'Auguste, de Dioclétien, de Titus.

En dehors de Rome, qu'est-il arrivé depuis Jésus-Christ? les hommes se sont massacrés, les empires se sont suicidés, les monuments ont croulé; on a inventé la poudre! lorsqu'il a fallu faire de l'art, on a copié Rome; un art seul a été perfectionné, la guerre; on en a usé avec délices, pendant dix-huit siècles: toutes les chimères qui passent dans la tête de l'homme, ont été changées en cartels de nation à nation; le sang a jailli de toutes les veines de l'univers. Rome seule a conservé sa noble quiétude d'artiste; sans doute elle a eu ses mauvais jours, ses égarements, ses paroxysmes de persécution, ses heures de fanatisme; il s'est rencontré des hommes sous la tiare; mais, à travers ces crises de religion, que de nobles et sublimes choses! que d'admirables créations! Chez les autres peuples, le sang et le crime sont restés sang et crime; dans Rome chrétienne, toute période coupable s'est effacée sous un éblouissant rideau de mosaïque, de marbre et de rayons. Rome païenne se déchirait souvent ses propres entrailles, comme Caton; ce n'est pas le Tibre qui a *renversé le tombeau des rois et le temple de Vesta*, le peuple-roi s'associait quelquefois au Tibre; chaque cité moderne a des crimes de ce genre sur la conscience; les villes les plus civilisées ont démoli, en un jour, des monuments qu'un siècle avait bâtis; Rome chrétienne est pure de tels excès; elle a gardé ses vieux joyaux comme ses jeunes richesses; elle a posé la croix sur les temples païens afin de les protéger. Quand elle fut saccagée au xv° siècle, les Espagnols respectèrent le Panthéon d'Agrippa, parce que le Panthéon s'était fait catholique.

Ces magnifiques débris, ces belles ruines qui couvrent le sol de Rome, ce n'est point Rome qui les a faits; il est venu de partout des gens qui tuaient et ravageaient par plaisir; non point les Goths, les Huns, les saccageurs de Théodoric et d'Attila, ceux-ci ont seulement écaillé les colosses; mais d'autres qui avaient des noms chrétiens et qu'un prêtre avait baptisés; d'autres qui suivaient un chef d'illustre lignée, un Bourbon, un connétable, un plagiaire d'Attila: que la malédiction des siècles soit sur lui!

Il courait le monde, le misérable! il allait çà et là, avec ses Espagnols et ses lansquenets, race stupide! il pillait, violait, égorgeait; peu lui importait la nation et le pays, pourvu qu'il tirât des coups de canon et qu'il bût du sang! Un jour, il eut une fantaisie: il s'ennuyait, le connétable; il se dit : Allons brûler Rome; j'en aurai pour six mois de plaisir; allons : et il vint camper sur le Tibre. Il ouvrit une tranchée devant Rome, comme devant une ville ordinaire; il pointa ses coulevrines contre les saints remparts; ses boulets tombaient en pluie sur les portiques, les cirques, les basiliques, les colisées: Rome l'attendait à l'assaut; Rome n'aurait pas été la ville des miracles, si elle l'eût laissé vivre après tant d'affronts soufferts; une balle, la balle la mieux méritée qui ait jamais cassé un front vil, l'étendit mort sur la brèche;

son habit blanc lui servit de suaire; il avait bien choisi sa toilette d'assaut. Mon sang marseillais bouillonne d'orgueil, quand je songe que nos vieilles mères phocéennes l'ont chassé à coups de fourche sur leur boulevard, ce connétable bandit!

Les voilà ceux qui ont mutilé Rome; elle, la ville deux fois sainte, a toujours eu du respect pour elle; elle n'a fait que soigner ses ruines, ses ossements, sa poussière, et tout à côté des ruines, elle a bâti. Oui, les papes ont eu la soif des richesses, mais l'or de la chrétienté ne s'est pas tout dépensé dans les bacchanales des Borgia; cet or a payé tout le marbre, tout le porphyre qu'on a ciselé dans le monde; il a fait de beaux loisirs, de douces existences à des artistes immortels; il a été prodigué en échange de tous les chefs-d'œuvre accomplis depuis deux mille ans. Les basiliques de Trajan et d'Antonin le Pieux s'étant écroulées, ce sont les pontifes qui les ont rebâties sous d'autres invocations; la basilique s'est retrouvée dans Saint-Jean de Latran, dans Sainte-Marie-Majeure, dans Saint Paul, avec ses colonnes de porphyre et sa charpente de cèdre, dans Saint-Pierre, qui a épuisé Carrare et Paros. C'est l'or de la chrétienté qui a fouillé la villa d'Adrien, ce grand cimetière de statues; la terre du Forum, toute pleine de reliques; le vallon du Capitole au Palatin, et la vase limoneuse du Tibre où se rouillent encore tant de trésors. Les papes ont continué l'œuvre des consuls et des empereurs, ils ont rouvert aux sources des montagnes leurs aqueducs triomphaux; ils en ont soudé les lignes, ils ont creusé mille réservoirs et fait jaillir mille fontaines: ils ont changé la place Navone en cirque naval, comme une antique naumachie ; ils ont fait tomber la source Pauline du sommet du Janicule, et l'*eau vierge* du pied du Quirinal, cette eau de Trévi, qui se roule et retentit comme un torrent : jamais la pensée d'un peuple expirant ne fut mieux comprise par un peuple héritier. Rome avait cherché la civilisation sous les Tarquins, elle avait trouvé la tyrannie d'un seul : sous les décemvirs elle avait trouvé la tyrannie de dix ; sous la république, la tyrannie de tous. Guerre au dehors ou au dedans ; guerre de plusieurs siècles, et pour champ de bataille, l'univers connu ; ni le bonheur ni la civilisation ne sont là. Auguste et les Antonins les cherchèrent ailleurs ; je ne sais ce qui fût arrivé, si Brutus eût été vainqueur à Philippes, mais assurément nous n'aurions pas eu le Panthéon d'Agrippa, cette sublime page d'architecture qui résume les deux plus hautes pensées d'une époque : elles ont été devinées et recueillies par les papes, ces successeurs d'Antonin le Pieux, Antonin le souverain-pontife, Antonin le créateur des monuments ; partout, Rome impériale, ou Rome chrétienne, nous crie : La civilisation, c'est le culte de la religion et des beaux-arts.

Le Vatican s'est donc montré le digne héritier du Capitole ; les papes ont continué les Antonins ; Rome chrétienne n'a répudié, dans le legs de sa mère, que le culte des faux dieux. Elle n'a pas brûlé son encens aux pieds des statues divines, mais elle a respectueusement exhumé toute cette mythologie de marbre, et l'a inaugurée dans de nouveaux temples où l'admiration de l'artiste remplace l'eau lustrale du païen. Les grands dieux de l'Olympe, mutilés au prétoire par les martyrs en face de Festus et d'Héroclès, ont été reportés en triomphe au Capitole catholique. Jupiter Stator a échangé la foudre contre les clefs de saint Pierre, et les pèlerins ont usé ses pieds de bronze en les baisant. Rome chrétienne a souvent été ingénieuse, pour s'excuser à ses propres yeux de cette protection qu'elle donnait aux monuments ou aux simulacres de ses anciens persécuteurs ; on est attendri aux larmes en lisant une magnifique inscription gravée sur marbre, au Colisée : là, par un subterfuge sublime, Rome papale répond victorieusement à ceux qui l'accusaient de prendre trop de soin de l'édifice païen ; Clément X leur dit, dans un latin digne du siècle d'Auguste : « Oui, je viens prêter secours aux murs croulants du Colisée; oui, je veux soutenir ces murs impies qui tombent, de peur qu'elle ne tombe aussi avec eux, la mémoire des martyrs qui ont arrosé de leur sang l'amphithéâtre de Flavien : *Ne fortudinis martyrum excideret memoria.* » Ainsi, la ville sainte et la ville artiste ont satisfait en même temps à leur foi et à leur goût. Si des murs gigantesques de brique montent, à la voix des papes, pour étançonner le colosse de Titus, ne croyez pas, au moins, que ce soit par intérêt pour ce monument impie, c'est pour perpétuer à jamais la gloire des chrétiens livrés aux tigres ou aux gladiateurs. En attendant, rassurez-vous, artistes profanes, le Colisée ne s'écroulera pas. Bien plus, les papes ont ouvert à tous ces dieux vaincus une vaste hôtellerie, tout à côté de la chaire de saint Pierre. Le Vatican, c'est l'Olympe et le ciel ; pour arriver au souverain-pontife, il faut traverser les appartements des dieux immortels. C'est encore comme au temps antique, où le roi du Latium accueillait Saturne exilé.

Junon Lucienne, Vénus pudique ou impudique, Cérès qui préside aux moissons, le dieu de Claros, l'Amour enfant, la triple Hécate, Pan et Bacchus, ces inventeurs des fêtes libres, toutes les divinités, tous les héros, toute l'Iliade personnifiée règnent au Vatican, par la grâce des vicaires du Christ. Et quelle magnifique hospitalité! quel luxe de portiques! quelle profusion de marbre! Que de salles! que d'air! que de lumière! Une vie d'homme se passerait à parcourir cet Olympe. Si toutes ces statues recevaient le feu de Prométhée, elles déborderaient, comme une armée de géants, sur la place de Saint-Pierre. C'est tout un peuple de marbre qui habite le plus silencieux des palais, et le remplit d'un éclat, d'une gloire, d'une majesté qu'aucune cour vivante n'a jamais donnée aux satrapes de l'Orient. Au fond de ces portiques, de ces corridors, de ces galeries, dans un coin reculé de ce labyrinthe de marbre, de jaspe, de porphyre, on trouve une salle dépouillée et modeste d'humilité chrétienne; là est assis un vieillard sur une chaise de bois: c'est le pape; comme un de ces hommes riches et hospitaliers des anciens jours, il a cédé aux étrangers toutes les magnificences de sa maison, et s'est retiré dans la grange avec ses serviteurs.

Il faut avoir le cœur mal fait pour ne pas déposer sur le seuil du Vatican toutes les mesquines idées que nous donna une éducation nommée philosophique. Les immenses services que les papes ont rendu aux beaux-arts, parlent ici avec tant d'éloquence, qu'on se fait chrétien volontiers, tout en sacrifiant aux dieux. Pour moi, je fus facile à la conversion; je suis descendu du Belvédère pour entrer à la basilique, lorsque l'heure des offices sonnait; après avoir contemplé l'Apollon isolé à la rotonde du Vatican, j'allais écouter les psaumes de David dans la nef de Saint-Pierre. Au Vatican, l'artiste est aisément chrétien; il se réconcilie de bon cœur à l'Église : car tous les chefs-d'œuvre qui l'entourent et le ravissent appartiennent à l'Église et font corps avec elle. Ainsi préoccupé de toutes ces idées, je puis dire que j'entrai à Saint-Pierre sans aucune prévention contre les papes, le clergé, les cérémonies; j'étais prêt au recueillement; j'avais oublié tout ce qu'on a dit et écrit en France, au siècle dernier et depuis : je prenais au sérieux la semaine sainte, avec toute la ferveur d'un croyant; et j'entrai, en répétant comme le centurion : « Celui-là est véritablement le Fils de Dieu. »

Cela dit, je puis parler sans crainte d'être taxé d'irréligion et de mauvaise foi.

La basilique de Saint-Pierre a été décrite par tous les voyageurs; aucun n'a pu en donner une idée juste à ceux qui ne l'ont point vue; c'est toujours ainsi pour les descriptions; le beau tableau de Giampolo Panini en dit plus sur Saint-Pierre que tous les vers du poëte, la prose du touriste, le récit du pèlerin : ce tableau est au Louvre, dans un angle du grand salon, à gauche en entrant. Placez-vous à six pas, roulez votre main en lorgnette, et regardez-le, vous verrez Saint-Pierre, et vous ne lirez pas madame de Staël.

Tous les voyageurs se récrient d'admiration sur ce singulier jeu d'optique, qui ne permet de juger de l'immensité réelle de cet édifice qu'en le visitant dans tous ses détails. Au premier abord, disent-ils tous, Saint-Pierre n'étonne pas; tout y paraît de proportion ordinaire : ce n'est qu'en avançant qu'on s'aperçoit de son incomparable grandeur. Cela est malheureusement vrai : c'est la plus sévère critique qu'on puisse faire de cette basilique. Voilà une étrange méprise d'architecte! bâtir un monument si vaste qu'il paraîtra petit! C'est le contraire, il me semble, qu'on aurait dû tenter. Dans les choses de l'art, la grandeur ne se mesure pas à la toise; les Romains d'Agrippa le savaient bien; aussi le Panthéon, qui serait à peine une chapelle de Saint-Pierre, paraît-il aux yeux de l'artiste plus grand que cette basilique. Est-ce bien la peine d'établir des proportions colossales pour amener un résultat pareil! En entrant au Panthéon, le voyageur se récrie sur la grandeur imposante de cette merveilleuse rotonde; ce n'est qu'en le visitant que le cercle d'architecture nous semble étroit. Dans nos belles églises de France, l'architecte a bâti l'infini: les lignes, les spirales, les voûtes, les piliers, les ogives, tout cela monte, s'élance, court, serpente, avec des allures indéterminées; tout cela va se perdre dans les nefs lointaines et sombres qui tournent et s'abîment derrière l'autel, sans que les yeux puissent s'arrêter en les suivant. Madame de Staël, qui ne s'est peut-être jamais agenouillée à Notre-Dame de Paris ou de Rouen, nous dit qu'en entrant à Saint-Pierre, sa première pensée fut d'adorer Dieu dans le plus beau de ses temples; cette pensée n'est pas commune à tous les voyageurs; l'étonnement et la curiosité vous attendent à Saint-Pierre, la pensée religieuse n'arrive que longtemps après, si toutefois elle arrive. On marche de la porte, vers le pilier de droite, pour prendre de l'eau bénite, et l'on oublie l'eau bénite pour admirer les gigantesques enfants qui soutiennent le bénitier; on joue avec ces enfants, on rit de surprise avec eux; on compare ses mains avec les leurs; les joyeux voyageurs s'attroupent et font des plaisanteries sur ces anges; on rit encore, on parle haut ; tout est permis à Saint-Pierre, hormis de prier Dieu. Après, on arrive devant les lions de Clément XIII, et chaque visiteur tient au plaisir de fourrer son poing dans la gueule béante du lion éveillé et de caresser le lion endormi; et chacun dit :

— Quels lions! de qui sont ces lions ?

Une voix répond : — De Canova.

On va s'agenouiller devant l'autel, une autre voix dit :

— Ce baldaquin est haut comme la colonne Vendôme à Paris.

Alors on ne s'agenouille plus; on dit :

— C'est impossible !

— Oui, Monsieur, comme la colonne Vendôme.

— Mais attendez, mais oui, cela se pourrait bien.

— Cela est.

Un sacristain passe et vous montre sainte Véronique, on est tout disposé à prier la sainte fille.

— Cette statue a quarante pieds de haut, dit le sacristain.

— Quarante pieds!

— Oui, Monsieur, et ces cierges de cire jaune que vous voyez là, devinez le poids de chacun ?

— Deux livres ?

— Quinze, Monsieur.

— C'est étonnant.

— Avez-vous vu la chaire de saint Pierre?

— Pas encore.

— La voilà dans le chœur; remarquez bien cette mitre, elle est de votre taille.

On va voir la mitre; chemin faisant, on rencontre le mausolée de Paul III, toujours entouré d'Anglais qui regardent amoureusement la statue de la Justice; il y a une histoire sur cette justice; on vous raconte l'histoire, tout bas, c'est scandaleux. La pensée de mort qui monte de ce sarcophage ne jette personne en recueillement; l'église est pleine de tombeaux, mais ils n'ont rien de lugubre, on s'asseoit devant pour causer et rire. L'autel est entouré d'un triple rang de curieux ; personne ne prie; on compte les lampes d'argent qui brûlent sur le tombeau du chef des apôtres; il y en a cent douze; on inscrit ce chiffre sur son album. Le pavé retentit continuellement sous les pieds d'une foule bruyante qui va et vient, regardant, s'étonnant, mesurant et vociférant la joie dans tous les dialectes de l'Europe. Cette basilique ressemble plus au temple d'un dieu qu'au temple de Dieu.

S'il est un jour de l'année où Saint-Pierre doit inspirer du recueillement, c'est le vendredi saint. Hélas! la cérémonie s'est réfugiée dans l'étroite chapelle du chœur, et le reste de l'immense église est abandonné aux voyageurs dont les deux tiers au moins sont Anglais, selon l'usage. Je m'étais fait une joie d'assister à *ténèbres*, dans Saint-Pierre; je cherchai longtemps le coin obscur où des chantres invisibles psalmodiaient les psaumes de la semaine sainte. Le clergé remplit la chapelle; une centaine de curieux se pressent contre la grille et regardent l'orgue: impossible de s'abandonner au touchant esprit de ces poétiques offices. La religion n'est majestueuse que dans les petites églises; je regrettais ces modestes chapelles où j'avais entendu, enfant, les lamentations de Jérémie, entrecoupées des lettres mystérieuses de l'alphabet hébreu;

je regrettais le choriste qui chantait le *benedictus* sur un air qui fait pleurer, lorsque l'ombre du soir descendait dans le sanctuaire et qu'un seul cierge brûlait au candélabre noir. A Saint-Pierre, je ne ressentis rien de mes anciennes émotions; je me mêlai à l'indifférence générale. Les gémissements de l'orgue, les plaintes du prophète, les douleurs de Sion, la désolante histoire de Jérusalem, toute cette épopée solennelle des jours saints courait comme un son vide et prolongé sous les nefs de la basilique, et ne trouvait que des cœurs froids, comme les simulacres sans nombre, assis sur les tombeaux voisins.

Parfois, je croyais me promener à la Bourse de Paris, quand la hausse ou la baisse arrache à la foule des murmures, des cris, des acclamations. A chaque instant une famille anglaise faisait irruption dans la grande nef; vieillards, enfants, dandys, généraux et colonels en uniforme, dames et demoiselles, grooms chargés de pelisses; ils se jetaient tous dans les mains de leurs compatriotes avec des éclats de rire et de joie, des fracas de bottes, des sifflements gutturaux, des explosions d'amitié britannique, comme on n'en a jamais entendus dans leurs rencontres à Hyde-Park. Chaleureuse influence du ciel du midi! les dames s'asseyaient sur les pliants, en tournant le dos à l'autel; les gentilshommes se renversaient nonchalamment sur l'orteil d'un ange, sur la griffe d'un lion ou le cordon saillant d'un pilastre, comme sur un sopha de boudoir, et causaient avec tout le fracas du club ou lisaient les gazettes du jour, sans se douter que Jérémie se lamentât dans la chapelle du chœur. On aurait dit que tout l'état-major de l'armée anglaise s'était fait un impie devoir de venir insulter au culte catholique, dans la capitale de la chrétienté, le jour même du vendredi saint. C'était un torrent d'épaulettes et de plumes de coq qui roulait de l'autel au bénitier, et remontait encore, et se mêlait à des flots de pèlerins, de prêtres destitués, de moines échappés du couvent. Si l'on eût demandé à quelque âme candide, Saint-Pierre appartient-il au pape? elle aurait répondu : Non, aux Anglais. Comprenez-vous le bonheur de ces huguenots qui envahissent la basilique, y tiennent garnison comme dans une colonie, et couvrent de leurs cris la voix de l'orgue, la voix du choriste, les gémissements du prophète-roi?

Quel vendredi saint! quelle semaine sainte! je n'ai rien vu, dans ma vie, de plus étrange. Je cherchai dans l'armée qui remplissait l'église, un seul visage qui parût affecté de cette étrange profanation; toutes les figures rayonnaient de joie; toutes jetaient des nullités à l'air, toutes les oreilles paraissaient fermées à la cérémonie; c'était un délire universel : la promenade ondulait, comme aux Tuileries, sur douze sillons tracés; pourtant la soirée était belle au dehors, à la villa Borghèse, à *Monte-Pincio*, ou même sur la place de Saint-Pierre; mais la *fashion* tenait à honneur de s'étouffer dans l'église, et d'écraser sous le poids de l'orgueil britannique, les superstitions papistes du vendredi saint. Enfin je découvris un étranger dont la pensée s'associait à la mienne; il était appuyé contre un pilastre, les yeux dévotement tournés vers la chapelle, et pâle, abattu, désenchanté : je le reconnus; c'est un homme de bien et de foi; son nom latin a figuré avec un certain éclat parmi les noms des législateurs de la Restauration. Lui aussi était venu, dans toute la candeur de ses rêves catholiques, assister, en pèlerin, aux offices de la semaine sainte; que voyait-il? un *raout* anglais, dans la plus belle et la plus vaste salle de l'univers : la désolation de mon noble compatriote se trahissait dans tous ses mouvements; il ressemblait à un homme qui vient de perdre sa suprême illusion et qui désespère de tout. Mes yeux se rencontrèrent avec les siens, au moment où le dernier verset du *Benedictus* tombait comme un anathème sur cette multitude folle et désœuvrée; et je l'entendis répéter avec un sourire amer: *Mon Dieu, illuminez ceux qui sont assis dans les ténèbres et à l'ombre de la mort, et conduisez leurs pas dans le sentier de la paix* [1].

La mer, dans un jour de tempête, est moins bruyante, sous les falaises de Douvres, que cette foule orageuse, protestante, lorsque le dernier son de l'orgue expire avec le dernier verset dans la chapelle du chœur; toute l'Angleterre aristocratique couvre l'escalier immense de l'église, et s'éparpille à droite et à gauche vers les colonnades, où mille équipages stationnent et attendent les opulents étrangers. Insensiblement, la basilique se fait déserte et silencieuse; les prêtres regagnent la sacristie; les pèlerins circulent avec liberté, font leurs stations pieuses, baisent les pieds de la statue de saint Pierre, et les essuient après avec leurs fronts. Le recueillement arrive quand l'office est terminé; la foule n'était venue que pour troubler la cérémonie, sous prétexte de la voir ; plus de cérémonie, plus d'Angleterre. Le scandale est renvoyé au lendemain; trêve est donnée à Dieu pour vingt-quatre heures; l'ambassadeur britannique lui fait ce doux loisir. Au reste

---

[1]. *Illuminare his qui in tenebris et in umbra mortis sedent*. etc.

l'office du lendemain ne se célèbre qu'avant midi; l'aristocratie voyageuse dort encore dans ses hôtels du *Corso*, de la place du Peuple, de la place d'Espagne. La cérémonie du *Lumen Christi* et de l'eau pascale n'attire qu'un petit nombre de curieux et point de dévots; le clergé la mène lestement : on bénit aux fonts baptismaux de grands bouquets de fleurs. J'en demandai un à l'abbé qui les garde, il me le refusa; je lui montrai cinq francs, il me le vendit. Une procession assez peu décente accompagne le *cierge pascal* de la chapelle baptismale au chœur, là où va se célébrer la messe du samedi saint : tout cela est froid, et d'une physionomie coutumière et indolente. C'est un drame qui se dénoue sans bruit, sans intérêt. Ce feu nouveau qui vient de se rallumer au phosphore chrétien, est pâle comme une flamme qui va s'éteindre. On dirait que Dieu s'en va, que la religion meurt, que la grande basilique de marbre n'est que la pompeuse tombe où le dernier pape s'apprête à inhumer le catholicisme agonisant. Je suivais les prières de la messe avec une inquiétude dont je n'aurais pu me rendre compte; j'attendais le *Gloria in excelsis*, ce chant d'exaltation qui dit à l'Église de rejeter le linceul de la semaine sainte et de reprendre la robe de l'épouse : avant qu'il fût entonné, je courus sous la colonnade extérieure pour assister au réveil de Rome. La place était inondée de pauvres villageois, bariolés de costumes aux mille couleurs : ils attendaient aussi quelque chose qui allait se passer dans l'air. La ville était silencieuse; le soleil, couvert de nuages gris; à ma gauche, le Vatican ressemblait à un palais désert, à un sépulcre babylonien. Tout à coup la porte de la basilique s'ouvre, et le *Gloria in excelsis* éclate avec le mugissement de l'orgue dans la chapelle du chœur. Aussitôt la cloche de Saint-Pierre donne le branle à toutes les cloches de la ville sainte; les gardes pontificaux arborent le gonfanon au grand escalier de la colonnade; l'artillerie du château Saint-Ange salue le drapeau vénéré : le peuple tombe à genoux et prie. Ce moment est court, mais bien beau : c'est la résurrection de Rome catholique; et la semaine sainte n'aurait-elle que ce moment à offrir au pèlerin, ce serait assez pour ne pas regretter le voyage. C'est encore un beau spectacle le lendemain, lorsque le pape, seul debout sur cent mille chrétiens agenouillés, donne sa bénédiction à la ville et au monde. Cela vaut mieux que la *Luminara* et la *Girandola*, divertissements de bruit, de feux follets, de fumée sulfureuse; hochets brillants qu'on jette au peuple de la moderne Rome, qui ne demande aujourd'hui au César du Vatican que des feux d'artifice et du pain.

Deux moments dans une semaine, c'est pourtant bien peu; car je ne prends ici dans les choses du culte que la plus simple et la plus majestueuse expression de leur poésie, que leur chaste et secret parfum, leur intimité touchante, révélée à bien peu d'élus, inaperçue pour la foule. Le reste est si pompeux que je ne l'ai point vu : j'étais ébloui, j'ai fermé les yeux. Le pape m'a paru sublime, lorsqu'il s'est montré au balcon de Saint-Pierre, abrité du soleil par un dais de toile. Je n'ai pas osé lever mon regard sur lui, lorsqu'on le portait en triomphe sous les éventails de plumes de paon, avec un grand concours de cardinaux dorés et de brillants hommes d'armes. J'aime mieux la grave mélopée hébraïque des Lamentations que le *Miserere* de la chapelle Sixtine: les *soprani* me font pitié. Je n'ai jamais compris la gloire que retire la religion à dresser dans une basse-cour ces scandaleux artistes. Je trouve assez étrange le scrupule religieux qui interdit aux femmes le chant du *Miserere*, pour l'abandonner exclusivement à des hommes qui ne le sont pas. Il est bien triste de penser que le culte romain, avec tous ses trésors de poésie, cherche son profit dans le scandale et les colifichets : il est vrai que cent mille étrangers accourent de partout pour assister aux fêtes profanes de la semaine sainte, et qu'ils resteraient chez eux, si l'on supprimait le *Miserere*, les *soprani*, les plumes de paon, les lansquenets, le feu d'artifice et la *Luminara*; Jérémie chanterait dans le désert, et Rome pleurerait comme Jérusalem. Cela est très-vrai, selon les calculs d'administration locale; mais on doit toujours déplorer cette nécessité qui associe les mystères de la foi aux spéculations du négoce : car c'est ainsi qu'on arrive à la dernière semaine de la religion.

Il y avait un Vatican aussi là-bas, de l'autre côté du Tibre, Rome chrétienne ne s'en souvient plus. Il y avait un palais qui donnait son nom à la colline; un palais de marbre tout rempli de statues, tout étincelant de mosaïques, tout illustré de fresques : c'était le Vatican des Césars. A ses pieds se déroulait aussi une place ombragée d'une forêt de colonnes, avec beaucoup d'obélisques et de fontaines. L'éternité ne semblait pas avoir assez de temps pour jeter bas ce palais, ces colonnes, ces obélisques. En sortant de Saint-Pierre, j'ai couru à ce mont Palatin, le palais est devenu ruine; j'ai cherché la ruine, elle n'existe plus. Au bas, j'ai cherché le Forum aux cent temples; c'est comme un grand chemin planté d'arbres rabougris et couvert d'une poussière grisâtre. Ce sont les monuments tombés en dissolution qui ont fait cette poussière; il y en a trente pieds de profondeur, tant elle est amoncelée! Par intervalles, on a creusé des espèces de puits au fond desquels on aperçoit l'antique voie triomphale. Que de couches de terre sur cette voie! çà et là deux ou trois colonnes sont restées debout, comme quelques soldats survivent à une armée détruite, pour annoncer le désastre à ceux qui ne voudraient pas y ajouter foi. Eh bien! après l'office de la semaine sainte, après le *Miserere* de la chapelle Sixtine, après l'invasion anglaise au Vatican, si l'on vient traîner sa mélancolie au Forum, il semble que le temps n'est pas loin où la ruine chrétienne servira de pendant à la ruine impériale, où l'on cherchera Saint-Pierre sur le Vatican, comme on cherche Jupiter sur le Palatin; que Dieu et les dieux fassent mentir ce présage! Quel malheur pour moi si je disais vrai! Hélas! j'ai déjà vu des compatriotes de lord Elgin qui brisaient à coups de marteau les colonnes extérieures du Panthéon, et le peuple romain, qui vend des légumes sur cette place, les regardait faire et riait. Le culte de la religion et des arts a fleuri dix-huit siècles à Rome; les portes de l'enfer auraient-elles enfin prévalu contre lui? L'avenir répondra à nos enfants, et peut-être à nous.

LES ITALIENS DE ROME

Il n'y a plus de peuple romain, dans le sens antique de ce mot. La politique des papes a dépaysé le Romain dans Rome : elle a mis le *Campidoglio* sur le Capitole et le *Campo-Vaccino* sur le Forum. Presque toutes les vieilles et célèbres dénominations ont disparu; celles qui subsistent encore forment un contre-sens avec la localité qu'elles désignent. C'est partout la même différence relative qui existe entre le latin et l'italien. Sainte-Marie-Majeure et le Panthéon, un consul et un cardinal, le conclave et le sénat.

Un soir, je me promenais dans cette calme rue Saint-Théodore qui commence au Forum et conduit à l'arc de Janus. J'étais au pied du Palatin; l'Aventin n'était pas éloigné. J'arrêtai un Romain au passage, et je le priai de m'indiquer le mont Aventin. L'Italien me regarda en répétant, *monte Aventino?* de l'air d'un homme qui cherche dans ses souvenirs; puis il sourit, secoua la tête et me dit que le mont Aventin n'existait pas, et que je voulais sans doute parler de *monte Testaccio* ou *monte Pincio*. J'insistai, il me salua poliment et me quitta.

Je m'approchai d'un vieillard qui était assis sur un banc de pierre devant la petite église Saint-Théodore: il paraissait le doyen de la région Palatine. Je lui fis la même question; il me pria de répéter le mot *Aventino*.

— Ah! *monte Palatino*, me dit-il, le voilà, en me désignant les jardins Farnèse.

— Non, non, répliquai-je, *monte Aventino*.

Il m'affirma que je me trompais, et qu'il n'y avait point de mont Aventin à Rome. Je bornai là mes questions. Peut-être aurais-je toujours obtenu les mêmes réponses au pied de ce mont populaire, si célèbre dans les fastes de la république. Ainsi le peuple de Rome se souvient du mont Palatin, le mont des patriciens et des empereurs. Il a oublié l'Aventin, cette colline qui lui fut sacrée, cette citadelle où il dictait ses lois aux consuls et au sénat par l'organe de ses tribuns.

J'ai vu quelquefois le peuple de Rome assemblé sur la place Montanara, le dimanche: c'est là qu'il tient ses comices: il est fort gai, sous ses haillons; il rit, il chante, il est heureux. Là un grand nombre de citoyens romains se rasent mutuellement, en plein air, et suspendent le linge de leur toilette aux murailles du théâtre de Marcellus; ils sont au pied du Capitole et du Palatin; ils sont assis sur les ruines du *Proscenium* où *Princeps*, joueur de flûte, s'inclinait devant les applaudissements de la noblesse romaine et de l'empereur. Tout cela ne les touche guère : ces pierres sont mortes pour eux. Des masures lézardées sont greffées sur le théâtre impérial, comme des parasites sur le vigoureux tronc d'un chêne émondé; aux lucarnes flottent des haillons et s'allongent des têtes sibyllines, qui regardent passer le rasoir de main en main, à l'assemblée du peuple-roi. La toilette finie, les plus opulents jettent avec fierté sur leurs épaules le manteau séculaire, meuble de famille, qui, de pièce en pièce, remonte à la toge; ils sourient à la beauté de leur ciel, ils respirent avec délices l'air frais qui vient du Tibre voisin ; ils passent sur le sol où s'éleva la porte triomphale des murs de Servius, et vont s'agenouiller dévotement à l'église de Sainte-Marie du Portique ou de Sainte-Marie de la Consolation.

C'est un peuple fort répulsif au travail, et, sur ce point, il n'a pas dégénéré des républicains, ses aïeux. Malheureusement, il ne lui est plus donné de désigner la nation du monde qui aura l'honneur de le nourrir. Les magnifiques greniers où s'entassait le blé de la Sicile, n'existent que par fragments sur la carte de marbre incrustée à l'escalier capitolin. Aussi ce bon peuple a pris bravement son parti; il ne fait rien, et trouve le secret de ne pas mourir de faim; il est vrai qu'il se contente de peu, comme le rat d'Horace, *contentus parvo* : la friture le sauve; si la friture n'existait pas, le pape entendrait rugir l'émeute, l'Aventin serait retrouvé, la religion périrait peut-être : à quoi tiennent les grandes choses! Le lazzarone romain qui veut manger, ne perd pas son temps à lire l'apologue d'Agrippa; il allonge la main à la porte d'un cardinal.

Trois baïoques suffisent à la générosité du cardinal et au besoin de l'indigent. Le lazzarone court au *Frigittore*, et il achète son dîner. Repu, il s'abreuve à la première fontaine, les fontaines ne manquent pas; Trevi désaltérerait l'univers. Après, il se donne un doux sommeil, une sieste voluptueuse, sur une couche de briques dans le palais des Césars.

Le *Frigittore* est le sauveur de Rome; il mérite une statue au Capitole. Aussi la reconnaissance du peuple entoure éternellement l'autel du *Frigittore*; c'est un concert d'hommes et de bénédictions. Le peuple romain a cessé d'être ingrat aujourd'hui, il environne d'amour ceux qui se dévouent à son bonheur. Si Camille et Scipion, au lieu de vaincre Brennus et Annibal, s'étaient faits *frigittori* au Forum, ils ne seraient pas morts en exil. Un de ces cuisiniers de carrefours a porté si haut, dans Rome, l'art de la friture populaire, qu'il a mérité le nom de *grand*; c'est la ville éternelle qui le lui a décerné. Son échoppe s'élève sur une petite place dont j'ai oublié le nom, mais que je puis signaler aisément aux voyageurs; elle est voisine de *Buon Governo* et de la *Piazza Madama*. Cette merveilleuse échoppe est toute tapissée de sonnets dédiés *al gran frigittore*; c'est le panthéon de la friture : j'ai lu ces sonnets, et je les préfère à ceux de Pétrarque. Tous les poëtes de Rome ont concouru à cette poésie monumentale; aussi chaque pièce est empreinte d'un caractère particulier de composition. Jamais roi n'a été loué comme le *gran frigittore* : on a épuisé en son honneur toutes les formules de l'enthousiasme. Quelquefois des improvisateurs passent et achètent du poisson frit qu'ils mangent sur place; et quand ils sont rassasiés, ils lancent au *gran frigittore* une nuée de sonnets inédits, qui sont recueillis pieusement et placardés, en lettres manuscrites, sur les autels fumants du dieu nourricier. La lecture de ces sonnets donne de l'appétit; quand on en a lu quelques-uns, il est impossible de passer outre sans goûter le poisson du *gran frigittore*. Un matin, j'en ai déjeuné; j'ai compris alors l'enthousiasme populaire, et, à mon tour, j'ai composé un sonnet que le *gran frigittore* a daigné accueillir, et qui s'est noyé bientôt dans l'océan poétique de ce temple oléagineux. Cet artiste n'a point de rivaux; il est roi ; mais les *frigittori* subalternes sont très-nombreux ; ils parfument les rues populeuses qui avoisinent le pont Saint-Ange; leur feu brûle éternellement; les femmes des *frigittori* ont continué les vestales ; c'est la seule institution de Numa Pompilius qui n'ait pas dépéri.

Comme il est fort aisé d'aborder ces restaurants si économiques et qu'ils suffisent à la sobriété du peuple, le peuple, ainsi que je l'ai dit, travaille peu, ou même il ne travaille pas. L'étranger, habitué au fracas industriel de nos rues civilisées, s'étonne, à chaque pas, de ce silence tumulaire qui règne dans les quartiers indigents de Rome. Le seul *Corso* laisse apercevoir quelques velléités de commerce. Aussi je détestais le *Corso*. On ne se croit plus à Rome, lorsqu'on peut lire sur une enseigne: *Madame Desprez, marchande de modes de Paris*. Je cherchai longtemps un chantier pour voir le peuple romain au travail. Enfin je trouvai le *forum* ; là, quelques centaines d'ouvriers faisaient le semblant de travailler aux fouilles. Si les aïeux avaient mis autant de nonchalance à bâtir les monuments que les neveux en mettent à découvrir leurs ruines, le

Colisée n'aurait pas dépassé l'entresol. Rien de plaisant à voir comme cette lente procession de travailleurs qui brouettent la terre de la *via Sacra*, pour mettre à nu le chemin triomphal qui menait au Capitole. Ces ouvriers ont une gravité consulaire; la plupart travaillent drapés de manteaux ou de carricks à trois collets; ils défilent majestueusement devant l'arc de Septime Sévère, le temple de la Concorde, la colonne de Phocas, la basilique d'Antonin et Faustine, les temples de la Paix et de Vénus et Rome, l'arc de Titus, et vont jeter la terre de déblaiement derrière l'arc de Constantin, où le vent la disperse dans la campagne voisine, la fait tourbillonner dans le gouffre béant du Colisée, et la renvoie aux mêmes lieux d'où les travailleurs l'ont enlevée à force de bras.

Les siècles et les barbares ont amoncelé tant de poussière sur ce vénérable *Forum*, qu'on aperçoit en quelques endroits le sol de la *via Sacra* comme au fond d'un puits. Cela n'étonne point, lorsqu'on songe que l'immense palais des Césars à quarante colonnades s'est fondu en atomes de sable, et a nivelé, pour ainsi dire, le forum moderne au Capitole. Je me suis précipité de la roche Tarpéienne sans m'en douter; c'est le Forum, aujourd'hui, qui se précipite sur la roche Tarpéienne. Pour débarrasser la promenade habituelle d'Horace de ces couches de ruines pilées, il faudra beaucoup de travail et d'argent; deux choses difficiles à obtenir de la classe ouvrière et du municipium romain. D'ailleurs, à chaque instant, l'œuvre du déblaiement est interrompue; indépendamment du dimanche, jour de repos incontestable, une énorme quantité de saints, de martyrs et de confesseurs, suspendent les brouettes et les pelles aux arbres étiques du *Campo-*

Vaccino. J'allais tous les jours aux fouilles, dans l'espoir d'assister à l'heureuse exhumation de quelque statue de Praxitèles, et je trouvais bien souvent le chantier désert. Je m'informais du motif de la cessation des travaux : le motif, c'était saint Marc ou saint Clet, ou l'invention de la sainte Croix, saint Augustin ou saint Jean-Porte-Latine, ou les Rogations.

Dans la semaine de Rome il y a toujours cinq ou six dimanches. Les pauvres ouvriers ne s'en plaignent pas; au contraire, ils bénissent une religion qui légitime et sanctifie leur paresse : les aumônes sont toujours là, et les *frigittori* aussi. Quelquefois une Romaine en haillons, traînant à la remorque deux enfants affamés, traverse le *Forum* un jour de fête, pour aller savourer une messe à l'*Ara Cœli*, ou à Sainte-Françoise, ou à Saint-Luc, ou à Saint-Joseph, à côté des trois colonnes de Jupiter Tonnant : sur sa route elle rencontre un étranger qui médite sur la chute des empires, tout à coup elle s'improvise mendiante et lui demande la charité dans cette langue italienne inventée pour l'aumône et pour l'amour; les étrangers sont toujours charitables au *Forum*; ils éprouvent du bonheur à donner une baïoque à une descendante de Tullie, de Virginie, de Cornélie, qui meurt de faim. Les indigents le savent : pendant que nous étudions leurs mœurs, eux étudient les nôtres : la générosité du voyageur fait vivre, à Rome plus de mendiants que la fouille du Forum.

De même que sur cette poussière de ruines s'élèvent encore çà et là de grands et majestueux débris, au-dessus de cette population dégénérée se montrent des hommes qui méritent le nom de Romains. Je ne crois pas qu'en aucune autre ville on puisse rencontrer un plus grand nombre de savants, mais de savants qui soient instruits, chose rare! Les jeunes gens de la bourgeoisie éclairée et de la noblesse sont voués à l'étude avec une ardeur qui fait bien augurer de l'avenir; le clergé renferme dans son sein des hommes d'un mérite éminent et doués de ces qualités brillantes qu'on est étonné de trouver dans une sacristie, lorsqu'on arrive avec certains préjugés que le clergé de la Restauration a légitimés parmi nous.

J'ai retrouvé au Vatican la science, l'esprit, l'atticisme, les belles et antiques manières, la noble latinité du siècle d'Auguste, et, par-dessus tout, cette tolérance de la vieille Rome qui associait à ses dieux et à son culte tous les dieux et tous les cultes étrangers. Si le fanatisme religieux existe encore dans la politique papale, on peut dire qu'il est éteint dans les hommes et dans les mœurs.

La première fois que j'entrai aux galeries du Vatican, je fus abordé par un cicerone officiel du palais, qui mit son érudition à mon service. Je n'aime pas les ciceroni, je m'en suis toujours affranchi, je les ai même souvent payés pour ne pas les subir; ils ont une banalité de propos fluides qui me glace et me fait mal. En entrant à Rome, je pouvais me flatter de connaître cette ville comme si je l'eusse habitée pendant vingt ans; j'aurais défié tous les ciceroni du pays : celui du Vatican était pourtant inévitable, puisqu'il sert de surveillant à l'étranger, par ordonnance du cardinal gouverneur. Je me résignai donc à supporter son répertoire officiel de démonstrations. Nous traversions rapidement l'immense corridor, toujours désert, qui conduit aux salles, lorsque je m'aperçus que ce corridor si dédaigné était lui-même un magnifique musée tumulaire, et que ses deux murailles étaient toutes couvertes de pieux emblèmes, de peintures naïves, de touchantes épitaphes, mais avec une profusion vraiment étonnante. Par intervalles, je lisais sur les corniches cette inscription : *Monumenta veterum christianorum.*

— Excusez-moi, dis-je à mon guide, je voudrais m'arrêter ici quelques minutes, est-ce qu'on ne s'arrête pas ici ordinairement?

— Non, Monsieur, me répondit-il ; les étrangers ne font pas attention à ces murailles.

Il accompagna ces mots d'un sourire plein de finesse et d'esprit.

— Mais ces murailles, lui dis-je, sont fort curieuses, il me semble.

— Il faudrait une vie entière, Monsieur, pour les examiner comme il faut ; aussi personne ne les regarde.

— Mais vous, pourquoi ne les désignez-vous pas aux étrangers?

— Tous les voyageurs sont pressés de courir aux statues et aux tableaux, et je me garde bien de les contrarier : les voyageurs n'ont pas de temps à perdre, à ce qu'ils disent toujours ; je connais leurs goûts.

De prime abord, ce cicerone, sans doute sorti des classes inférieures, me parut avoir un fonds d'esprit à lui. Aux explications du métier, il continua de mêler beaucoup de réflexions ingénieuses, qui certainement n'étaient pas dans son répertoire habituel, puisqu'elles servaient de réponses soudaines aux demandes inattendues que je lui faisais subir. Au bout de quelques heures de visite, cet homme m'avait inspiré le plus vif intérêt :

nous causions histoire et je m'instruisais à ses leçons comme un écolier devant son maître.

— De quel pays êtes-vous? lui demandai-je.

— Je suis né là, me dit-il en me désignant du haut du Belvédère la rue *Borgo Nuovo*.

— Alors, vous êtes Romain?

— Oui, je suis Romain.

— Où avez-vous appris l'histoire?

— Ici, devant ces statues et ces tableaux.

— Ce sont d'excellents maîtres.

— Je n'en ai jamais connu d'autres.

— Mais la philosophie de l'histoire, qui vous l'a enseignée?

— Ma pensée.

— Avant de vous remercier, vous me permettrez de vous faire une dernière question. Nous venons de beaucoup parler des empereurs : quel est de tous celui que vous préférez?

— C'est Adrien : il n'a manqué à ce grand homme que l'illumination de l'Évangile; il a mis en pratique une morale aussi parfaite qu'un païen pouvait l'avoir; il a promulgué des lois chrétiennes à force d'être sages; ses fautes appartiennent à son époque, ses vertus sont à lui. Il a aimé Rome comme une épouse, et les Romains comme ses enfants. Adrien a plus fait pour cette noble ville que tous les Antonins ensemble; il a voyagé sept ans et partout; de chaque port de mer il envoyait à Rome des vaisseaux chargés de richesses : sa *villa* impériale est un inépuisable cimetière de trésors. Le Vatican est plein de la gloire de deux hommes : Pie VII et Adrien.

En sortant du Vatican, j'écrivis cette réponse; elle me consolait du vieillard qui n'avait jamais entendu parler du mont Aventin. Ce cicerone devint pour moi le représentant d'une classe de Romains, tout à fait distincte de ce peuple oisif, indolent et malheureux qu'on rencontre sur les places. Plus tard, je me suis introduit dans le séminaire du Vatican; là, j'ai trouvé de jeunes professeurs qui m'ont parlé de Rome dans la langue de Virgile et de Quintilien. Ce fut un beau jour pour moi: nous étions dans la salle des archives; par la croisée ouverte, je voyais le calme jardin du séminaire, avec sa fontaine agreste et ses berceaux d'orangers. La basilique de Saint-Pierre me montrait un de ses flancs prodigieux comme une montagne sculptée; toute la poésie de la ville éternelle entrait à flots dans cette galerie, où ces jeunes Romains, *gens togata*, me faisaient de délicieux entretiens. Je n'aurai jamais de plus magnifique illusion; tout, jusqu'au costume de mes savants interlocuteurs, était de l'antique le plus pur. Rome fut un instant rajeunie, à mes yeux, de dix-huit siècles; je la retrouvai morte le soir sur la place du *gran frigittore* et au *Corso*, devant la boutique de madame Desprez, marchande de modes de Paris.

ANTIQUITÉS MODERNES

Respect éternel à cette noble ville, qui fut l'univers : respect à ses ruines, à son fleuve, à ses monuments, à sa poussière ! c'est toujours la ville par excellence. *Urbs*; aujourd'hui, comme autrefois, elle a mérité la triple couronne qu'elle porte dans ses nouvelles armes; le blason catholique lui a donné la tiare, emblème de trois existences sublimes, réunies dans le corps d'une seule cité. L'âge antique, le moyen âge, l'âge moderne, brillent encore sur elle, et d'un éclat sans rival. Rome est une médaille immense, frappée aux coins de tous les consuls, de tous les empereurs, de tous les papes; elle a pour cordon le mur Aurélien : l'histoire, la philosophie, la politique, sont là, vivantes sur cette terre morte, avec leurs éternelles leçons. Respect à ce vaste cimetière dont le silence retentit dans tout l'univers !

Après un drame de sérieuse émotion, l'esprit aime à se reporter sur les choses gaies de la vie ; c'est même un besoin pour beaucoup de gens. A Rome le comique abonde, et c'est fort heureux, je crois. Il n'est pas de ville où le côté grave des choses soit le plus voisin du côté bouffon : si cela n'était pas ainsi, on y serait assiégé de cette mélancolie qui n'est pas la *friande* de Montaigne, mais la mélancolie qui serre le cœur. Un jour, je m'en revenais du camp prétorien, vaste ruine, perdue dans les vignes et les broussailles, et si bien perdue, que je ne pus la trouver. D'une petite éminence, vers la porte Colline, je me prouvai que je voyais le champ funéraire des vestales ; ensuite, un paysan lettré me prouva que je voyais le tombeau des Horaces, et me demanda vingt-deux sous. J'avais subi dans cette course beaucoup de désappointements ; je n'en étais pas fâché. Le ciel était gris, la lumière romaine éteinte ; la chaîne du mont Soracte bordait le mélancolique horizon comme d'un vaste crêpe de deuil ; la campagne se déroulait, avec sa monotonie lugubre, jusqu'à la tour de Cecilia Metella, se hérissant par intervalles de ses aqueducs brisés, de ses cirques en ruine, de tous ses monuments dévastés qui n'ont plus de forme, plus d'ombrages, plus de nom ; toujours marchant au hasard, pour voir des débris mystérieux, des voûtes écroulées, des colonnes enfouies ; toutes ces pages d'histoire pétrifiées, qui pour moi ont plus de sens, de vie, d'éloquence, que les pages de Tacite et de Cicéron, j'arrivai au cirque d'Antonin.

J'aperçus à quelques pas de là, deux paysans qui creusaient la terre, et trois hommes que je supposai Anglais, parce qu'ils avaient des gants glacés et un habit noir : les Anglais sont les seuls voyageurs qui visitent les ruines en costume de bal. Avec mon indiscrétion de Français, j'eus la fantaisie de me mêler à ce groupe ; j'étais bien aise d'ailleurs de trouver des créatures vivantes dans cette solitude, où tout me parlait de la mort. Je saluai les Anglais, qui ne me rendirent pas mon salut, parce qu'ils étaient absorbés par de graves méditations sur la grandeur et la décadence de l'empire romain. Les deux paysans qui fouillaient la terre parurent contrariés de ma venue, je n'y fis pas attention. Ils travaillaient avec lenteur, et ils tamisaient chaque boisseau de poussière, pour en extraire des parcelles de reliques. Les Anglais laissaient tomber de leurs lèvres des mots qui avaient une peine infinie à se faire italiens, des mots d'encouragement aux travailleurs. Je compris que j'avais devant moi des savants occupés d'une fouille, et je m'assis sur l'herbe pour suivre les progrès de cette poétique exploitation. La fouille fut heureuse ; je fus ému, en voyant sortir du sein de la terre qui les couvrait depuis vingt siècles, deux amphores brisées, un dieu pénate en terre cuite, un trépied de fer rongé d'une précieuse rouille, un casque bosselé, et l'avant-bras d'une statue d'enfant. A chaque trouvaille, les savants anglais laissaient éclater une joie grave et méthodique : ils faisaient des dissertations sur la merveille exhumée, et prenaient exactement note sur leur album, du jour, de l'heure, du moment où leur zèle éclairé avait rendu au soleil ces saintes reliques du peuple-roi.

Nous accompagnâmes processionnellement ces antiquités jusqu'au calessino : je pris ma part de ce précieux fardeau; je portai le dieu pénate et je le baisai avec dévotion; nous déposâmes le tout sur une couche de foin, dans un caisson de la voiture, et ce fut avec une vive douleur, qu'au départ du calessino, je me séparai du trésor que je ne devais plus revoir. Quel beau privilége de l'opulence! disais-je en cheminant sur la voie Appienne: voilà de l'or bien employé : avec cinq guinées, ces heureux savants, qui sont riches contre l'usage des savants, ont acquis un petit musée dont ils sont les parrains, et qu'ils montreront orgueilleusement à leurs compatriotes, à leurs amis, leurs neveux. Cinq guinées, le dieu pénate en terre cuite vaut seul son pesant d'or : c'est le cas d'appliquer à celui-ci, ce que le berger de Virgile disait au sien : *Aureus esto.*

Le même soir, je conversai avec un prêtre romain dans le magasin de M. Vescoragli, le plus célèbre antiquaire de la place d'Espagne. Le magasin de M. Vescoragli est un véritable musée, un musée papal ; il est peuplé de statues d'un prix fabuleux, c'est toute la mythologie en marbre. Les amateurs d'antiques viennent s'approvisionner là ; M. Vescoragli n'est jamais au dépourvu ; il a une collection complète de Jupiters avec *modius*, sans le *modius*, avec l'ombelle, avec la foudre, avec l'aigle, assis, debout, *stator*, tonnant, soucieux, souriant, Olympien, Crétois, nourri par la chèvre Amalthée, ou buvant le nectar. Il a des Vénus pudiques ou non ; des Vénus à la coquille, à la tortue, au dauphin ; des Apollons vainqueurs de Python ou de Vénus; des Bacchus grecs et indiens; un sérail de déesses ; un collége de Cupidons. La mythologie a fait Vescoragli millionnaire ; c'est le premier savant qu'elle ait enrichi. Je causai donc chez lui avec un prêtre romain; chez Vescoragli, on ne parle qu'antiquités, toute autre conversation ne serait pas reçue et offenserait la majesté de ses dieux.

— Vous avez donc assisté à une fouille? me disait le prêtre.

— Oui, Monsieur, aujourd'hui.

— Au Forum?

— Non, près le cirque de Caracalla.

— Ah! il paraît que M. de Torlonia fait travailler sur ses terres!

— Pas du tout, ce sont des Anglais qui payaient les travailleurs et qui ont emporté les trésors.

— Des Anglais! et qu'ont-ils trouvé?

Je fis alors l'inventaire de la fouille. Le prêtre m'écouta, le sourire à la bouche, et me dit :

— A-t-on fouillé profondément?

— Quatre ou cinq pieds.

— Eh! c'est fort heureux! trouver à cinq pieds de profondeur des trésors qui doivent en avoir cinquante par-dessus la tête, dans cette localité, c'est un miracle comme le saint Évangile n'en a pas. Mon cher monsieur, je connais vos trésors, votre dieu pénate, votre casque, votre bras d'enfant, je les ai vus, dimanche dernier, chez un de mes amis qui a une manufacture d'antiquités.

— Pas possible! monsieur l'abbé.

— Très-possible; je puis vous montrer un atelier clandestin de sculpture, où les ouvriers ne font que des bras cassés au coude, des têtes de dieux, des gorges de déesses, des pieds de satyres, des torses qui n'ont appartenu à personne, des groupes d'Apollons sans bras, embrassant des

Vénus sans tête, des Cupidons armés dont il ne reste que l'arc. On a inventé une liqueur dont une seule goutte versée donne soudainement au marbre une honorable vieillesse de mille ans. Il y a çà et là, dans la campagne, au voisinage des ruines, de faux chevriers qui mènent paître des brebis maigres et qui attendent les étrangers : les conducteurs de calessini leur parlent des fouilles merveilleuses qu'on fait chaque jour en creusant quelques pieds sous terre. Les Anglais sont les éternelles victimes de ces mystifications ; ils offrent de l'argent aux Tityres couchés sous les hêtres touffus, pour les engager à faire une fouille ; les Tityres, qui sont apostés par l'entreprise générale des ruines neuves, savent toujours où il faut piocher. Ils feignent d'abord de s'épuiser en tentatives infructueuses ; ils se fondent en sueur, ce qui est fort aisé dans ce climat, ils arrivent même jusqu'au désespoir ; enfin ils découvrent le précieux filon, et les étrangers pleurent de joie et donnent de l'or. L'Angleterre est pleine d'antiquités qui sont vieilles de six mois. Les amateurs de numismatique ne sortent jamais aussi de Rome les mains vides ; aujourd'hui encore, ici, on bat monnaie à l'effigie de César, d'Adrien, de Titus, d'Héliogabale, de tous les Antonins : c'est de la fausse monnaie qui n'est pas punie de mort.

» Dernièrement un illustre Allemand se désolait de ne pouvoir trouver un *Othon, grand bronze*; il mettait son bonheur dans cette médaille, son existence était empoisonnée par l'éclipse totale de cet Othon ; on lui en offrait de *petit bronze* par douzaines ; c'était le *grand* qu'il poursuivait depuis vingt ans. Il avait fait le voyage de Constantinople, tout exprès, pour découvrir ce phénix d'airain :

il y avait trouvé tous les empereurs du haut et du bas empire, tous, excepté Othon.

Un fabricant de médailles qui dîne chez Lepri, avait entendu les lamentations de ce malheureux Germain; il fit un *Othon grand bronze* admirable de vérité, puis il le lima, il le tenailla, il le corroda, il le força de vieillir à vue d'œil: on aurait dit que tous les chevaux de Théodoric avaient piétiné sur cette médaille. Le fabricant lui-même travaillait d'une telle verve qu'il ne reconnaissait plus son jeune Othon. A la première entrevue chez Lepri, l'Allemand recommença de gémir sur l'introuvable empereur monnayé. Le fabricant l'amena peu à peu à ses fins; il lui mit entre les mains une boîte renfermant une centaine de médailles, l'*Othon grand bronze* s'y entremêlait. De pièce en pièce, le savant Germain tomba sur l'objet de sa passion. Achille à Scyros ne bondit pas plus haut en trouvant des armes sous les colifichets du gynécée. Le voilà! s'écria-t-il en allemand, et il fut suffoqué de bonheur. Alors ce fut un assaut d'amour numismatique entre le fabricant et le Germain. Le fabricant disait qu'il tenait plus à son Othon qu'à la vie; le Germain mettait sa vie et sa fortune aux pieds du fabricant. Enfin, de même qu'Antiochus céda sa chère Stratonice à son fils agonisant d'amour, le philanthropique fabricant, ému aux larmes, après de longs pourparlers où le savant Germain avait épuisé toute son éloquence, céda l'*Othon grand bronze* en échange de deux mille écus romains. »

Je quittai le prêtre romain, et je ne pus m'empêcher de sourire en jetant un dernier coup d'œil sur l'olympe de M. Vescoragli; tous ces dieux ne m'inspiraient plus aucun respect; c'étaient de véritables faux dieux; il semblait même qu'ils me regardaient d'un air benin, comme pour s'excuser d'avoir un instant abusé de ma candeur. En reprenant le chemin de mon hôtel, je passai devant le Panthéon et je le touchai sur toutes ses faces, et j'égrenai de l'ongle ses murs de brique, ses colonnes de marbre, pour bien m'assurer que le monument remontait au siècle d'Agrippa. Oh! non, non, me dis-je à moi-même, voilà bien l'œuvre de Rome puissante! le ridicule expire devant ce portique impérissable, devant cette majesté des siècles et des beaux-arts. L'Italien fait une médaille, le Romain a fait le Panthéon.

ANTONIO GASPERONI

Un soir j'étais entré à Terracine en chantant les vers du voyage d'Horace sur l'air de la marche de *Fra-Diavolo ;* j'avais trouvé un aubergiste désolé par la famine comme tous ses confrères des grandes routes ; je lui avais demandé de me servir des contes de voleurs en guise de dîner ; sa mémoire était vide comme son hôtel garni ; il n'avait rien à me conter. Quoi ! me dis-je en moi-même, la sécurité prosaïque est donc acquise à ce territoire ! on peut donc s'y promener, comme de Paris à Rouen, une bourse à la main, sans trouver un pistolet qui vous la demande ? Fra-Diavolo est mort sans postérité ! Ainsi s'éteignent les grandes dynasties ! Que deviendront ces pauvres Anglais qui ont jeté aux bandits des marais

Pontins plus d'or qu'il n'en faut pour les dessécher? ces Anglais qui comptent sur les émotions tragiques de la grande route ; qui, dans leur budget du voyage d'Italie, se votent d'avance le chapitre des arrestations; qui fortifient une chaise de poste comme une demi-lune, et braquent des pierriers de brick sur les créneaux des lanternes? Grâce à notre saint-père le pape, les épouses et les filles des huguenots n'auront plus d'attaques de nerfs sur la voie Appia; les dragons pontificaux ont fait l'exorcisme à coups de sabre; les démons de la montagne se sont convertis en temps pascal : dans les défilés de Terracine, minuit est une heure comme une autre ; les douze coups qui sonnent à la montre du lord ne sont plus l'ouverture d'un drame nocturne. Voyez donc à quoi en sont réduits maintenant les hommes d'émotions.

L'autre nuit, le noble lord S***, après un simulacre de souper à Terracine, a jeté deux de ses piqueurs en avant sur la route, il les avait déguisés en bandit d'après les dessins de Robert; en pleine campagne romaine, le noble Anglais a été arrêté par ses piqueurs, qui ne savaient juste de la langue italienne que les cinq mots sacramentels de l'arrestation. Vingt coups de feu à poudre ont été échangés; malheureusement une balle, qui s'était glissée par distraction dramatique dans un pistolet du lord, a traversé la cuisse d'un piqueur; l'autre, s'effrayant du sérieux inattendu de l'affaire, s'est jeté à la nage dans un marais Pontin desséché par le dernier pape, il s'y serait noyé sans l'intervention d'une patrouille pontificale qui lui a sauvé la vie pour le fusiller. Le généreux lord a couru au devant des dragons pour leur expliquer la plaisanterie en anglais; le brigadier romain était un Français de notre ex-garde qui était furieux contre les Anglais, et qui en cherchait un à manger depuis le camp de Boulogne; après vingt ans de service pontifical, il avait oublié le français et n'avait pas appris l'italien. Ne concevant pas qu'un voyageur osât prendre chaudement la défense des bandits qui l'arrêtaient, et entrevoyant là-dessous quelque chose qui ressemblait à de la complicité, il a fait garrotter le noble lord, qui lui criait toute la grammaire de Vénéroni avec un accent d'acier anglais. Le piqueur blessé, le piqueur sauvé des eaux et leur noble maître ont été renfermés dans une grange sous la garde de deux sentinelles. Au jour, l'Anglais a écrit à son ambassadeur et au commissaire général de police, le cardinal Somaglia. L'ambassadeur était allé voir les fouilles à la villa Adriani: c'est le cardinal qui, dans sa bienveillance pour les citoyens britanniques, a seul arrangé l'affaire à l'amiable : il s'est contenté d'exiger du lord voyageur un don volontaire destiné à payer la belle statue colossale de saint Paul du sculpteur Torwalsen. Le piqueur a subi l'amputation.

Voilà les marais Pontins pacifiés. C'est bien. Passons du côté de Viterbe.

Une idée vous frappe à Viterbe ; un jour de suspension de travail, c'est-à-dire tous les jours à peu près, cinq mille Viterbois se promènent fièrement, drapés de manteaux séculaires, en attendant qu'il plaise à Notre-Dame de Viterbe de leur envoyer du pain. Le plus grand nombre demande hardiment l'aumône, dès qu'il se présente quelqu'un de mine à la donner; ils sont tous prosternés devant un baïoque. Le voyageur qui raisonne sur les périls de la route d'après la pauvreté du pays, est bien excusable si, en partant de Viterbe, il soigne l'amorce de ses pistolets. D'ailleurs, aux portes de la ville s'élève une montagne célèbre, qui cache dans la brume sa forêt formidable, semée d'arbres caverneux et de croix sanglantes. Ici point de dragons pontificaux : la garnison de Viterbe se compose de quatre spectres militaires et d'un cardinal absent. Eh bien ! on sort de la ville dans une berline aussi paresseuse qu'une diligence française, on gravit la montagne bien avant le rayon de l'aube, on passe devant une double fantasmagorie d'arbres tragiquement posés; on arrive au sommet de la montagne, où les brigands qui peuvent vous arrêter sont de complicité avec les nuages, et nul être vivant n'apparaît sur cet antique cimetière de voyageurs; et l'on arrive sain et sauf à Ronciglione, après six heures d'innocente promenade sur les domaines de l'Ambigu-Comique et de la Gaîté. C'est à faire désespérer du crime!

Un seul instant j'ai élevé quelques doutes sur la moralité actuelle des Viterbois. C'était au lever du soleil et sur le versant méridional de la montagne; mes compagnons de voyage me firent remarquer, à droite, dans une éclaircie rocailleuse de la forêt, cinq hommes armés de fusils; ils contemplaient notre berline avec une immobilité méditative de convoitise. A n'envisager que la partie artistique de cette rencontre, ces hommes posaient admirablement pour le paysage. C'était comme l'original vivant du tableau des chasseurs de Salvator-Rosa. A ma demande, notre postillon florentin avait répondu : « Ce sont des chasseurs, » et sans doute il disait vrai: mais ces hommes, partis chasseurs de la ville, pouvaient s'improviser bandits le lendemain, dans la forêt de Viterbe, à la vue d'une berline. Que risquaient-ils à changer ainsi subitement de profession? Ils avaient en main les outils du métier; la solitude du lieu était une mauvaise conseillère à l'oreille de cinq chasseurs drappés de haillons et courant après un gibier fabuleux. Honneur à la probité viterboise! Elle sera désormais proverbiale pour moi, quoi qu'il advienne. Ces hommes nous tournèrent le dos, et descendirent par un sentier rude dans cette plaine où dorment les eaux mélancoliques du lac de Vico.

J'étais donc sur le point de quitter l'Italie sans avoir vu face de brigand; c'était pour moi une race éteinte, une autre mythologie morte sur la terre des fictions. Il m'était pourtant réservé de voir le dernier des bandits, comme Cooper a vu le dernier des Mohicans.

A Civita-Vecchia, nous étions assis à table d'hôte, et chacun causait pour tromper son appétit. J'avais demandé vingt fois un mets quelconque dans tous les idiomes de l'État romain, rien n'arrivait; je demandai la carte à payer, la carte arriva; elle ne mentionnait que le prix. Je payai six pauls le droit d'avoir attendu mon dîner, la serviette sur les genoux. Le maître de l'auberge me dit que toutes les provisions avaient été enlevées par quinze mille familles anglaises, qui envahissaient la maison. Je le priai de me donner une chambre et un lit; le dernier lit disponible venait d'être livré à un amiral et à son équipage. Ce dernier contre-temps dérangeait tous mes projets de séjour.

— Alors, je vais me promener dans votre ville, dis-je à l'aubergiste. Qu'y a-t-il à voir à Civita-Vecchia?

— Rien du tout, Monsieur; à moins que vous n'obteniez la permission de visiter la citadelle; là vous verrez le fameux Antonio Gasperoni, le bandit de Terracine et des marais Pontins.

— Eh! que ne disiez-vous cela plus tôt! A qui faut-il s'adresser pour avoir cette permission?

— Allez chez votre consul, il vous obtiendra cela.

En un instant j'obtins ma carte d'entrée et un officier du pape pour m'accompagner.

La citadelle de Civita-Vecchia a été bâtie par Michel-Ange, qui était ingénieur aussi, parce qu'il était tout; elle est du style de ses fresques et de ses statues; elle est signée sur toutes ses pierres; ce sont des bastions largement assis, puissants à dévorer la mer; des murailles de diamant. La citadelle se défend elle-même; elle n'a, pour la protéger, ni soldats, ni canons, et n'oppose à ses ennemis que l'écusson pontifical incrusté sur la porte : cela tient lieu de batteries et de garnison.

Chemin faisant, l'officier qui m'accompagnait me parlait d'Antonio Gasperoni et de ses quarante-cinq assassinats.

« Il y a de quoi frémir, Monsieur, me disait-il, quand on se trouve en présence de ce terrible bandit. Il a ravagé pendant dix-sept ans la campagne romaine. Voici le plus effrayant de ses crimes; écoutez, Monsieur :

» Sur la route de Naples, il arrêta la chaise de poste d'un Anglais qui voyageait avec sa fille; il prit tout l'or de l'Anglais, ne lui fit aucun mal, et le laissa partir, mais il retint sa fille en son pouvoir; c'était une jeune personne extrêmement belle. Gasperoni l'emporta dans ses montagnes. Le malheureux père, en arrivant à Rome, mit à prix la tête du brigand. La fierté de Gasperoni se révolta contre cette prétention aristocratique du lord : un simple citoyen anglais mettre à prix la tête d'un chef illustre qui avait déclaré la guerre aux papes et livré vingt batailles rangées aux dragons pontificaux! C'était une insolence qui blessait l'orgueil du brigand. Un matin, l'Anglais reçut à Rome un coffret à son adresse; il s'empressa de l'ouvrir : le malheureux père y trouva la tête de sa fille! »

A ce dénouement, je reculai de dix pas ; j'eus même quelque regret, je l'avoue, d'être entré dans la citadelle; le monument de Michel-Ange n'était plus à mes yeux qu'une ménagerie de tigres. Cependant la curiosité l'emporta bientôt sur mes impressions d'horreur; je raffermis mes résolutions et je me fis ouvrir la terrible porte du bagne.

Une muraille percée de vingt cabanons était à ma gauche; j'avais à droite de longues croisées ouvertes sur une cour; dans cette galerie, vingt brigands se promenaient; ils s'arrêtèrent tout court à mon entrée. Je ne pus m'empêcher de sourire à la pensée que j'avais ainsi arrêté la bande de Gasperoni. Ils me saluèrent poliment, ce qui me rassura un peu, car je n'étais pas fort à mon aise au milieu de ces redoutables galériens. Je me hâtai de demander Antonio Gasperoni; toutes les mains me le désignèrent; il était debout, et encadré dans la porte de son cabanon. Il ne daigna pas s'avancer vers moi; il se contenta de me saluer d'un air de bonté calme. La conversation était difficile à établir sur le pied des ménagements; je l'entamai par une question insignifiante, en donnant à mon organe plus de hardiesse que je n'en avais au cœur.

— Eh bien! Gasperoni, lui dis-je brusquement, vous trouvez-vous bien ici?

— On est toujours mal quand on n'est pas libre, me répondit-il en haussant les épaules.

Ce mouvement lui était habituel.

— Vous vous êtes donc laissé prendre par les dragons?...

— Moi! jamais personne ne m'aurait pris; je me suis rendu avec toute ma troupe. Le saint-père m'avait promis la liberté, il ne m'a donné que la vie : le saint-père a manqué à sa parole.

L'officier, mon cicerone, me tira à part dans un angle de la galerie et me dit :

— « Je vais vous expliquer, Monsieur, comment tout cela s'est passé. Gasperoni était ennuyé de la vie qu'il menait depuis quinze ans. Un jour il fut se confesser à un curé de village et lui fit part de son désir d'abandonner le métier de bandit. Le prêtre lui promit d'écrire au saint-père pour qu'il lui fût accordé sa grâce et le droit de rentrer dans la société. Gasperoni ajouta pour condition expresse de comprendre aussi ses compagnons dans la faveur demandée pour lui. Les négociations furent donc entamées. Notre gouvernement avait un grand intérêt à se débarrasser de ces bandits; ils désolaient la route de Naples, assassinaient les voyageurs, frappaient des contributions, commettaient mille excès. On leur envoyait des soldats; mais les soldats buvaient avec eux, au lieu de se battre. Les paysans prenaient d'ailleurs parti pour les bandits contre les soldats, parce qu'ils recevaient toujours une petite part du butin pris aux voyageurs. Les seuls dragons pontificaux n'entendaient pas raillerie; mais les montagnes servaient d'abri aux brigands contre ces terribles cavaliers. Aussi on ne balança pas de traiter avec Gasperoni par l'entremise du curé. Voici la décision qui fut rapportée au chef de la bande par son confesseur : Le saint-père accorde la vie à Gasperoni ; que le pécheur s'empresse de faire acte de soumission chrétienne, et tout lui sera pardonné ; mais il faut d'abord qu'il se constitue prisonnier, avec sa bande, dans la citadelle de Civita-Vecchia. Le rusé Gasperoni balança longtemps ; le curé usa de son influence : on dit même qu'il promit d'intercéder plus efficacement et d'obtenir un pardon entier s'il obéissait au saint-père, et qu'à coup sûr les portes de la prison se rouvriraient pour lui, dès qu'il y serait entré en chrétien respectueux et soumis. Gasperoni, obsédé par le prêtre et toujours plus fatigué de sa vie criminelle, consentit enfin à se livrer. Ses compagnons, depuis longtemps habitués à lui obéir, le suivirent gaiement dans sa prison. Depuis plusieurs années, tels que vous les voyez, ils attendent leur grâce ; mais je pense qu'on ne la leur accordera jamais. D'ailleurs, le saint-Père a donné ce qu'il a promis ; il s'en tiendra là, je l'espère : ce sont des hommes trop dangereux. »

Je m'avançai de nouveau vers Gasperoni, qui n'avait pas changé de position. Il ne ressemble nullement aux brigands de nos théâtres des boulevards. Il a une figure douce, des traits fort réguliers et un sourire aimable et spirituel ; ses cheveux sont noirs et plats, longs par derrière et noués négligemment avec une ficelle. Il raconte avec bonhomie ; sa phrase est indolente ; il est sobre de gestes, à l'inverse des Italiens, qui les prodiguent ; mais lorsqu'une question hardie lui arrache une réponse à laquelle il répugne, alors seulement l'homme supérieur se trahit ; son visage se fait menaçant, son œil orageux, sa lèvre convulsive: son langage vif, saccadé, pittoresque: on reconnaît le brigand aux quarante-cinq assassinats.

— Quel est votre véritable nom ? lui dis-je. On m'a dit que vous vous nommiez Barbone ?

— C'est mon surnom dans la montagne; mon nom est Antonio Gasperoni.

— Vous vous êtes fait une bien grande réputation ; on parle de vous en Italie, comme de Catilina, de Spartacus, et d'autres de vos compatriotes illustres qui avaient déclaré la guerre à Rome...

(Il sourit et s'inclina modestement.)

— Quel motif, Gasperoni, vous a jeté dans cette profession ?

— Une rixe, à Naples.

— Une rixe! c'est bien peu de chose; c'est un motif bien léger pour rompre avec la société.

— Oui; mais dans la rixe, je tuai mon ennemi.

— Ah! c'est différent. Combien de temps avez-vous exercé votre profession ?

— Dix-sept ans.

— Avez-vous des blessures?

— Partout.

— Vous vous êtes donc battu bien souvent?

— Oh! bien souvent, oui, bien souvent.

— Avec les soldats du pape ?

— Les soldats, non (il fit un geste de pitié) ; avec les dragons.

— On m'a parlé de votre aventure de la cabane des charbonniers (un éclair brilla dans ses yeux et son visage devint sombre). Pourriez-vous avoir la bonté de me conter cette histoire? Je vous serai reconnaissant.

Gasperoni fit un signe de tête d'acquiescement

Toute la bande nous entoura pour écouter le terrible récit de la bouche de son chef.

— Ils étaient dix-sept, dit Gasperoni; dix-sept, les charbonniers; ils m'avaient vendu aux soldats du pape. Moi, je les croyais mes amis : nous mangions et buvions tranquillement dans leur cabane. Je n'avais point placé de sentinelle; grande faute, Monsieur; mais je m'étais toujours dit : Ces charbonniers sont de braves gens. Vous allez voir. Au milieu de la nuit, j'entends le pas des soldats; mon oreille connaissait ce pas d'une lieue. — Trahis! trahis; mes camarades! Nous sautons sur nos armes. Les papalins étaient à vingt pas de cabane; nous n'étions que douze, ils étaient trente. Nous nous fîmes jour à grands coups de fusil; j'en tuai quatre pour ma part; je fus blessé au bras, là; regardez la cicatrice. Les papalins nous laissèrent passer : ils n'en prirent pas un seul des nôtres; ils n'en tuèrent point. Les papalins tirent fort mal le coup de fusil. S'il y avait eu des dragons nous étions perdus. Ce n'est rien encore; écoutez. Trois jours après, dans la nuit, nous descendons de la montagne; je conduis ma troupe à la cabane des charbonniers. Ils dormaient, les misérables! Une voix du dedans crie :

— Qui frappe à la porte?

— Nous répondons, ouvrez; ouvrez vos amis les soldats.

Un charbonnier crie :

— N'ouvrez pas; c'est Gasperoni

Moi, j'enfonce la porte d'un coup de crosse de fusil. Nous entrons l'écume à la bouche; nous massacrons tout. C'était juste, n'est-ce pas ? Il fallait bien tous les tuer, ces bandits, pour leur trahison ! Après je compte les cadavres: il n'y en avait que quatorze ! Je fouille la cabane, je regarde partout ; rien : trois s'étaient échappés : moitié de vengeance ! j'avais des pleurs de rage sur les joues. Oh ! je les trouverai ! je les trouverai ! criai-je à mes camarades. J'aurais couru toute l'Italie pour les trouver ! Deux ans après, un soir, nous entrâmes pour boire dans une petite cabane isolée, près de la mer. Nous étions en connaissance de l'endroit. Il y avait des paysans assis autour d'une table. J'ai bon œil pour découvrir l'ennemi : j'aperçus nos trois charbonniers cachés dans un coin. Ah ! que je fus content !—Les voilà enfin ! me dis-je. Ici, ici, vous ? approchez, qu'on voie votre visage. Vous avez peur ? Ils étaient tremblants et pâles, les trois bandits ! Il y a bien longtemps que je vous cherche, leur dis-je en riant comme cela. Ils se jetèrent à mes pieds pour me demander grâce. Je fis un signe à mon homme d'exécution : il leur tira trois coups de pistolet à bout portant. Pour moi, je ne verse le sang que dans le combat ; hors du combat, je n'ai jamais tué personne, pas même ces misérables charbonniers qui m'avaient vendu.

Tous les brigands attestèrent le fait d'un signe de la tête et de la main ; c'était un certificat de moralité en pantomime donné à leur respectable chef.

— On conte pourtant dans le monde bien des choses de vous, lui dis-je...

— Oui, oui, je sais ; on vous dira cent fables...

— La fille de cet Anglais qui mit votre tête à prix...

— Ce n'est pas vrai, dit-il en m'interrompant avec vivacité; je n'ai jamais fait tuer des femmes.

— Vous en avez pourtant amené quelquefois dans vos montagnes?

Cette question le fit sourire, mais il garda le silence et prit la pose d'un fat à bonnes fortunes qui se tait d'un air de réserve, pour laisser à son silence l'interprétation qu'on voudra bien lui donner.

— Vous devez peut-être quelquefois regretter ici cette vie indépendante que vous avez quittée de votre plein gré! Si le saint-père vous donnait votre grâce, que feriez-vous de votre liberté?

— Je serais honnête homme; j'irais à Naples, et je travaillerais.

— Cela vous serait difficile, Gasperoni; vous avez des habitudes...

— Non, non, Monsieur; la vie des montagnes m'ennuie. Je l'ai faite dix-sept ans; j'étais jeune, et la fatigue m'était agréable; mais je vieillis, je souffre de mes blessures; j'ai besoin de repos.

— Répondriez-vous de tous vos camarades?

— De tous!

— Est-il ici celui qui était votre... homme d'exécution, celui qui tuait pour votre compte.

— Oui, le voilà.

Un serpent glissé dans ma main ne m'aurait pas donné plus d'effroi. Ce hideux bourreau était juste à ma gauche et pressait mon bras de son bras. Tout entier jusque-là aux paroles de Gasperoni, je n'avais pas remarqué l'exécuteur de ses hautes-œuvres. Il ne quitte jamais son maître; il veille et dort à ses côtés, comme sur la montagne, comme s'il attendait encore au cachot quelque ordre irrévocable d'exécution. Rien de plus horrible à voir parmi les êtres; la stupidité du crime est empreinte sur sa longue, maigre et pâle figure; son œil est recouvert de l'épiderme cadavéreux de l'œil de l'orfraie; une contraction habituelle de faux sourire court sur ses joues; mais son regard est glacé de sérieux. Pendant que je l'examinais, lui, considérait avec une attention étrange les boutons de mon habit, comme s'il n'avait pu se lasser de les compter lentement.

— « Comment t'appelles-tu? lui dis-je pour le distraire de son singulier examen. »

Il resta courbé; son regard ne prit pas la peine de remonter au mien, ses lèvres ne parurent pas se desserrer, sa poitrine rauque répondit :

— *Geronimo.*

— C'est donc toi, lui dis-je, qui étais le bourreau.

— Oui, Monsieur (toujours l'œil sur mes boutons).

— Et en as-tu beaucoup tué, Géronimo?

— Eh! oui! beaucoup, toutes les fois qu'on m'a dit : *Tue* (amazza) !

— Je te défie bien d'obtenir ta grâce du saint-père, toi !

Un bruyant éclat de rire de toute la bande accueillit ma réflexion. Géromino fit un signe d'insouciance, et poursuivit le compte des boutons de mon habit.

Je m'adressai à la compagnie :

— Il paraît, leur dis-je, que vous êtes fort gais et que vous ne maigrissez pas en prison?

Un bandit, qui avait un ventre énorme, chose rare chez les bandits, me répondit que le saint-père les nourrissait fort bien.

— Nous mangeons du poisson, de la viande, de bons légumes, me dit-il, de tout ce que nous voulons : nous avons chacun par jour une paie de deux pauls (22 sous). Avec cela on peut faire bonne chère.

— Mais vous êtes plus heureux ici que la moitié de l'Italie, que tous les mendiants des États romains! Comment, on vous donne deux pauls par jour?

— Oui, Monsieur, répondit Gasperoni; c'est une bonne politique du gouvernement. Ceux qui font notre métier, ou qui le feront, savent qu'en se constituant prisonniers, ils mangent bien, dorment dans de bons lits et sont bien payés; on ne trouve pas toujours cela dans la vie des montagnes. Cela peut engager à se livrer quand on est dégoûté de courir sur les grandes routes. Et puis il y a les gratifications des voyageurs.

— Allons, lui dis-je en le quittant, je suis charmé que vous soyez tous heureux.

Mon guide me confirma tout ce qui venait de m'être dit sur la générosité du pape.

Avant de sortir de ce repaire, j'examinai longtemps et en détail la bande de Gasperoni. Il n'y a pas une figure à peindre, le chef et son bourreau exceptés; ils ont des faces si bourgeoises, si prosaïques, qu'on les prendrait pour des honnêtes gens victimes d'une méprise de police. J'ignore s'ils ont jamais porté le costume pittoresque que les artistes donnent aux bandits napolitains; leur vêtement de bagne est celui des ouvriers italiens : les pantalons gris, les vestes brunes, les bas bleus, détruisent toute la poésie de leur profession. Ils n'avaient aucune de ces poses pittoresques qu'on admire dans les lithographies : ils contemplaient, sans la moindre expression de souvenir, le ciel lumineux, l'atmosphère romaine, le doux soleil de printemps qui dorait les arcades et se glissait, comme un ami de la montagne, sous la voûte du cabanon. La mer, qui chantait au pied de la citadelle, ne les jetait pas en rêverie; ils paraissaient indifférents à tout, mais sans abattement, sans émotion visible d'espoir ou de désespoir; ils fumaient, le sourire sur les lèvres, les bras croisés, le front épanoui.

Enfin j'avais retrouvé le brigand que je croyais perdu; mais je dois avouer que bien des illusions tombèrent encore de mon esprit après cette visite à la citadelle de Civita-Vecchia.

Telle est la bande qui a désolé quinze ans les marais Pontins, qui a fait trembler les soldats du pape, livré bataille aux dragons, et dépouillé tant de riches Anglais, ces éternels contribuables de la voie Appienne. Probablement ils mourront dans la citadelle en attendant leur grâce, et avec eux s'éteindra la dernière des bandes. Nous verrons bien encore quelques cas isolés de maraudeurs entre Viterbe et Ronciglione, entre Rome et Terracine, mais plus d'agglomération organisée de bandits, ayant chef, uniforme et drapeau. C'est un bonheur pour l'humanité voyageuse, un malheur pour les artistes. La campagne de Rome sans les bandits, c'est le désert de Syrie sans caravanes. Ainsi partout meurt la civilisation.

L'Orient nous restait encore; hélas! voilà que les Turcs s'habillent de redingotes bleues; le fade Bavarois recueille l'héritage de Périclès, et le sultan porte des bottes à l'écuyère et se coiffe d'un castor fin de Paris.

COMME ON S'INSTRUIT

EN VOYAGEANT

Le *Sully* revenait de Naples et entrait en rade de Livourne; la mer, qui avait été mauvaise depuis le *Môle* de Gaête, s'était radoucie au lever du soleil. Tous les passagers garnissaient le pont pour admirer la ville italienne, la plage unie et basse qui court vers la tour *San-Pietro-Agrado*, les montagnes lointaines de la Toscane et les hauteurs de *Montenero*. Trois voyageurs plus indolents ou plus fatigués que les autres, sans doute, n'avaient pas encore quitté le lit étroit de leur cabine; celui qui écrit ces lignes était du nombre; les deux autres ne lui étaient connus que par le numéro de leur couchette; le garçon du paquebot ne les appelait d'ailleurs que N. 1 et N. 2.

Ces deux messieurs, remis du mal de mer, s'estimaient

fort heureux d'avoir recouvré l'usage de la parole, et ils échangeaient, de leurs couches superposées, une foule de réflexions beaucoup plus amusantes pour moi que le spectacle de Livourne et de la mer.

N. 1. Croyez-vous que nous séjournerons à Livourne?

N. 2. Mais... vingt-quatre heures, je crois...

N. 1. Connaissez-vous Livourne?

N. 2. Oui... j'y ai fait quelques affaires; nous avons une maison à Livourne.

N. 1. Ah! je dois la connaître cette maison... je connais toute la place.

N. 2. Vous faites des affaires avec Livourne?

N. 1. Un peu... nous faisons des vins... Il y a deux heures que j'ai demandé un verre de madère... garçon!

N. 2. Et moi une orange... les garçons arrangent les colis sur le pont...

N. 1. Nous arriverons à Marseille après-demain à dix heures...

N. 2. Dix, onze heures, oui... Vous venez de Naples, vous?

N. 1. Oui...

N. 2. Moi, j'ai pris le bateau à Civita-Vecchia; je viens de Rome...

N. 1. Êtes-vous content de votre tournée à Rome?

N. 2. Comme ça... on m'a donné quelques commissions: j'ai vendu quelques pièces de bordeaux... une misère... Rome est une mauvaise place.

N. 1. Je me suis bien ennuyé, moi, à Rome; je n'ai pas fait un denier d'affaires...

N. 2. Où logiez-vous?

N. 1. A la *Torretta*, près Saint-Augustin. Et vous?

N. 2. A la *Locanda* de Luigi, rue des Marchands-de-Chapelets.

N. 1. Ah! tout près de Saint-Pierre?

N. 2. Oui, il n'y a que le pont de... de... Comment appelez-vous ce pont?

N. 1. Je sais, je sais, un pont... sur la rivière... le pont où il y a des anges de marbre...

N. 2. Justement; je n'avais que ce pont à traverser... j'allais tous les jours à Saint-Pierre.

N. 1. C'est ce qu'il y a de plus beau à Rome... Avez-vous vu les anges du bénitier?

N. 2. Tous les jours; des anges grands comme vous, avec des doigts comme mes poings...

N. 1. Avez-vous vu les lions du tombeau de... du pape... d'un pape?...

N. 2. Ces lions! je leur ai mis ma main dans la gueule cent fois.

N. 1. Quels lions!

N. 2. Oh!

N. 1. Et la mort?...

N. 2. Quelle mort?

N. 1. La mort du tombeau, là-bas, de l'autre côté, à gauche, par-dessus les orgues...

N. 2. Ah! la mort qui est dorée... vingt fois je l'ai vue... et la statue de femme... vous savez... cette femme que les Anglais...

N. 1. Sainte Véronique?

N. 2. Non... Ah çà! sainte Véronique est celle qui a un mouchoir à la main?...

N. 1. Un mouchoir comme un drapeau blanc?...

N. 2. Oui, je vous parle d'une femme couchée derrière le maître-autel...

N. 1. Ah! j'y suis; on lui a mis une chemise de tôle à cause des Anglais; le sacristain vous ôte la tôle pour une pièce de vingt-quatre sous...

N. 2. Je n'ai donné que quinze sous, moi...

N. 1. On donne ce qu'on veut... Ah! comment trouvez-vous ces Anglais?

N. 2. Si j'étais le pape, je leur dirais : Ou conduisez-vous comme il faut dans mon église, ou bien sortez... Je ne puis pas souffrir les Anglais, moi.

N. 1. Ah! ils ont fait bien du mal à la France!

> Sur ces débris Albion nous défie,
> Mais le destin et les flots sont changeants.

N. 2. Où mangiez-vous à Rome?

N. 1. Je mangeais... Comment appelez-vous cette rue où il y a un ours peint?

N. 2. La rue de l'Ours.

N. 1. Justement... je mangeais rue de l'Ours, chez Constantini : on y est bien. Avec deux pauls, nous avions la soupe au parmesan, des lentilles, de la morue aux herbes, un civet de bon lièvre...

N. 2. Ah! le lièvre est bon à Rome!...

N. 1. Des épinards, une cuisse de poulet et de la pâtisserie... Vingt-deux sous; un petit vin aigre, mais bon.

N. 2. Moi, je mangeais chez Gippini, sur la place Vendôme.

N. 1. A Paris?

N. 2. Non, à Rome; nous appelions place Vendôme cette place où l'on prend les lettres poste restante...

N. 1. Ah! où il y a une colonne comme celle de chez nous...

N. 2. C'est-à-dire qu'elle est en marbre, et la nôtre en bronze; rien que ça...

N. 1. Oui; eh bien! le soir, elles se ressemblent comme deux gouttes d'eau. Je la voyais tous les soirs, en sortant du café du Lion-d'Or, au coin, vous savez...

N. 2. Je vois ça d'ici, au coin du Cours, près Merle, le libraire...

N. 1. Tiens, vous avez connu Merle?

N. 2. Beaucoup; c'est un bon enfant.

N. 1. Oui; un Français...

N. 2. Eh! il s'appelle Merle!

N. 1. Que de farces nous avons faites ensemble!

N. 2. Ah!

N. 1. Comment appelez-vous ce village, à trois ou quatre lieues de Rome?... ce village... j'ai le nom sur les lèvres... On passe devant ce grand édifice.

N. 2. Le Capitole...

N. 1. Non... oui; on passe bien devant le Capitole, mais après vous descendez... Cela me rappelle que j'ai oublié de prendre les commissions de M. Asquier...

N. 2. Je connais beaucoup M. Asquier; il demeure près cette belle place où il y a l'escalier de marbre, la fontaine qui est faite comme une barque...

N. 1. Oui, oui, près le séminaire de la Propagande... Je lui écrirai de Livourne à M. Asquier... Après, vous descendez sur un long chemin; il y a des arcs de triomphe...

N. 2. Il y en a deux.

N. 1. Plus que ça...

N. 2. Je n'en ai vu que deux... ou trois, tout au plus.

N. 1. Mettez quatre...

N. 2. Je ne crois pas... Attendez, nous pouvons les compter... Un en descendant du Capitole; un, en voilà un. Un autre près de cette église...

N. 1. Ça ne fait rien... trois ou quatre... Vous avez devant vous cet édifice où les chrétiens se battaient avec les rhinocéros...

N. 2. En bien comptant, il y en a quatre; nous oublions celui de là-bas, là-bas, où il y a des tas de briques...

N. 1. Oui, il y en a quatre... Quand vous avez passé devant ce théâtre païen, vous prenez le grand chemin à gauche...

N. 2. J'y suis; il y a de la poussière...

N. 1. Beaucoup de poussière... Marchez toujours; vous trouvez une église avec un obélisque de Luxor...

N. 2. Et l'escalier qu'on monte à genoux... l'avez-vous monté cet escalier?

N. 1. Non... passez encore; suivez la route, marchez toujours; vous sortez de la ville... bien... marchez encore... bon... Vous trouvez un village; comment appelez-vous ce village?

N. 2. Attendez...

N. 1. Il y a une fête le jour de Pâques...

N. 2. Je sais, je sais... on danse... avec des orangers... et des pins...

N. 1. Beaucoup de pins; vous connaissez l'endroit... eh bien! c'est là où nous avons déjeuné avec Merle, le libraire: on nous donna du lait et de l'agneau pascal; avec trente-trois sous, nous avons fait un déjeuner de dieux. Trois pauls!

N. 2. J'entends remuer là-dessus; la douane arrive...

N. 1. Où descendez-vous à Livourne?

N. 2. A la *Quercia reale*.

N. 1. Moi, à l'*Aigle noir*, près le canal.

N. 2. Vous n'êtes pas tenté d'aller faire une petite course jusqu'à Pise?

N. 1. Je connais Pise.

N. 2. Moi aussi... la *Torre torta*.

N. 2. Ah! superbe!... C'est un tremblement de terre qui l'a courbée, cette tour,

N. 2. Connaissez-vous Florence?

N. 1. Oui... ville triste.

N. 2. Très-triste,.. Avez-vous vu tailler la pierre dure à Florence?

N. 1. Parbleu! cent fois; c'est bien beau! connaissez-vous la fabrique de porcelaine?

N. 2. Sans doute; on y travaille très-bien.

N. 1. Comment appelez-vous ce village où l'on fait les chapeaux de paille?

N. 2. Attendez, oui, je sais; un joli village, avec une fontaine... Nous y avons déjeuné... Une grande auberge... avec des poules... Comment diable s'appelle ce village?

N. 1. Enfin, le nom n'y fait rien... je crois que c'est Boboli...

N. 2. Oui... non... un mot comme ça...

N. 1. Boboli, oui, oui, Boboli; ce sont les paysannes de Boboli qui font les chapeaux de paille; elles ont des doigts fins comme des fuseaux.

N. 2. Et elles gagnent deux, trois, quatre francs par jour; il y en a de fort jolies.

N. 1. Comment donc! de très-jolies; les femmes sont bien, généralement, en Italie; aimez-vous les Napolitaines?

N. 2. Les Napolitaines... elles ont de beaux yeux, mais elles sont maigres, avec une peau brune...

N. 1. Oui, mais quelles femmes!

N. 2. Ah!

N. 1. Des démons!

N. 2. On s'amuse bien à Naples.

N. 1. Oui, assez; il y fait bien chaud.

N. 2. En été surtout.

N. 1. Au mois d'août.

N. 2. Êtes-vous monté au Vésuve?

N. 1. Une fois, une seule fois... j'y pris un rhume épouvantable; il faisait un vent, un vent, ah!... je restai quinze jours au lit de l'affaire; on me saigna.

N. 2. Moi, je n'ai jamais eu le temps d'y monter... Ah! si, un jour, avec trois ou quatre amis, nous avions fait une partie de campagne au Vésuve; c'était un dimanche: voilà que mon correspondant me fait dire de passer au comptoir pour régler un compte de cordes de Naples; il y avait eu une erreur; nous étions en différence de trente-cinq écus... Ma foi! je dis, trente-cinq écus, c'est bon à gagner et ce n'est pas bon à perdre. Je fus chez mon correspondant, qui demeure rue Saint-Philippe, devant l'église, une vilaine église; vous la connaissez?

N. 1. Oui; oh! les églises ne sont pas belles à Naples... excepté celle où l'on fait le miracle de ce saint, vous savez?

N. 2. Saint Février.

N. 1. Justement! quelle bêtise! on vous a raconté l'histoire de ce général français qui entra, et leur dit : Canaille...

N. 2. Oui, oui... Ah çà !... qu'est-ce que je disais donc, avant cela?...

N. 1. Vous parliez du sang de ce saint...

N. 2. Non, non... oui, pour revenir, j'allai chez mon correspondant. Attendez, je vais vous dire son nom... C'est un Livournais... Micali! Micali; il a une jolie femme le coquin! une brune, avec des yeux grands comme ça...

N. 1. Et vous... eh!

N. 2. Oh! non, non!..... Elle me faisait bien des mines quand j'arrivais chez elle; quelquefois elle disait : *Non, c'é Micali, non, c'é Micali;* vous comprenez?

N. 1. Tiens, parfaitement. J'ai gardé deux ans un maître d'italien, à Paris; trois francs le cachet.

N. 2. Moi, je n'ai jamais appris... je ne le parle cependant pas, je ne le parle pas comme le français, mais je me fais comprendre.

N. 1. C'est une langue si aisée.

N. 2. Mais je ne dis pas cela; aisée, quand on sait l'espagnol.

N. 1. Oh! c'est presque la même chose; *Senor*, en espagnol; en italien, *Signor*.

N. 2. Moi, je connais l'espagnol d'enfance; ma mère était de Bayonne, et mon père de Perpignan..... M. Micali me dit : Eh bien, si nous avons fait une erreur, nous la réparerons; au fond, c'est un honnête homme... Nous prîmes la plume, et nous chiffrâmes... Un compte de trois ans, Monsieur!

N. 1. Ah! il ne faut pas laisser vieillir les comptes!

N. 2. Je sais bien; mais que voulez-vous! Bref, nous nous arrangeâmes pour trente-deux écus... Je perdis seize ou dix-sept francs... Tiens, je me souviens que nous fûmes voir cette fameuse grotte des chiens, ce jour-là; je payai la voiture.

N. 1. Ah! vous avez vu la grotte des chiens?

N. 2. Parbleu! oui. J'ai pour principe, en voyage, de tout voir... Ah! cette grotte!

N. 1. Vous aviez un chien?

N. 2. Oui, le chien de l'auberge, *Flora*, une belle chienne. Elle fut à l'agonie.

N. 1. Elle ne mourut pas?

N. 2. Grâce à moi; mais elle souffrit, la pauvre bête; ah!

N. 1. Le nôtre est mort sur la place. Un beau chien, *Pluto*... Ah çà! connaît-on pourquoi cette grotte fait mourir les chiens?

N. 2. Oui; ça s'explique facilement... Voyez-vous; il y a dans la grotte... C'est un médecin qui m'a expliqué cela, M. Vascagli, un jeune homme qui fait bien ses affaires à Naples; il gagne de douze à quinze mille francs par an; c'est comme le double à Paris. Il y a dans la grotte un air volcanique, une vapeur qui étouffe les hommes. Maintenant, approchez un chien... M. Vascagli nous disait... Il parle français comme vous et moi. Son père était au service des Français pendant le règne de Murat. Il nous disait donc, le fils...

N. 1. Ah! voici la douane!... elle monte à bord. J'entends la voix du capitaine; nous allons débarquer... Pressons-nous un peu, on va faire l'appel... Dites-moi, où mangez-vous à Livourne?

N. 2. *Al Giardinetto*.

N. 1. Je connais... dans la grande rue... il y a une treille et un jardin... à droite; on y est bien. Où prenez-vous d'habitude votre café?

N. 2. Au café Américain... première rue, à droite, vous savez... une tasse, de deux sous!... Montons, montons sur le pont; j'entends le capitaine qui se dispute avec la santé.

N. 1. Cette santé nous tourmente bien en Italie depuis quelque temps.

N. 2. Ah! mon Dieu! il faut être fou pour voyager.

N. 1. Ou bien être forcé par ses affaires, comme nous.

N. 2. Oh! les affaires avant tout. Moi, je voyage encore deux ans, non, trois ans, et après je me retire dans le Puy-de-Dôme, pour faire l'éducation de mes enfants.

N. 1. Montons, le garçon appelle nos numéros.

LA NORMA AU CARLO-FELICE

Le Sully rentrait en France, venant de Naples; il y avait à bord cent trente passagers, les trois quarts Anglais, selon l'usage; la mer n'avait pas été bonne depuis Gaëte ; nous avions fait à Civita-Vecchia trois jours de relâche; nous en étions partis avec une tempête, parce qu'un paquebot a d'impérieuses échéances à subir; il faut qu'il arrive à tout prix au jour de décade révolue. La vapeur a été inventée pour cela. Nous étions en retard extraordinaire, et le capitaine Armand disait qu'il lui était impossible de toucher à Gênes, ce qui jetait la société voyageuse dans une sorte de tristesse; Gênes est une ville qu'on veut toujours revoir.

La mer s'était calmée; le golfe de Gênes où nous entrions était uni comme un miroir ; la matinée annonçait un jour magnifique; voyageurs et voyageuses montèrent sur le pont pour en jouir après la tourmente; on couvrit de fleurs la dunette; on déploya la tente sur le pont; la brise de terre rendit à nos dames le courage, la fraîcheur et l'appétit; la conversation s'anima; elle roulait sur cette Italie que nous quittions, et où chacun de nous avait laissé des amis nouveaux, des souvenirs tout frais, et tant de reconnaissance pour tant d'émotions qui nous vibraient encore au cœur. On parla musique, surtout; on parla de la *Rosmonda d'Inghilterra*, de Donizetti, l'opéra de la dernière saison à Florence; on parla de la jeune et mélodieuse Persiani, la digne fille de Tacchinardi; mais par-dessus tout de l'opéra de Bellini, la *Norma*; quelques-uns d'entre nous l'avaient vue, mais tous, nous avions entendu dans le monde, à Naples, à Rome, à Florence, à Bologne, les morceaux favoris de l'œuvre à la mode. Il n'est pas une Italienne de bon ton qui ne chantât la cavatine de *Casta Diva*, soit pour sa jouissance égoïste, soit pour les plaisirs du salon; on savait que la *Norma* se jouait à Gênes; il y aurait eu bien du bonheur de descendre à terre, ce jour-là, de s'asseoir au *Carlo-Felice*, de donner à ses loges un public supplémentaire tombé du *Sully*, et de rapporter en France les derniers chants de la prêtresse des Druides. Gênes était en face de nous; le paquebot courait déjà devant son faubourg, qui se déroule comme un admirable décor d'opéra, entre les rives du golfe et la bordure des Apennins.

A neuf heures, nous étions au port. La superbe ville nageait dans la lumière vaporeuse d'un matin de printemps; tous les clochers sonnaient des messes, tous les couvents, étayés sur les montagnes, chantaient leurs offices au milieu des villas amoureuses encore endormies; les fumées du chantier s'élevaient sur le môle et flottaient comme des nuages d'azur entre les cordages des vaisseaux ; *le Sully* animait la tristesse du port génois, en l'agitant des derniers battements de ses puissantes ailes, en le couvrant de son magnifique drapeau tricolore, que le vent des Apennins avait reconnu.

Le capitaine se jeta dans un canot, et nous promit un prompt retour ; notre sort allait se décider dans les bureaux de l'administration ; nous allions bientôt savoir s'il fallait continuer notre route sans avoir baisé le pavé de la *Strada Balbi*, ou si la prochaine nuit nous donnerait le doux sommeil de l'hôtellerie génoise, après les voluptés de la *Norma*.

Attente d'une heure ! Les passagers couvraient le pont ; tous les yeux étaient tournés vers l'escalier de la fontaine de Saint-Christophe, pour épier le premier élan du canot qui devait nous ramener le capitaine avec ou sans la *Norma*. Les Anglais faisaient des paris.

Enfin le bienheureux canot prit la direction du *Sully* ; nous cherchions à deviner dans la pose du capitaine la nature du message dont il était porteur. L'impatience se perdait en conjectures.

— Il a les bras croisés, mauvais signe !
— Non, c'est preuve de satisfaction !
— Il est sérieux.
— Les capitaines sont toujours sérieux.
— Le canot de la douane ne le suit pas.
— Cela ne prouve rien.
— Cela prouve que nous ne descendons pas à terre
— Voilà le canot de la douane !
— C'est un bateau pêcheur.
—Je reconnais le préposé à sa bandoulière.

— Non, c'est un douanier qui va visiter ce trois-mâts.

— Que voyez-vous, Monsieur, avec votre lorgnette?

— Rien du tout.

— Tout est perdu! le capitaine a fait signe au timonier que nous partions.

Le capitaine était impassible ; il monta gravement l'échelle du *Sully*. On se précipita autour de lui, comme autour d'un général, le matin d'une bataille; un grand silence se fit. Le capitaine, debout sur un banc, dit d'une voix tonnante :

Messieurs (tous les cœurs palpitèrent), *messieurs, nous passons la journée à Gênes, et ce soir, je vous invite tous à la Norma!*

Dix salves d'applaudissements couvrirent cette proclamation, la plus belle qui ait retenti en Ligurie, depuis le passage de Masséna. On porta le capitaine en triomphe de la poupe à la proue; des dames se permirent même de l'embrasser, dans leur enthousiasme pour les druides. En un instant, *le Sully* fut entouré de canots, comme le vaisseau de Robinson : chaque passager s'y laissait tomber avec tant de rapidité, qu'on eût dit que le *Carlo-Felice* ouvrait ses bureaux à dix heures du matin. La colonie voyageuse inonda bientôt la solitaire *Strada Balbi*; on courut au *cartello*; là étaient écrits, en lettres colossales, ces mots : *Oggi, alle otto: la Norma del maestro Bellini*. Les Anglais prirent leur dictionnaire de poche, et firent une version.

Tous les passagers furent exacts au rendez-vous du *cartello; le Sully* avait transbordé sa colonie devant le péristyle du *Carlo-Felice;* en tête rayonnait la tête méridionale du capitaine; il était digne de prendre part à la fête italienne; il adore la musique avec toute la passion délirante et fougueuse d'un Marseillais.

Le *Carlo-Felice* est le plus beau théâtre de l'Italie, après le *San-Carlo* de Naples et *la Scala* de Milan. Ce n'est pas un théâtre provisoire comme on en bâtit quelquefois chez nous pour le drame et l'opéra; provisoire qui, d'ailleurs, est éternel. Six colonnes cannelées de marbre blanc parent son péristyle; il est entouré de galeries à arcades de granit d'un style sévère; les murs n'ont d'autre ornement que des bas-reliefs isolés sur la frise et représentant des jeux antiques, des courses de chars. L'ensemble du monument est si grandiose, que des yeux exercés peuvent seuls en saisir les fautes, assez nombreuses, de détail. L'intérieur est admirable de majestueuse simplicité; c'est bien là une salle de drame lyrique : point de colonnes, point d'angles, point de frises, point de corniches; rien de heurté, de saillant, de contourné, rien de ce qui peut briser, égarer, fausser les sons de l'orchestre et de la voix. La musique court dans l'immense ellipse, sans trouver en route une feuille d'acanthe qui la gêne. Six rangs superposés de loges s'arrondissent gracieusement, avec les contours les plus purs et les plus déliés. La scène est aussi vaste que celle de notre Opéra : on la dirait pavée tant elle est travaillée avec le génie de la solidité. Les décors peuvent remonter sans se replier, tout d'une pièce, aux voûtes supérieures. Les escaliers de communication, les corridors, les vomitoires, sont dans les larges et belles proportions antiques; le foyer est délicieux, il sert souvent de salle d'harmonie et de bal. Toutes les loges ont, du côté opposé du corridor, leurs cabinets de toilette ou de conversation : ce sont les antichambres des loges. Le rideau d'avant-scène n'irait pas à notre goût, ce qui n'empêche pas qu'il ne soit fort gracieux et fort amusant sous l'ennui de l'entr'acte. *Vert-Vert* et *l'Entr'acte* n'ont pas encore traversé le golfe de Gênes: ce rideau en tient momentanément lieu. C'est un tableau d'une dimension prodigieuse, représentant l'églogue de Silène. Le vieillard chante ses hymnes divins dans une riante forêt d'Arcadie, et il a pour auditoire un cortége de nymphes, de faunes, de satyres, d'égipans et de bergers. La bucolique latine ne pouvait être traduite avec plus de charme, de fraîcheur et d'imagination.

Ce rideau se leva, et découvrit une magnifique décoration représentant la forêt sacrée d'Erminsul. Les Italiens excellent dans les décors. Le célèbre San-Quirico a fondé une école qui possède ses secrets d'optique, de perspective, d'effets de tons et de couleurs. La *Norma* commençait; les druides chantaient un chœur sous l'arbre du gui de l'an neuf; c'est un chœur ravissant d'expression religieuse. Toujours Bellini vous saisit dès les premières notes, vous place sur une escarpolette musicale, et vous balance avec tant de voluptueux abandon, qu'on se laisse aller aux ondulations de cette gracieuse mélodie, comme aux vagues molles du golfe voisin. Aucune secousse ne fait bondir l'orchestre; c'est un fleuve de notes limpides, d'accords suaves qui coule avec un divin murmure de voix aériennes et de timbre d'or. Bellini donne à la volupté une teinte de mélancolie, à la douleur un parfum de sérénité; on a des larmes pour ses larmes, et encore des larmes pour ses joies. Ce soir-là, je descendais d'un bâtiment; j'avais à l'épiderme du cœur le froissement du roulis, ce malaise qu'on rapporte toujours de la mer. Quel baume qu'une pareille musique pour les organisations nerveuses qui ont adopté les musiciens pour leurs médecins! Le balancement de la céleste harmonie me fit oublier la tribulation du tangage: c'était la gondole vénitienne après les secousses de la berline des Apennins.

A peine l'ai-je entrevue, *la Norma*. Je n'ai pu que l'embrasser au vol, dans un relais de voyage; mais la verrais-je cent fois, comme j'ai vu *Robert*, jamais les impressions qui m'attendent n'égaleront, toutes ensemble, les délices de cette première représentation au *Carlo-Felice*. Madame Schütz jouait la *Norma*; je l'avais entendue à l'Odéon et, je crois aussi, aux Italiens, sous le règne de l'asta. Depuis, elle a bien grandi de talent; c'est une âme pleine d'intelligence et de feu : sa belle voix est bien posée, bien fraîche, sûre de tous ses effets dans ses élans d'audace. Elle ravit le théâtre avec la touchante cavatine : *Casta Diva!* Les loges même avaient fait silence: au parterre, toutes les poitrines s'inclinaient en avant vers l'actrice qui chantait; par intervalles, il s'en exhalait un vaporeux murmure d'admiration impatiente. Le chant fini, l'enthousiasme italien éclata sous toutes les formes d'expression; il y eut des cris d'extase, des soupirs étouffés, des roucoulements de joie, des prières d'actions de grâces à mains jointes, des tonnerres sans fin d'applaudissements. C'était un faisceau de reconnaissance que le parterre envoyait à Bellini, à l'actrice, à l'orchestre. Heureux le peuple qui se donne de telles émotions! L'hymne de guerre, chanté ensuite par les druides, me parut d'une facture originale, et surtout inattendue : le cri *guerra! guerra!* que je lisais sur le *libretto*, m'annonçait par une explosion terrible, un fracas précipité d'instruments et de voix, une sorte de *Marseillaise* druidique : il n'en est point ainsi : c'est un chant de guerre empreint d'une harmonie sauvage qui court avec une certaine légèreté d'accords, et ne donne ni secousses brusques, ni entraînement. Bellini a réservé tous les trésors de l'excitation pour le trio final du premier acte; là, l'escarpolette se brise, et l'orchestre vous lance à cent pieds du sol. C'est une situation parfaitement amenée : c'est Pollion qui se trouve placé entre deux amantes rivales, Adalgisa et Norma. Le trio éclate comme un volcan; la jalousie, l'amour, le désespoir se serrent, se heurtent, se déchirent, et bondissent avec une furie de passion qui s'affadirait sous des mots que la seule langue d'orchestre peut parler. Je ne connais que le trio de *Robert* et celui de *Guillaume Tell* qui n'aient rien à redouter au parallèle du trio de la *Norma*, si toutefois le final divin de *Robert* peut être comparé à quelque chose. Un jour, le parterre des Italiens sera sans doute appelé à entendre le chef-d'œuvre de Bellini; il se lèvera spontanément d'enthousiasme pour saluer ce trio sublime; le duo d'*I Puritani* n'en est que le reflet.

Des chœurs ravissants, de beaux duos, de délicieux morceaux d'ensemble, tout cela, magnifiquement accompagné d'une délicieuse orchestration, vous amène d'extase en extase à la péripétie. Cette scène finale est la même que la grande scène du second acte de *la Vestale :* c'est une prêtresse coupable, condamnée et voilée de noir; le grand-prêtre, seulement, n'est pas farouche comme le ministre de Vesta; les chœurs sacerdotaux ne rugissent pas l'anathème : ce sont des effets tout différents. On n'est pas frappé de terreur, on s'abandonne à une pitié douce; on pleure, le théâtre entier pleure ; je n'ai jamais vu plus d'attendrissement devant une catastrophe dramatique : et il n'y a pas de sang, de poignard, de poison, de cris d'agonie : ce sont des scènes simples et pathétiques que l'orchestre accompagne en pleurant, avec des notes créées pour Norma : c'est un mélancolique et déchirant *dies iræ* dont tous les accords brisent l'âme, mouillent les yeux, brûlent le visage d'émotion. Dans ce flot d'harmonie dolente éclate par intervalles une plainte sublime qui tinte et meurt comme un son de glas, et mêle ses dernières vibrations au funèbre chœur des druides. Une désolation calme et religieuse environne cette scène comme un crêpe diaphane semé de quelques fleurs. Le pardon est à côté du crime, la grâce à côté de la mort, le baume consolant à côté du désespoir. Ainsi s'éteint le drame, ainsi Norma tombe aux genoux du prêtre paternel, au milieu d'une plaintive atmosphère de deuil. Quand le rideau descend, tous les visages sont humides; on regarde avec tristesse l'orchestre muet; on écoute encore les chants expirés; l'âme est tant émue, que les mains oublient d'applaudir.

Quel souvenir de rêve le lendemain, lorsqu'appuyé sur le balcon du *Sully*, on aperçoit les côtes de France, la tête pleine encore des lamentations de la *Norma !*

SOUVENIRS

Voici l'hiver, ce triste fils de l'automne : il faut quitter la campagne et la chaise de poste ; il faut rentrer à Paris pour se recueillir dans la dissipation et s'isoler dans la foule. L'hiver est partout un vieillard mythologique assis devant un brasier ; à Paris, c'est un grand jeune homme, lestement vêtu, qui ne met jamais les pieds sur la neige, qui ne souffle jamais sur ses doigts, et qui retrouve, dans un monde nouveau, un autre soleil, une autre verdure, d'autres parfums, d'autres plaisirs, d'autres fleurs. Quand on sort de voyage, aux approches de l'hiver, on éprouve vainement une volupté intérieure en entrant à Paris ; il semble que la grande ville vous enveloppe de son immense manteau et vous réchauffe de l'haleine de son million d'habitants. D'ailleurs, après tout, le soleil d'un bal de Paris vaut bien le soleil de Naples. Les étoiles ne valent pas une gerbe de bougies qui scintillent sur un beau quadrille de jolies femmes, et j'aime mieux entendre la musique de Rossini, aux Italiens, que les stances que le gondolier chante à Venise, en supposant qu'il les chante. Pour être plus juste, le soleil, les bougies, les étoiles, les fleurs, les gondoliers, l'Opéra, toutes ces choses ont leur mérite; mais il faut varier.

C'est à Paris surtout qu'on aime à ressaisir, un à un, ses souvenirs de voyage et à s'en entourer comme d'autant d'amis qui vous font cercle dans votre solitude d'hiver : on peuple sa chambre vide de tout ce monde bariolé qui a défilé devant vous, qui vous a oublié, que vous avez oublié. C'est une longue arabesque confuse où, par intervalles, se détachent quelques figures saillantes auxquelles vous souriez de souvenir et dont vous entendez encore les paroles avec leurs vibrations distinctives, à travers les montagnes, les mers et les routes démesurées qui vous séparent de ces amis d'un jour. C'est là un des grands priviléges de la vie de voyage. On ne saurait trop faire provision de ces souvenirs, qui sont comme l'essence immatérielle des pays que vous avez visités, et qu'on rapporte comme une galerie de tableaux visibles pour vous seul, et qu'on suspend aux murs de sa chambre, où le temps ne peut les effacer, parce qu'il n'a pas de prise sur eux, ce grand ravageur!

Heureusement pour moi, j'en ai beaucoup de ces souvenirs, et l'hiver me sera léger si je prends de l'ennui. Hier soir je me suis essayé à la saison; il faisait bien mauvais, hier soir! les *noirs autans* débutaient par une ouverture toute notée de ces formidables unissons que Weber a fait éclater dans le chœur des Chasseurs d'*Euriante*. La pluie se mariait au vent; le ciel parlait la langue de l'hiver avec un accent de mélancolie qui faisait sourire les sphinx de mes chenets où jouait une flamme vive; le tonnerre des voitures tenait sa partie dans la tempête, et ce triste opéra de novembre venait se résumer à mon oreille en sifflant dans les persiennes de mon balcon. Je me levai pour aller aux Italiens, mais je m'assis encore. Vous savez qu'il est des jours ou des nuits qui apportent de la fadeur et de l'indécision à tous vos projets de plaisir; cela vient de je ne sais quelle disposition d'esprit. La solitude est friande par moments; un fauteuil ressemble alors à un ami qui vous prie, les bras ouverts, de ne pas le quitter; je cédai au geste suppliant de cet ami. En ce moment mes vitres frissonnaient à l'orage ; ce cliquetis n'avait rien de commun avec la place Saint-Marc, à Venise, et je ne sais pourquoi je pensai à *San Marco*. La rêverie n'a point de logique; c'est une grande erreur de croire que les songes ne viennent qu'en dormant. La veillée du soir, à la bougie, est un sommeil orné de toutes les fantaisies incohérentes du rêve. De Saint-Marc, je passai subitement à la place de Venise, qui est à Rome, et le feu d'hiver, que j'avais à mes pieds, me rappela un rayon de soleil... oh! le plus beau rayon qui soit jamais descendu du ciel, pour moi! un rayon qui courut comme une étoile tombante et illumina un instant les yeux fixes d'une femme aveugle.

Cette femme était la mère de Napoléon.

On est heureux, n'est-ce pas, lorsqu'on peut se donner, un soir d'hiver, une pareille compagnie! lorsqu'en fer mant les yeux, non pour dormir, mais pour veiller, on entre, par la pensée, dans le grand salon du palais Rinuccini, et qu'on recommence une scène comme celle que je vais vous conter ?

Je me souviens que j'avais déjeuné ce jour-là au palais Colonna, chez M. de Latour-Maubourg, notre ambassadeur à Rome; après déjeuner, j'avais passé le pont jeté du palais Colonna au jardin, un beau jardin où j'aimais à me promener, car il est empreint de cette singulière mélancolie qu'on ne trouve que dans ce pays. C'est l'Élysée, avec le soleil et l'amour, avec la langueur méridionale, avec d'exquis parfums d'arbres et de fleurs. A travers les clairières des grands pins, ces parasols de Rome, vous apercevez l'*ara-cœli* du Capitole en face, et les ruines culminantes qui s'élèvent du Forum voisin, dans une poussière lumineuse. J'aurais passé ma vie dans ce jardin italien !

A une heure après midi, je pris congé de M. de Latour-Maubourg pour aller au palais Rinuccini.

L'ambassadeur me dit en riant :

— Je ne veux pas savoir où vous allez; je suis censé l'ignorer.

— Je vais voir une femme, lui répondis-je; ce n'est pas compromettant.

— Regardez-la un peu pour moi.

Je descendis la via San-Romoaldo, et j'arrivai, quelques minutes après, sur la place de Venise. Cette place était déserte et pleine de soleil. Le palais de Venise était si resplendissant, qu'il avait perdu le sombre caractère de prison que l'architecte lui donna. C'est là que le Corso finit; il est silencieux à ses deux extrémités, à la place du

Peuple et à la place de Venise; il est bruyant et animé aux alentours de la place Antonine, ce forum moderne des belles boutiques et des étrangers.

Le palais Rinuccini, où j'entrai, me parut le temple du silence ou du sommeil. La porte, en se refermant sur moi avec un bruit ménagé, mit en rumeur une multitude de petits échos, qui coururent de marche en marche et d'ellipse en ellipse au sommet de l'escalier. Le vestibule était frais comme l'intérieur d'une pyramide, malgré la chaleur intolérable du dehors. Un domestique me fit traverser beaucoup d'appartements, et ouvrit respectueusement la porte dorée d'un salon, en m'annonçant à l'illustre exilée impériale, à la mère de l'Empereur.

Je m'assis, à l'invitation d'une jeune femme qui faisait compagnie à l'auguste malade, et j'attendis qu'on m'adressât la parole pour parler à mon tour. Notre entretien commença bientôt par un échange de phrases ordinaires sur l'Italie, Rome et les voyages. La fermeté de l'organe de madame Lætitia me frappa singulièrement. Je la voyais si faible, si décharnée, si souffrante, si dévastée par les chagrins, la maladie et l'âge, qu'il me semblait que chacune de ses paroles devait être la dernière, et que cette galvanisation d'organe était comme une lueur qui éclate plus vive dans une lampe qui s'éteint. Lorsque j'entrai, l'auguste malade était couchée sur un petit lit étroit d'où elle n'était plus descendue depuis sa fatale chute à Villa-Borghèse, depuis quatre ans! Insensiblement, et avec l'aide de sa camériste, elle parvint à s'asseoir sur son lit en s'étayant de larges carreaux. Elle garda cette position tout le temps que dura ma visite. Ses yeux, ouverts et fixes, se portaient çà et là dans le salon, comme s'ils eussent cherché quelque chose; et je vous assure que je ne la plaignais pas d'être aveugle, car ce qu'elle aurait vu dans ce salon ne l'aurait pas consolée! Presque tous les tableaux et toutes les statues de Gros, de Girodet, de David, d'Isabey, de Bosio, de Canova, qui peuplaient cette solitude, ne rappelaient que des catastrophes inouïes, des morts violentes, des triomphes que le dénouement avait fait lugubres, des auréoles d'or changées en couronnes d'épines, des Thabor devenus Golgotha! Moi, qui voyais ce cortège éblouissant de héros, ce panthéon domestique encadré ou sur un piédestal, autour d'une mère aveugle, proscrite, agonisante, je me sentais des pleurs dans la voix, et j'appelai à mon secours une assurance factice, de peur de dénoncer par une parole tremblante la cause de mon émotion, et de rendre visibles à la mère aveugle tant de tableaux où ses fils et ses petits-fils lui souriaient dans leur joie impériale et leur bonheur des anciens jours! Deux incidents m'ont paru dignes d'être rapportés, de cette entrevue avec la mère de Napoléon.

— Etiez-vous à Paris, me dit-elle, lorsqu'on a replacé la statue de mon fils sur la colonne Vendôme?

— Oui, Madame?

— Quel effet cela a produit dans Paris?

Ce fut un véritable jour de fête pour toute la population parisienne. Il semblait qu'on assistait à la résurrection de l'Empereur.

— Ce devait être bien beau!... Mon secrétaire m'a lu, dans les journaux, les détails de cette journée, mais tous ces récits étaient bien courts... Ils auraient été plus longs, que je les aurais trouvés toujours incomplets.... Une mère!

J'ai été étonnée qu'on n'ait pas donné à la statue de mon fils le costume impérial.

— Les avis ont été partagés là-dessus. On a pensé qu'il fallait représenter l'Empereur sous la physionomie la plus populaire, avec son habit de prédilection, celui que l'Europe connaît. Cet avis a prévalu.

Madame Lætitia garda quelque temps le silence comme pour réfléchir; elle revint sur ce sujet pour me demander ce que je pensais, moi, du costume qu'on avait donné à l'Empereur sur la colonne.

— Je reconnais, lui dis-je, qu'on a pu donner d'excellentes raisons pour représenter ainsi l'Empereur; il fallait perpétuer à jamais cette héroïque figure dans tout ce qu'elle avait de pittoresque pour le peuple et le soldat, afin que les siècles à venir la vissent telle que nous l'avons vue, et plutôt dans cette simplicité de costume, d'un vulgaire sublime, que dans une enveloppe idéale ou de convention. Maintenant, je vous avouerai, Altesse, que ce costume serait peut-être mieux à sa place sur un autre monument. Il fallait faire un autre piédestal pour cette statue moderne. L'art est une chose sévère et qui ne s'accommode pas de toutes ces raisons, si bonnes qu'elles soient. En copiant les colonnes de Trajan ou d'Antonin on se condamnait à les copier jusqu'au bout. Il est dans nos habitudes invétérés d'art et de goût de regarder notre colonne de bronze comme un monument romain; c'est une forme admise que nous ne séparons pas de l'idée antique. Or, un simulacre moderne, enté sur l'antique, aura toujours quelque chose de choquant, d'incompatible avec les exigences de l'art. Cette nuit, en sortant d'Argentina, je traversais la place Antonine, et j'ai cru, dans l'obscurité, traverser la place Vendôme, tant l'illusion est complète, car le marbre noirci d'Antonin ressemble à du bronze, surtout la nuit. La colonne romaine a perdu la statue qui la surmontait; mais la nouvelle statue de l'Apôtre qui a remplacé l'Antonin, s'harmonise toujours parfaitement avec le marbre antique. L'Apôtre est drapé comme l'empereur païen : voilà qui est bien trouvé ! Quant à nous, il est possible que nous ayons fait une faute d'art : mais elle trouve son honorable excuse dans une pensée nationale : à choisir entre le raisonnement d'artiste et le sentiment du peuple, il fallait donner la préférence au dernier.

La femme vénérable secoua la tête d'un air d'approbation, et poussant un long soupir elle dit :

— Je ne verrai jamais cela... jamais !... On m'a envoyé de Paris plusieurs gravures de la colonne... Ah ! mes pauvres yeux ! comme je les ai regrettés ! J'ai vu ces dessins en les touchant... je les ai vus avec les doigts. Si j'avais été à Paris, Dieu m'aurait donné la force de monter sur la colonne, pour bien m'assurer... Il me semble qu'on a voulu tromper une pauvre mère exilée et aveugle... De quoi vous étonnez-vous ? L'âge et le malheur rendent défiant !

Tout cela fut dit péniblement, à mots entrecoupés de soupirs, avec des pauses de silence, avec des efforts convulsifs. Il me semblait que chaque parole était la dernière qui devait sortir de cette bouche, tant la forme pâle que je voyais paraissait plutôt appartenir à la tombe qu'à la terre des vivants.

Quand elle eut repris un peu de force, elle me dit :

— Il est bien cruel, bien cruel, de vivre comme je vis,

là, couchée et souffrante, loin de mes enfants ! Je n'ai pas de distraction, et je pense toujours ! Quand je pouvais marcher, j'allais quelquefois à la messe à Sainte-Marie du Portique ou à *San Lorenzo in Lucina*, en suivant le Corso ; j'allais me promener à Villa-Borghèse : c'est un quartier français, Villa-Borghèse, n'est-ce pas ? Ce sont les Français qui ont fait la belle promenade de *Monte Pincio* ? Il semble qu'on respire l'air de France sur cette colline charmante. Il y a notre palais de l'École, notre église de la Trinité, que j'aime mieux que Saint-Louis. Je trouve Saint-Louis mal placé, dans un quartier obscur : la Trinité est dans une belle position... ils sont bien heureux ceux qui montent en ce moment l'escalier de la place d'Espagne pour aller aux vêpres de la Trinité du Mont ; il fait si beau temps aujourd'hui ! Je sens qu'il y a beaucoup de soleil dans mon salon ; il me semble que je le vois briller sur mes vitres. Le soleil est mon dernier ami !

J'employai toutes les formules de respect pour la prier d'éloigner de son esprit les idées désolantes, et de ne songer qu'à la gloire qui environnait son nom !

— Vous avez été choisie entre toutes les femmes, lui dis-je, pour donner au monde ce que le monde a reçu de plus grand. Cela console de tout.

Un sourire contracta l'épiderme flétri de sa noble figure.

— Oui, me dit-elle, oui... c'est bien aussi le souvenir de mon fils qui me console un peu : je le vois continuellement devant moi. Ce n'est pas l'Empereur, le grand homme que je vois, c'est mon enfant, mon Bonaparte enfant, lorsqu'il n'appartenait qu'à moi, qu'à sa mère.

Alors personne ne le connaissait... Beau temps!... Un soir,.. un soir... il avait huit à neuf ans, je crois, il se promenait dans notre jardin, comme un homme qui médite quelque chose; c'était un enfant alors, je vous dis. Il pleuvait beaucoup; ses frères étaient rentrés et jouaient dans le salon à l'abri. Je frappai à la vitre plusieurs fois et lui fis signe de venir me trouver. Il fit un mouvement d'épaules, un mouvement de mauvaise humeur, et continua sa promenade. La pluie collait ses cheveux sur son front et ses joues. Il n'avait pas l'air de s'inquiéter de l'orage, et il continuait sa promenade, tête nue et les yeux fixés sur la terre. Quelquefois il s'arrêtait devant la petite fontaine du jardin, et semblait prendre plaisir à la voir couler et à couper le filet d'eau avec sa main. Il y eut quelques coups de tonnerre qui le firent tressaillir plutôt par secousse nerveuse que par peur. Alors il regardait le ciel et croisait ses petits bras pour attendre courageusement l'autre coup de tonnerre. Je lui avais envoyé mon domestique pour lui ordonner de rentrer. Il répondit froidement mais avec respect : *Dites à ma mère qu'il fait chaud et que je prends le frais.* Sur une nouvelle instance du domestique, il lui tourna brusquement le dos et précipita son pas de promenade. Ce ne fut qu'à la fin de l'orage qu'il rentra au salon, trempé jusqu'aux os.

— Ce n'est pas bien, mon enfant, lui dis-je, vous m'avez désobéi.

— J'ai désobéi malgré moi, me répondit-il : je ne sais pas ce qui me retient dans ce jardin, et puis, si je veux être soldat, il faut que je m'habitue à la pluie et au mauvais temps. Je ne suis pas une fille, je suis un homme.

—Vous êtes un enfant, mon ami, et un enfant désobéissant. Si vous voulez être soldat, vous saurez qu'il faut savoir obéir.

— Mais je commanderai, moi! s'écria-t-il avec une expression qui nous fit rire aux larmes.

— Avant de commander, lui dis-je, vous serez bien forcé d'obéir, et longtemps. En entrant au service, on ne vous fera pas général.

Il s'avança vers moi, me prit la main et la serra comme pour me dire que j'avais raison et pour se dispenser de l'avouer de bouche. Il était si fier à cet âge, déjà!

— A quoi pensiez-vous donc en vous promenant comme vous faisiez tantôt? lui dis-je en l'embrassant sur ses cheveux mouillés.

— Je ne sais pas; je ne me souviens plus; je pensais à beaucoup de choses. Ah! aussi, je cherchais à me rappeler un rêve que j'ai fait cette nuit... un rêve qui me plaisait: j'ai rêvé que j'étais évêque; c'est beau, n'est-ce pas un évêque? Les évêques vont-ils à la guerre?

— Non, mon enfant, cela leur est défendu.

— Alors, je veux être soldat, quand je ne serai plus enfant. A quinze ans, on n'est plus un enfant, n'est-ce pas, ma mère?

— On l'est encore un peu.

Il se recueillit en regardant le plancher, et dit:

— A quinze ans, je veux être un homme, moi!

Et il s'échappa de mes bras pour courir au jardin...

L'auguste mère qui venait de me parler ainsi s'arrêta, et ses lèvres s'agitaient encore après le récit; je compris qu'elle se complaisait dans ces souvenirs qui avaient toute la sérénité du bel âge, et que de toutes les phases que son fils avait parcourues, il n'en était pas de plus chère à ce cœur maternel que l'enfance du grand homme. Je la remerciai avec une émotion bien vive, de ce qu'elle avait bien voulu donner à ma visite une intimité d'épanchement qui me touchait aux larmes ; je lui baisai la main, et je sortis le cœur serré violemment et pourtant joyeux de tout ce que j'avais vu chez cette femme et de tout ce qu'elle m'avait dit.

Je remontai le Corso jusqu'à la place Antonine, et cette fois je regardai avec un intérêt beaucoup plus grand la colonne d'Antonin; c'est alors que je compris combien l'Empereur avait été bien inspiré, lorsqu'il voulut donner le costume antique à sa statue de la place Vendôme. Il y a des contradictions monumentales qui ne peuvent subsister, me dis-je ; un jour peut-être, on mettra les deux bronzes, colonne et statue, en harmonie parfaite, selon l'idée de l'immortel fondateur.

Cet espoir était bien illusoire, nous étions en 1834, et pourtant il me consola. L'espoir est le meilleur des amis.

J'avais quitté l'auguste agonisante, en me promettant de la revoir bientôt pour rouvrir l'entretien sur un sujet moins triste. Je tins cette promesse fidèlement. La mère de l'Empereur me fit l'honneur de m'admettre presque journellement dans son intimité. Dans ces conversations que ne saurait jamais oublier l'oreille qui les entendit une fois, toutes les grandes journées de l'épopée impériale reprenaient leur caractère de vérité que l'histoire a plus ou moins tronquée, sous des plumes ignorantes ou oublieuses. Et puis que de détails nouveaux, presque inconnus, intimes! Un jour j'écrirai la campagne d'Égypte telle que je la tiens de la bouche de madame Lætitia. Rien de beau comme l'ascension aux Pyramides de Bonaparte et de ses lieutenants !

Rien dans le palais Rinuccini ne témoignait de cette opulence que l'on prêtait à la mère de l'Empereur. Certes, le palais qu'elle habitait et qui fait l'angle du Corso et de la place de Venise, est un somptueux bâtiment, mais il passe inaperçu dans cette ville de palais magnifiques; ce n'est plus qu'une maison ordinaire, et elle s'efface complétement devant cet imposant palais de Venise qui a été bâti avec une rognure du Colisée.

Au reste, rien de triste à voir comme une demeure vaste à contenir un peuple et qui, par la médiocrité de fortune ou par la philosophie du propriétaire, est déserte comme une ruine, silencieuse comme un tombeau. Quelques domestiques sans livrée, une dame de compagnie, un vétéran de la garde impériale, tels étaient les seuls hôtes du palais Rinuccini. Un seul appartement, composé de plusieurs salons ou chambres, et d'une galerie, avec des meubles et des tentures superbes. Les croisées du côté du *Corso* étaient toujours fermées. Les pièces habitées regardent le midi, sur la place de Venise. Le salon réservé à la mère de l'Empereur brillait de tout le luxe impérial. C'est là que l'auguste malade retrouvait dans toute saison le climat restaurateur de son île natale; un printemps éternel y régnait même pendant la *cattiva stagione*; un air toujours pur descendait du Capitole voisin, se glissait à travers les persiennes, et donnait chaque jour un supplément d'existence à cette femme forte que la mort semblait avoir oubliée.

Aujourd'hui le beau palais Rinuccini a perdu cette animation puissante que lui donnait le dernier souffle d'une femme; il est désert comme tant d'autres palais romains qui ont perdu leurs maîtres; c'est comme une de ces pyramides qu'on eut soin de faire grandes, pour mieux renfermer leur dernier locataire : le néant!

L'ITALIE DES GAULES

Janvier 1857.

I

Un jour de novembre dernier, j'étais avec quelques amis au Jardin des Plantes de Toulon; le ciel donnait au calendrier un démenti magnifique; la végétation orientale nous entourait; elle n'était pas venue là, frileuse, étiolée, collée à la vitre des serres comme une convalescente, parodiant son existence équinoxiale à côté du poêle de Buffon ; elle vivait à son aise dans ce jardin; les orangers avaient repoussé d'un pied dédaigneux les vases de terre cuite; ils vivaient fraternellement avec nos arbres; le liquidambar se baignait dans les fontaines; le caquier nous jetait ses jolis fruits, savoureux comme la pêche; la vigne américaine dessinait des rouges arabesques sur une haute et mélancolique muraille; et des palmiers, de vrais palmiers, féconds et vigoureux comme leurs parents d'Égypte, enchantaient ce jardin de toute la grâce de leur tige, de toute la poésie de leur feuillage. Il fallait voir comme paraissaient bourgeois et plébéiens auprès d'eux quelques modestes marronniers, ailleurs si hautains, et qu'on laissait vivre là par commisération.

Au milieu de cette famille d'étrangers auxquels notre soleil a donné des lettres de naturalisation, nous faisions des projets de voyage: l'Italie nous souriait surtout; c'était le pays à voir, ou à revoir pour quelques-uns de nous; nous n'avions qu'à franchir le ruisseau qu'on appelle golfe de Gênes, une enjambée de vingt-quatre heures.

Mais après l'élan poétique vint la réflexion froide; après avoir causé du Forum, des thermes d'Antonin, du Vatican, de Venise, de Vérone, d'Herculanum, nous parlâmes des douaniers, des passe-ports, des mauvaises auberges, des voituriers qui vont au pas, des batteries autrichiennes qu'on trouve, chemin faisant, sur la route d'une antiquité; des avanies qu'il faut subir, des interrogatoires auxquels on doit répondre, des mille contrariétés plus redoutables que les périls, où le voyageur s'enchevêtre à chaque pas sur cette terre des beaux-arts, du génie et de l'antique civilisation.

Un de nos amis nous contait que dernièrement, tout meurtri d'un voyage en Italie, il s'était élancé joyeux du port de Gênes, en criant: *Galliam! Galliam!* son brick avait déjà fait trois lieues; Gênes se noyait à l'horizon; il bénissait le ciel. Tout à coup un canot courut sur le brick à force de rames; c'était la justice qu'on envoyait en pleine mer; les sbires avaient eu des scrupules d'inquisition; ils avaient vérifié le passe-port d'un voyageur, mais ils l'avaient mal vérifié. Pour mettre leur conscience en sûreté devant Dieu et le roi de Sardaigne, ils couraient dans le golfe sur une coquille de noix, à la poursuite d'un visa : en vain le voyageur leur dit fièrement qu'il était sur les terres de France, les shires lui prouvèrent que cette mer appartenait au roi de Sardaigne et qu'ils étaient en droit de prendre ce brick à l'abordage. Il fallut donc se mettre en panne, et perdre trois heures avec les shires qui cherchèrent une conspiration dans toutes les malles de l'équipage et ne trouvèrent rien.

Ainsi nous ajournâmes notre voyage en Italie à de meilleurs temps, *melioribus annis*, comme dit Virgile, qui était du pays.

Mais la passion de ce voyage nous échauffait encore la tête ; le vent du golfe nous apportait un parfum de ruines italiques tout fraîchement cueilli ; nous vivions dans la lumineuse atmosphère où nage le Colisée, nous baignions nos pieds dans des vagues qui, le matin même, roulaient pontificalement sur le môle d'Ostie ou détachaient l'algue de la ceinture d'Ischia. Un de nous proposa un terme moyen.

« Nous avons tout près d'ici, dit-il, une Italie à notre
» disposition, nous pouvons y coucher demain ; c'est une
» Italie qui est dans le département du Gard, une Italie
» où flotte le drapeau tricolore, une Italie où l'on voit
» un préfet constitutionnel, où les routes sont sûres,
» les auberges bonnes et les lits fort doux. Allons voir
» Nîmes, la Rome gauloise ; allons voir en courant son
» colisée, ses temples, ses ruines et le pont du Gard ;
» c'est une promenade de deux jours. »

Et une heure après, nous étions en voiture, et à minuit, par un clair de lune aussi beau que le soleil de juillet à Paris, nous traversions le pont du Rhône, à Beaucaire. L'Italie des Gaules est encadrée par le pont de Beaucaire et le pont du Gard, ces deux miracles de l'industrie moderne et du génie antique.

A sept heures du matin, nous entrâmes à Rome avec le soleil. Cette ville était habitée ce jour-là par des Nîmois. Le pape et les cardinaux étaient probablement dans leur bonne ville d'Avignon. Rome gauloise nous parut déserte, et semblait méditer sur ses ruines.

Les maisons prosaïques, les boutiques numérotées, les hôtels bourgeois, s'étaient enfin retirés à l'écart, comme de respect, pour faire place immense à l'immense Colisée. Il respirait enfin ce prodigieux monument, libre de l'entourage sacrilége qui l'étouffait; il renvoyait au soleil ses rayons comme une planète romaine, il nous humiliait de tout l'orgueil de ses ruines; il étalait avec une fierté souveraine les cicatrices qu'il avait reçues du temps et des hommes, des hommes surtout; car le temps, malgré la réputation de démolisseur que nous lui avons faite, laisserait vivre éternellement de pareils ouvrages, s'il n'avait pas les hommes pour collaborateurs dans toute œuvre de destruction.

En a-t-il reçu des secousses, ce géant de Rome gauloise, Voyez tout ce côté de portiques, comme il est noir d'un incendie qu'on dirait être éteint de cette nuit! Le Vandale a passé par là, secouant sa torche qui brûlait la pierre. Les peuples qui n'ont pas le génie des bâtiments ont le génie de la destruction; ils s'irritent contre les monuments après avoir égorgé les hommes. La barbarie vagabonde se croyait insultée par une colonne, un temple, une statue; en passant devant le colisée de Nîmes la barbarie ne put pardonner aux beaux-arts les colossales épigrammes de ses portiques! Alors elle coupa la forêt de lauriers qui couronnait la cité gauloise, elle jeta la forêt dans le gouffre de l'amphithéâtre et souffla le feu. Le ciment romain se fondit à la flamme, l'incendie ébranla ces monstrueuses dalles, le colisée trembla toute une nuit sur son bûcher de lauriers. Heureusement les incendiaires avaient du travail partout; il leur fallut sans doute partir le lendemain pour ravager ailleurs, et ils allèrent se mettre à l'ouvrage dans quelque cité voisine. Si l'incendie a jeté ses teintes noires de ce côté, de l'autre ces larges brèches sont l'œuvre des siéges : hélas! les Nîmois, qui avaient le malheur de vivre dans ce moyen âge si poétique pour nous, si tracassier pour eux, se confiaient par un instinct naturel ou de tradition à ces impérissables murailles; ils se revêtaient de leur colisée comme d'une cuirasse romaine pour se défendre contre l'ennemi.

Honneur aux édiles de Rome gauloise! ils ont enfin déblayé l'intérieur de l'amphithéâtre : l'argent du questeur ne pouvait être mieux employé. Cette montagne circulaire de ruine est maintenant pure de tout alliage profane. Les marchands avaient trouvé bon de s'installer là, de s'abriter de la pluie et du vent, d'avoir des dalles romaines pour comptoir, des portiques pour croisées, des vomitoires pour escaliers. Il a fallu bien des siècles pour chasser les vendeurs du temple saint; enfin la purification est faite, on a versé des flots d'eau lustrale; il y a soixante grilles de fer et un ostiaire. On interdirait l'eau et le feu à quiconque polluerait désormais cette majestueuse relique. Pour moi, je fus saisi d'un saint respect, lorsqu'en levant les yeux sur un pilastre extérieur, j'aperçus le timbre de Rome, la louve allaitant les jumeaux!

Par les vomitoires béants, nous nous élançâmes au sommet des ruines; le soleil les inondait d'une trombe de lumière, car le voile de pourpre ne se déroulait pas sur l'arène : il ne reste plus aux corniches que les trous profonds où l'on plantait les supports du voile impérial. Toute folie d'antiquaire à part, il est impossible au moins artiste des hommes de regarder cet amphithéâtre sans une émotion; là chacun est ému selon le degré d'intelligence, de sensibilité, d'instruction qu'il apporte à ce spectacle. Nous étions quatre, tous étendus sur une même dalle que nous couvrions de nos corps, le coude sur la pierre, la tête sur la main, laissant vagabonder nos idées, nos impressions, nos souvenirs, sans essayer d'en faire entre nous un échange pédantesque et babillard, sans nous parler de tout ce que tout le monde sait, ni des gladiateurs, ni des animaux, ni des belluaires, ni des courtisanes, sans établir d'oiseuses discussions sur la date du monument, sans décider s'il nous vient d'Auguste ou du despotisme libéral et fécond des Antonins.

L'histoire précise tue la fleur de l'émotion; on doit garder les dates et les noms propres pour le cabinet; devant la ruine, rien n'est délicieux comme le vague de l'ignorance; c'est alors que l'imagination vous emporte avec toutes ses folies, ses rêves, ses caprices, ses tournoyantes visions. Voilà un monument d'origine romaine! c'est bien, c'est assez; et on se plonge dans une antiquité nébuleuse, on rebâtit la ruine, on comble le vide des brèches, on peuple tous ces gradins d'un monde de fantaisie, on remplit de courtisanes demi-nues cette loge mystérieuse où la pensée impudique est traduite en relief de granit; on se roule dans l'orgie antique en plein soleil, on prête l'oreille aux rires homériques, aux grincements des chars d'airain, aux clairons qui sonnent l'air de Jules César partant pour les Gaules. La volupté du sang, la volupté des femmes, la volupté de la gloire, tout l'enivrement qui courait sur ces gradins, aux jours des fêtes impériales, vous le respirez quinze siècles après, s'exhalant de cette poussière de ruines : alors, si un coup de soleil occitanique vous endort subitement sur votre lit de dalles, il n'est pas d'arabesque d'Herculanum plus ravissante que les rêves liés à ce sommeil : l'odeur des arènes vous initie, endormi, dans des mystères d'antiquité inconnus à la menteuse histoire : vous dansez en rond, au cirque, avec toute la mythologie vivante; vous parlez d'amour aux femmes modèles qui ont posé devant les statuaires anciens; vous buvez les vins du Rhône à pleine amphore avec des rhéteurs, des consuls, des édiles, des centurions. Ce rêve de vérité vous révèle un monde tout nouveau de mœurs, de costumes, de visages, monde bruyant, mobile, amoureux, passionné, qui s'engouffre, comme un nuage de laticlaves, sous les larges vomitoires, qui bat des mains aux tigres, excite les gladiateurs, invoque les dieux immortels, remplit l'amphithéâtre d'un murmure harmonieux, comme un torrent de dactyles, comme la grêle qui tombe sur des feuilles d'airain.

C'est au réveil, après un tel rêve, que l'esprit a de la peine à se retrouver dans la vie réelle; on regarde avec des yeux vitrés et stupides le dortoir étrange où l'on a fait son lit, on s'efforce de s'expliquer sa position; on contemple, effrayé, tout ce bouleversement de pierres, ce cercle d'abîmes, cette majestueuse poussière, ce néant solennel qui s'harmonisait si bien avec le songe envolé; seulement le calme a succédé au fracas, la solitude à la foule, la mort à la vie.

De l'amphithéâtre il nous fallait rebondir au pont du Gard, sans passer par de petites admirations intermédiaires : ainsi nous négligeâmes un peu la Maison-Carrée, ce délicieux joyau corinthien, et les bains de Diane, où règnent encore tant de fraîcheur, tant de mystère pudique et de pieux recueillement, et la Tour-Magne, qui, debout sur la colline, proclame la gloire de Rome comme un héraut triomphal.

Notre promenade au vol dans l'Italie des Gaules n'avait pour but cette fois que des colosses; il nous en coûte si peu de recommencer vingt fois cette promenade dans un pays dont nous sommes si voisins. Nous renvoyâmes à une autre course les visites subalternes, la minutieuse investigation des détails.

Nous sortîmes de Nîmes gauloise par la voie vespasienne; elle était autrefois bordée de tombeaux; on en a fait des maisons pour loger les vivants. Sacrilége d'économie industrielle! En courant au pont du Gard, nous nous rappelâmes les phrases d'enthousiasme que Jean-Jacques Rousseau a écrites sur ce monument, la seule chose qu'il ait admirée, dit-il, et que sa riche imagination n'aurait pu concevoir.

Au village voisin nous quittâmes la voiture pour achever à pied notre pèlerinage.

La route est ouverte entre deux haies de chênes; ces arbres nains montent de la base au sommet des collines pour dominer le monument romain et l'étreindre au front comme une couronne triomphale digne de lui.

En doublant un promontoire de rochers, nous revîmes le Gard, qui descendait avec une grâce mélancolique sur des rives sablonneuses toutes pailletées d'argent. Quelques arcades supérieures du pont commençaient à poindre dans le ciel; encore quelques pas, et les soixante portiques éclatèrent à la fois devant nous.

Je l'avoue, je fus saisi de terreur comme devant une apparition : un incident m'avait prédisposé aux émotions étranges: quelques minutes avant je venais de courir une sorte de danger d'origine mystérieuse; mes habits étaient en lambeaux; je retenais en écharpe ma main droite meurtrie et ensanglantée. Mes jeunes compagnons de promenade, péniblement affectés, s'étaient assis sur la pelouse riveraine, et nul de nous n'osait saluer le pont du Gard par une parole étrangère à notre singulière situation. Mais l'air était si limpide, la lumière si ondoyante, le fleuve si gracieux, le paysage si inattendu, que la gaieté nous revint.

Il était là d'ailleurs pour nous absorber tout entiers, l'aqueduc sublime jeté sur la terre comme l'escalier des cieux: il nous versait l'enthousiasme à pleine arcade; il nous enlaçait avec toutes ses écharpes aériennes!

Je fus honteux le premier de songer à moi devant tant de grandeur. Mes compagnons étaient des hommes qui savent voir et sentir: nous nous abandonnâmes sans réserve à l'admiration, non pas pour la formuler en termes vocabulaires, car le plus emphatique mot de louange aurait honte de monter dans l'atmosphère du pont du Gard.

En visitant des villes antiques on rencontre des monuments, c'est dans l'ordre; on s'attend à les y voir. Les Romains, ces grands politiques, construisaient des amphithéâtres pour amuser les peuples vaincus; ces peuples échangeaient leur liberté contre les jeux du cirque, et ils croyaient gagner à ce trafic.

On voit aussi des temples dans ces mêmes villes, les Romains en bâtissaient partout. C'est donc sans étonnement qu'on trouve au milieu de nos rues modernes, et parmi les cartonnages de nos petits édifices, ces magnifiques débris séculaires, œuvres immortelles d'un peuple mort.

Mais là, devant le pont du Gard, c'est à être foudroyé de surprise : vous marchez dans un désert où rien ne rappelle l'homme; la culture a disparu : ce sont des ravins, des bruyères, des blocs de rochers, des touffes de jonc, des chênes amoncelés, un torrent qui passe, une grève mélancolique, des montagnes sauvages, un silence de Thébaïde, et du milieu de ce paysage jaillit la plus magnifique chose que la civilisation ait faite pour la gloire des beaux-arts. L'apparente futilité du but rehausse encore le prodige du moyen : il s'agissait simplement de donner un supplément d'eau à une ville où déjà l'eau abondait; eh bien! pour arrondir une veine aérienne à une petite source, les Romains ont pris une montagne, ils l'ont fait fondre sous leurs sueurs, et l'ont façonnée en triples rangées d'arcades, avec un génie d'architecture mêlé de grâce incomparable et de majestueuse solidité.

Quel pont avait servi de modèle à ce pont? Aucun; ce fut une création. Rome imitait les Grecs pour les ouvrages à dentelles, mais quand elle se donnait la peine de créer, elle empreignait son œuvre d'un caractère spécial qui ressemble au sceau de l'éternité. Ainsi fit-elle pour le pont du Gard. Ne sachant où copier, elle inventa, sans devis préalable soumis aux édiles, sans hésitation. Avait-elle le temps d'hésiter? Son laborieux génie improvisait les merveilles; en courant dans ces provinces, il n'était pas de montagne à qui elle ne demandât la moitié de ses pierres pour s'adoucir une grande route, se décerner des arcs de triomphe, se bâtir des pavillons de repos. Et de quel cœur les enfants de Rome se mettaient à l'ouvrage ! un poëte nous a révélé en trois mots tout le secret de cette opiniâtre constance des légionnaires romains, de leur ferveur incomparable au soleil du chantier :

Vincit amor patriæ.

Chaque soldat sacrifiait à Rome ce contingent de gloire qui lui revenait pour une œuvre accomplie; c'était une abnégation universelle, un patriotisme modeste qui se concentraient dans ce seul mot : Rome. Ils apportaient tous leur grain de pierre au monument, en pensant à l'honneur qui devait en rejaillir sur la cité capitoline; ils jouissaient de l'admiration que la merveille bâtie excitait chez les peuples vaincus. La construction d'un édifice colossal était aussi fructueuse à Rome que la magie d'une victoire : il n'était pas un de ses soldats qui ne se recueillît au chantier pour écouter ce cri de stupeur que les siècles futurs pousseraient devant les œuvres de Rome; et cet éloge lointain embaumait leurs sueurs; on ne gravait point sur les dalles les numéros des légions qui les avaient équarries : c'était Rome qui faisait tout.

Le pont du Gard n'est pas signé: dites-nous le nom de l'architecte? c'est Rome qui l'a bâti.

Je tourbillonnais dans ce nuage de réflexions en tenant mes yeux collés sur l'édifice; nous en étions à cinquante pas, et nous n'osions avancer davantage de peur de perdre les émotions présentes et d'en trouver d'autres moins douces en touchant le pont de nos mains. Je brûlais de l'embrasser sur toutes ses faces, comme on fait de toute chose aimée; je gravis le sentier qui conduit au second portique, et la première arcade où je me noyai me parut jaillir des pieds, comme une fusée que je suivis dans l'air et qui retomba plus loin.

Nous escaladâmes la montagne pour nous mettre à niveau du sommet du pont, et bientôt nous nageâmes en plein air, l'aqueduc sous nos pieds, passant d'une montagne à l'autre, comme la source tarie, suspendus entre un double précipice d'arcades à pic. Nos yeux plongeaient sur un horizon immense : c'était glorieux pour nous à voir se rapetisser les œuvres de la nature du haut d'un piédestal créé par l'homme. Tout, au bas, me paraissait nain en courant sur cette ligne horizontale jetée entre deux montagnes comme un trait d'union.

Là, quelques vestiges de ruines trahissent le passage du peuple ravageur; cette fois le Sarrasin y a perdu ses griffes; la tête du monument n'a reçu qu'une égratignure ; c'est imperceptible sur un si grand corps.

Nous descendîmes du côté opposé, dans la forêt de chênes, pour jouir de quelque aspect nouveau.

Cette fois ce fut mieux que de la surprise; vous le dirai-je, depuis deux heures nous étions avec le pont du Gard, et... nous ne l'avions pas vu!

C'est dans cette autre face qu'il est lui, qu'il est le monument romain, qu'il s'épanouit dans sa radieuse éternité ! les siècles ont créé une teinte exprès pour cette face. Quinze cents fois le soleil d'été a incrusté des couches d'or sur ces pierres, et ni les pluies d'hiver, ni les brumes du fleuve, rien n'a pu détacher cet éblouissant vernis de point lumineux, ce voile oriental tissu de rayons. Pour le voir en artiste de ce côté, il faut se laisser tomber, par des broussailles, sur le lit de sable que le Gard prépare au voyageur. Il faut se coucher sur ce duvet d'argent, aux plaintes du fleuve, au chant d'oiseaux inconnus, aux roulades du vent qui fait entre-choquer les glands et les feuilles des chênes druidiques : c'est comme une sauvage ouverture de Weber qui prélude à quelque inattendue apparition. On ouvre alors ses yeux à la merveille qui ne pose que pour vous, et l'on se replonge encore dans l'abîme d'une pensée avec une pluie de lumière sur le visage, le fleuve à l'oreille, les bois partout, et devant trois rangs d'arcs de triomphe qui découpent au ciel des portiques en plein azur.

C'est le paysage le plus grand, le plus complet qui soit au monde ; car où retrouverait-on cet heureux concours d'accidents, cette harmonieuse combinaison du travail de l'homme avec le travail de Dieu ? tout cela si bien arrangé fortuitement ou par le seul du génie romain, qu'on ne suppose pas d'époque où l'homme manquait à ce paysage ; on se dit que tout ce délicieux ensemble remonte aux jours primitifs de la création.

De ces pensées qui fatiguent on retombe, par délassement, sur quelque détail frivole avec lequel l'esprit rêveur badine : c'est un figuier sauvage qu'on se plaît à regarder s'élançant d'une arcade comme d'une roche, et qui fait tomber en pluie la poussière romaine avec ses âpres feuilles, larges comme des mains : c'est une tige de chêne suspendue à la voûte comme une couronne murale ; c'est un oiseau qui se précipite de l'aqueduc desséché pour s'abreuver au fleuve ; c'est un vieux bûcheron qui passe depuis soixante ans sur ce pont sans l'avoir examiné une seule fois, et qui nous humilie de son sourire moqueur, nous, insensés venus de la ville pour visiter un aqueduc sans eau.

Eh ! qui sait, après tout, si ce n'est pas ce bûcheron qui pense et voit juste ; si notre admiration n'est pas de la folie ; si son insouciance n'est pas de la raison ?

Un de mes amis eut une idée malheureuse : il me pria d'adresser des vers au pont du Gard, là même, sur le sable du fleuve, en face du monument. J'eus la faiblesse de lui obéir. J'emprunte aujourd'hui ces pâles alexandrins à notre album de voyage. Nous les avons jetés, en guise d'adieux, au véritable écho romain qui roule d'arcade en arcade. Il ne les répéta qu'à regret dans cette langue sourde que nous lui parlions et qu'il ne comprenait pas. Un peu avant je lui avais récité le *carmen seculare* d'Horace, et quand je prononçai le *nil urbe Roma visere majus*, les pierres elliptiques retentirent comme les boucliers des *hastati* frappés par les javelots.

AU PONT DU GARD

Pont sublime, et bâti par des mains inconnues,
  Toi qui sous tes arceaux laisses passer les nues,

Qui baignes tes grands pieds dans l'eau tiède du Gard.
Oh! je t'embrasse enfin d'un dévorant regard!
Faisceau d'arcs de triomphe et chaîne granitique,
Mariant deux sommets par un triple portique,
Quand il tombe le soir, à son couchant vermeil,
Chacun de tes arceaux encadre le soleil.
L'éternité de Rome, écrite en ces trois couches,
S'annonce au voyageur par tes soixante bouches.
Lorsque le vent du nord, sifflant sur ces vallons,
Fait parler ton orchestre aux roulements si longs.
Que de grands souvenirs! — L'architecte anonyme
Qui décrivit en rond les arènes de Nîme,
Après les jours de sang, parmi ces bois épais,
Fit briller au vaincu cet arc-en-ciel de paix.
Je pense au siècle antique, où, foulant cette arène,
Rome passait ici dans sa pompe de reine.
Un jour elle s'assit sur ce même gazon
D'où mes trop faibles yeux mesurent l'horizon;
Le ciel, comme aujourd'hui, comme au berceau des âges,
Versait un air limpide à ces doux paysages:
Dans ce vallon étroit, agreste corridor,
La lumière roulait, ainsi qu'un fleuve d'or;
Au vent oriental, vent qui souffle du Rhône,
La forêt druidique agitait sa couronne
Avec des bruits si doux, si parfumés de thym,
Qu'on eût cru que ce bois murmurait du latin.
Rome vit autour d'elle ondoyer sept collines;
Son armée entonna des strophes sibyllines;
Le Gard devint le Tibre, et le soldat romain
De sa maison lointaine oublia le chemin.
Rome prit son levier, elle tailla les roches.

Qui du fleuve captif défendaient les approches :
Elle pétrit à flots ces merveilleux limons
Qui deviennent granit et cimentent les monts !
A l'ombre de la louve, orgueil du vexillaire,
Les blocs furent broyés comme l'épi sur l'aire ;
Rome, pour élever tous ces arcs triomphaux,
Moissonna des forêts et fit des échafauds ;
Pour ravir une source aux collines vassales,
Elle fit ruisseler des pierres colossales,
Et, roulant ces arceaux jetés d'un triple bond,
Comme sa signature elle écrivit ce pont.

II

La ville de Constantin

Ce n'est pas de Stamboul, la Turque, c'est de sa sœur la Gauloise que je veux parler. Les deux cités, filles de Constantin, ont eu de tristes destinées. A peine enregistrées sur la carte, aux cris de joie de l'univers latin, elles se sont endormies; et dorment encore, l'une sur le Bosphore, tout près des lieux où Ovide a placé le palais du Sommeil; l'autre sur l'Élysée du Rhône, dans le seul coin de la France que les cris des postillons ne troublent jamais. Malheureuse idée de Constantin! ce Clovis de Rome, ce vainqueur de Maxence, cet empereur illuminé qui voyait des croix en l'air, s'imagina follement qu'il assurait l'éternité de l'empire en créant une capitale nouvelle sur la prairie que baignent la Méditerranée et l'Euxin.

Un moment, un seul moment, ce grand homme fut inspiré d'en haut : il dit à Arles :

« Tu seras Constantinople ! »

Et certes elle méritait bien cet honneur ; Constantin l'aimait de passion, la caressait avec amour, cette noble cité gauloise qu'il adoptait pour sa fille. Il la contemplait assise dans son delta, baignant ses pieds de marbre dans le Rhône et la mer ; arrêtant d'une main les barques de Lyon et de Vienne, de l'autre les vaisseaux d'Alexandrie, les trirèmes d'Ostie et d'Anxur. Elle s'épanouissait à son soleil, mystérieuse, intéressante, solennelle comme une ville égyptienne ; Arles, devant Constantin, c'était Alexandrie ou Memphis ; Arles, avec sa nécropolis élyséenne, son désert pierreux, ses mirages fantastiques, ses grandes herbes fauchées par les bœufs, ses obélisques sombres, ses chantiers de statues, ses places hérissées de colonnes ; et partout, sous les péristyles, au bord des puits, au soleil des temples, le long du fleuve, partout ses belles femmes, indolentes et causeuses, coiffées de bandelettes à plis, comme des Isis vivantes ; ses femmes déjà citées en ce temps comme les plus belles entre les Gauloises, les filles brunes et blanches de Segoregium, celles qui séduisaient les Grecs de la naissante Marseille jusqu'à leur faire oublier les voluptueux gynécées de Larisse et de Délos.

Constantin s'enivrait des parfums de cette ville : il avait déjà oublié Rome, cette Rome ennuyeuse de gloire: on avait trop parlé d'elle, il fallait en finir avec son éternité, lui arracher son auréole capitoline usée jusqu'au dernier rayon, et la remettre en fonte pour l'attacher à quelque autre tête de cité vierge.

Arles tendait ses mains pour recevoir un don et un titre; Constantin s'apprêtait à la baptiser dans le Rhône et à lui donner son nom harmonieux, le palais impérial s'élevait déjà, les artistes en foule y apportaient des statues pour ses galeries, les pourvoyeurs amoncelaient les amphores dans ses immenses celliers, afin de fournir aux orgies de toute une dynastie d'empereurs; on bâtissait un théâtre comme celui de Marcellus, et un forum tout bordé de colonnades; on avait un amphithéâtre comme celui de Flavien; pour les ides de mai, l'empereur promettait au peuple arlésien un spectacle gratuit, un combat de taureaux qui durerait cent cinquante jours complets, plus généreux que Titus qui n'en donna que cent pour l'ouverture du Colisée et ne fit égorger que vingt mille bêtes fauves. Constantin s'apprêtait à fonder une nouvelle histoire qui n'eût pas été celle que nous lisons : il se créait maître de la Méditerranée, il étreignait cette mer avec deux bras, les péninsules italique et espagnole. Pour établir ses communications avec Rome, il n'avait qu'à couper une montagne à morceaux, en l'éparpillant en menus pavés du Rhône au Tibre; c'eût été une rue de deux cents lieues semée d'arcs triomphaux; Constantin aurait couru de Sagonte à Tarente, trouvant toujours une de ces deux capitales à mi-chemin. Il eût abandonné tant de provinces lointaines que Rome ne conservait que par orgueil et qui étaient onéreuses au trésor public. Ainsi concentrée, la vitalité de l'empire aurait eu la force requise pour résister aux invasions. Arles devenait la sœur de Rome; parenté naturelle d'ailleurs, puisque l'origine de ces deux villes était commune; Rome, fondée par Enée, Erles par Arelon, neveu de Priam.

Un nouvel ordre d'avenir allait donc commencer, mais le génie de destruction l'emporta. — Constantin délaissa subitement la ville du Rhône pour établir son siège impérial à Byzance.

De hautes considérations politiques le déterminèrent sans doute; il serait probable aussi qu'une cause futile eût provoqué subitement la haine de Constantin contre cette ville d'Arles qu'il avait jusque-là favorisée de son affection.

Après avoir quelquefois pensé gravement sur cet abandon, après avoir pesé les raisons approfondies par les historiens, il me vint un jour en idée que le Borée noir, dont parle Strabon, avait irrité l'empereur, et que ce vent terrible renversa la bonne fortune d'Arles; c'est à méditer. Qu'on songe que le Borée noir, tant radouci de nos jours, comme tous les fléaux qui vieillissent, que le Borée noir, prosaïquement dégénéré depuis dans le mistral, bouleversait alors une ville jusqu'en ses fondements; auprès de lui le simoun d'Égypte n'était qu'un doux zéphir. Quand il soufflait dans le désert pierreux voisin d'Arles, il enlevait les cailloux par tourbillons comme le simoun fait des grains de sable; il renversait les chevaux et les cavaliers, dépouillait violemment les soldats de leurs armes et de leurs habits; c'est ce qu'on lit dans Strabon, le moins fabuleux des historiens. Un pays ainsi désolé ne méritait pas une longue affection d'empereur; cette calamité endémique neutralisait tous les dons heureux que la cité d'Arles avait reçus de son climat, de sa campagne, de son fleuve et de la mer.

Constantin, qui lisait Strabon et qui avait essuyé quelques humiliations infligées par le Borée noir, transporta ses pénates chrétiens sur le Pont-Euxin, Constantinople fut fondée.

L'empire romain y a péri, puis sont venus la peste, les Turcs et les Russes. Mieux valait subir le Borée noir.

Quoi qu'il en ait été, Arles ne fut qu'un instant le siége de l'empire dans la pensée de Constantin; mais que de magnifiques choses lui restaient, que de trésors de consolation l'infidèle empereur lui laissa comme à une maîtresse abandonnée.

Les hommes profonds qui prédisent l'avenir disaient après le départ de Constantin :

« Arles sera la reine des Gaules ; elle a déjà tout, tandis que les autres cités n'ont rien ; elle compte déjà cent cinquante mille habitants, laissez-la grandir encore, elle sera Constantinople malgré Constantin. »

Hélas ! venez la voir, cette ville superbe, cette reine qui portait un cirque pour couronne et deux théâtres romains pour bracelets ; elle a débuté par les arènes, et vous savez à quelle spécialité de table son nom est descendu aujourd'hui. O civilisation, faut-il dire de toi ce que Brutus disait de la vertu !

Entrons, les larmes aux yeux, dans Arles, la ville endormie, comme l'appelle avec tant de bonheur M. Nisard, lui qui l'a si bien comprise. Entrons: personne dans les rues ! Où sont les voyageurs et les curieux ? Ils sont en Italie, en Grèce, en Égypte ; Arles est abandonnée. Il y a un hôtel d'Europe inconnu de l'Europe, avec de vastes chambres toujours désertes, à moins qu'il ne prenne fantaisie à un Anglais d'y venir méditer vingt-quatre heures après avoir médité dans tout l'univers.

Toutes les villes subalternes se ressemblent, ou à peu près, ce sont toujours des rues alignées bien ou mal, mal surtout, et des maisons numérotées, des boutiques, des enseignes peintes qui font peine à voir. Arles a un peu de ces choses, et pourtant elle ne ressemble à aucune ville connue. Le voyageur qui passe de Nevers à Moulins, de Châlon-sur-Saône à Macon, ne croit pas changer de résidence; mais celui qui sort de Tarascon pour aller à Arles croit changer de planète.

Arles est une ville de rêve, apparition monumentale qui fait peur lorsqu'on la contemple dans une certaine disposition d'esprit, par un temps gris et sombre, au tomber du jour. Le dédale de Crète était un chemin droit auprès du labyrinthe des rues d'Arles, et lorsqu'on s'y lance au hasard il y a de singulières surprises à chaque pas. Au bout de quelque carrefour aux maisons basses, aux œils-de-bœuf éraillés, on distingue un pan gigantesque de murailles signé Rome. Une soudaine éclaircie de huttes plâtrées vous fait jaillir aux yeux quelque colonne ressuscitée, quelque large frise constantine, quelque vomitoire sombre comme un soupirail de l'enfer.

J'aimais à courir ainsi dans cette étrange ville sans être conduit en laisse par un guide officieux qui déflore toujours la surprise.

L'enceinte d'Arles n'est pas grande; il est immanquable qu'on n'y rencontre pas à force d'évolutions, tout ce qu'on doit y voir. Il y a du charme d'ailleurs à se laisser barrer inopinément le passage par une antiquité: je ne crois pas qu'il soit donné à un artiste qui abhorre tout esprit de suite et de méthode dans ses courses, qui ne classe pas ses visites par chapitre, qui consent à s'égarer dans un labyrinthe plutôt que de se lier à la remorque d'un cicerone verbeux, je ne crois pas, dis-je, qu'il soit donné à cet artiste d'être bouleversé par un étonnement plus vif que celui qui l'attend dans un carrefour désert de la ville d'Arles.

Jugez-en :

On s'est mis à fureter tous les coins pour chercher des traces de la domination romaine ; on s'arrête devant toute pierre soupçonnée d'antiquité ; on ouvre toutes les portes de clos et de jardin, pour prendre sur le fait quelque mystère constantinien enseveli sous les hautes herbes : on est souvent dupe de ses yeux et de son enthousiasme dans ce vagabondage d'examen, lorsque tout à coup, à un angle de ce carrefour dont je parlais tantôt, une sorte d'armoirie mutilée vous arrête devant une vieille cloison de bois : on ouvre, et ce n'est pas le cirque, ce n'est pas le théâtre, ce n'est pas le palais impérial, c'est une merveille chrétienne du moyen âge qui vous éblouit, vous cloue immobile sur le seuil :

C'est le cloître Sainte-Trophime !

Qui l'a bâti, ce cloître ? Je l'ignore.

Il fut dédié au premier évêque d'Arles. C'est du gothique primitif. Heureuse cité où l'ogive embrasse la frise romaine, où l'eau lustrale et l'eau bénite ont lavé les monuments du double catholicisme d'Homère et du Christ ! Le cloître Sainte-Trophime est ouvert à tout venant ; il sert de passage, comme la cour du Louvre, à ceux qui aiment l'économie du chemin. Les jeunes Arlésiens, Sarrasins de dix à douze ans, y viennent jouer avec les statues gothiques ; c'est un privilége acquis. Encore quelques invasions de l'école primaire, il ne restera plus un seul point saillant sur tant de vénérables et saintes figures abandonnées aux mutilations.

Il est de singulières destinées pour les choses de l'art : une pierre antique est-elle trouvée dans une fouille, aussitôt on la grave au burin, on expédie son portrait à l'Institut; les savants écrivent des notices sur elle ; on expose la bienheureuse pierre sous verre, dans un musée, avec une sentinelle à la porte ; mais, lorsqu'il s'agit d'un monument complet qui a le tort de n'avoir jamais été enfoui, on le traite sans façon; souvent même la spéculation froide arrive, son marteau à la main, et démolit l'édifice pour vendre les pierres, le plomb et le terrain.

Le cloître Sainte-Trophime devrait être cloîtré.

Il y a un puits banal où les femmes arlésiennes arrivent l'amphore sur la tête.

Ainsi posées sous l'ogive avec leurs coiffures d'Isis, leur teint chaud, leurs yeux égyptiens, elles donnent au cloître catholique un caractère merveilleux. Il y a encore quelques vieillards, désœuvrés locataires des huttes voisines ; ils s'adossent aux colonnettes, béants au soleil, et ils éternisent quelque colloque sur les bœufs, comme les anciens habitants de Memphis, des villes d'Hermès et du Soleil. Une atmosphère de moyen âge circule sous les quatre galeries; toute la naïveté de la sculpture primitive resplendit dans ce musée religieux ; on croirait voir des tableaux de Pérugin pétrifiés. A midi le soleil tombe d'aplomb, inonde de lumière les hautes herbes, les sculptures, les colonnettes qui saillissent sur la cour; et c'est alors délicieux à voir ce carré tout éblouissant, tout échauffé de rayons, encadré par les galeries voûtées empreintes de fraîcheur et d'obscurité mystérieuse.

J'ai vu ce cloître, aussi, dans une de ces nuits méridionales qui se décorent d'une si belle lune, ce digne soleil des ruines. J'étais là, seul, comme Bertram au troisième acte de *Robert-le-Diable*. Au lieu d'un décor menteur, je touchais du doigt l'architecture réelle d'un cloître désolé; il me semblait que la porte noire du fond allait s'ouvrir aux religieuses: il me revenait à l'oreille ce chant corrosif de violoncelle avec ses notes stridentes qui vous donnent une volupté pénible, comme si l'archet mordait sur vos nerfs. C'est là, quand minuit pleurait au clocher de Sainte-Trophime, c'est là que j'aurais voulu entendre Levasseur évoquant les fantômes, et l'orchestre d'Habeneck jetant sous les galeries ses plaintes, ses vagissements, ses glas, ses amoureuses mélodies d'enfer, ses enivrantes provocations au plaisir ; c'est là qu'on exprimerait tout le suc de cette harmonie satanique et sépulcrale que nous ne savourons qu'imparfaitement au balcon de l'Opéra. Car aucune odeur de tombes et de ruines ne s'exhale des toiles de Ciceri pour servir d'accompagnement invisible aux plaintes des basses et des altos. Cette factice désolation de la scène ne nous touche que peu, quand tout à nos côtés respire l'opulence. Allez croire aux sorciers, aux spectres, à l'enfer, au milieu de cette voluptueuse cour de dames parisiennes qui assistent en rond à ces mystères de la mort, qui donnent des démentis à la tombe et embaument tous ces sarcophages de carton peint.

Aux symphonies vraies et graves écrites sous l'obsession d'une idée de mort, il faut l'austère réalité et non l'illusion du théâtre, la fraîcheur qui monte des ruines, le frisson qui se glisse avec un murmure de la nuit. Alors tout est compris : il n'est pas une de ces notes profondément intentionnées, et souvent insaisissables parmi les folles distractions d'une loge, qui ne nous révèle quelque idée intime prise dans un ordre immatériel que les mots n'analysent point, comme tout ce qui vient du ciel ou de l'âme ; car le génie qui saisit ces notes dans le néant et les échelonna vivantes sur cinq lignes, ne s'inspirait point, dans ses rêves créateurs, avec des coulisses et des clairs de lune de papier huilé ; son imagination délirante l'emportait dans quelque cloître Sainte-Trophime où la nuit parle avec le frôlement des herbes, avec l'eau qui filtre dans la citerne abandonnée, avec le suintement des voûtes, avec le susurre de l'insecte invisible, avec le sourd balancier du clocher voisin, avec la brise qui meurt sous l'ogive. En écoutant ces bruits, il en sortait comme des échos vagues, comme des réminiscences indéfinies dans la phrase mystérieuse que le maître préparait à l'orchestre sans recourir aux pauvretés puériles d'une harmonie imitative qui imite trop.

Oui, ce serait un spectacle irritant d'émotions neuves que cet acte de *Robert* joué dans ce cloître, avec un orchestre invisible, à minuit, sous la lune printanière qui va venir : et c'est un projet que nous réaliserons. Il ne faudrait là que quelques auditeurs logés isolément dans les niches des statues absentes, tous artistes, hommes organisés pour ces choses, tous ayant foi, par occasion, à ces rêves que les sages appellent folies ; croyant que minuit n'est pas une heure comme les autres, que la tombe a des secrets de vie, que les ténèbres aériennes ont leurs habitants, que toutes les sciences ne sont pas écrites dans les livres, et qu'il en reste une peut-être, une qui n'a pas de nom dans nos langues, et dont l'enseignement n'appartient qu'à Dieu ou au démon.

C'est ainsi que je divaguais, un soir, la nuit tombée et la lune grande, seul au milieu du cloître de Sainte-Trophime.

J'en sortis tout parfumé du moyen âge, infidèle à ma maîtresse antique, à Rome, mêlant dans mes souvenirs les Sarrasins et Meyerbeer, Sainte-Trophime et Levasseur : lorsque, du milieu d'un amas de ruines fraîchement labourées, deux gigantesques fantômes me barrèrent le chemin.

C'étaient deux magnifiques colonnes de marbre qui paraissaient avoir surgi, la veille, du sol qui les couvrit quinze cents ans. Il y avait, autour, une place jonchée de ruines, sorte de cimetière bouleversé : c'était une Palmyre en raccourci.

L'histoire m'en avait été contée le matin : ces deux colonnes supportaient des frises admirables de broderies ; elles ornaient le *proscenium* du théâtre romain, théâtre immense comme celui de Taorminum en Sicile, celui qui, à défaut de lustre pour ses spectacles de nuit, s'illuminait aux flammes de l'Etna. Une fouille récente a rendu au soleil le squelette du théâtre d'Arles; chaque coup de pioche a fait jaillir un trésor. Les reliques exhumées s'amoncellent au musée de la ville. Ce sont des statues de danseuses, des cippes, des silènes, des couronnes de chêne sculptées sur marbre avec une pureté qui rappelle les plus beaux jours de la virilité de l'art.

Mais, par-dessus tout, la plus heureuse chance de la fouille vient de donner à ce musée un buste colossal de femme, véritable merveille née du ciseau romain.

Il n'y a rien au Louvre d'aussi beau, rien au Vatican. La chevelure est exquise de minutieux travail, l'expression du visage est ravissante; le marbre cette fois est une chair, sans complaisance d'optique. Si ce buste mutilé appartient à un corps enfoui, oublié sous terre, il faut faire une croisade d'artistes pour conquérir ce corps, pour délivrer de la fosse la divine statue que cette tête a permis de supposer. Si j'avais une fortune, je la convertirais en coups de pioche sur ce sol fécond qui produit de telles choses en guise d'arbres ou de fleurs.

A quelques pas de là j'entrevis les arènes; elles sont déblayées aujourd'hui, elles ont vomi le village lépreux qui trop longtemps les a empoisonnées. Une seule maison reste encore debout, bâtie sur un gradin, et tellement perdue dans l'immensité de l'ellipse, que je fus longtemps sans l'apercevoir. Elle n'y occupe pas plus de place qu'un sénateur romain du règne de Vitellius.

Je ne trouvai plus ici la grâce corinthienne de l'amphithéâtre nîmois; c'est une architecture sauvage, où l'élégance est sacrifiée à une rudesse de solidité qu'on ne voit que dans les temples d'Égypte.

Au moment où je croyais pénétrer dans l'intérieur des arènes, une pente rapide m'entraîna vers les souterrains immenses qu'on déblaie à l'heure où j'écris. Ici l'étonnement réclame en vain des formes convenables d'expression.

A quoi donc étaient destinés ces lieux profonds? Ce n'est point un problème; on le devine soudainement à leur sombre caractère. C'était l'hôtellerie des lions africains, le dortoir des tigres, le caravansérail des monstres de Barca.

Quand le proconsul d'Afrique expédiait une cargaison de bêtes fauves à la bonne ville d'Arles, jamais on ne refusait le gracieux cadeau pour cause d'encombrement; il y avait large place pour tous les sujets anthropophages des royaumes de Siphax et de Massinissa. Les galeries souterraines embrassent la circonférence de l'amphithéâtre, et, comme si celles-là n'eussent pas suffi, on trouve encore à un étage inférieur de nouvelles galeries, ornées dans leur pourtour d'alcôves destinées aux gladiateurs, avec un supplément de nefs latérales, taillées à profusion dans le roc, et des hautes voûtes formées de quartiers de rochers d'une étonnante dimension. Cette prodigalité d'architecture infernale n'appartient d'ordinaire qu'aux rêves des mauvaises nuits, ou aux décors d'opéra, ou aux tableaux de l'Anglais Martinn : parce que là on peut faire à bon marché des entassements de montagnes taillées à fantaisie; la main-d'œuvre et la matière ne coûtent rien. Avec une imagination dévergondée, avec un peu de toile et un pinceau, on se donne libéralement des perspectives d'arcades sans horizon, des séries éternelles d'escaliers et de corniches, ou des galeries de marbre à tarir les sources de Carrare et de Paros. Jugez de la stupeur lorsqu'on la retrouve palpable et réelle aux yeux et à la main, cette richesse monumentale qui s'allonge en ellipses, se roule en arceaux, se multiplie en corridors, s'abaisse en voûtes, se déploie en nefs majestueuses : cette architecture qui dédaigne le ciment, qui ne confie qu'à la pierre le soin de soutenir la pierre, qui conserve en relief toute l'âpreté de ses larges assises, qui laisse le polissoir aux cartonnages des peuples nains, et se prépare à porter les siècles à venir sur des reins vigoureux, déjà vainqueurs de tant de siècles morts.

Voilà les souterrains du cirque d'Arles ; chaque jour on met en lumière quelque nouvel appartement de ce labyrinthe aux cent palais ! Qui sait ce que la terre y garde encore de surprises ?

On conçoit le Colisée de Rome, élevé en deux ans par douze mille Hébreux esclaves ; mais cette frénésie de bâtir qui possédait les Romains, n'est nulle part plus étonnante que dans ces souterrains d'Arles. Là, il n'y avait pas d'Hébreux à employer, il n'y avait pas deux millions d'habitants à divertir avec une inépuisable provision de tigres ; Arles n'était pas une cité de vingt lieues de circonférence, comme Rome, telle que l'enceinte des murs auréliens nous l'a fait supposer ; pourquoi donc ce luxe d'architecture souterraine ? Pourquoi toute une montagne façonnée en hôtel garni de bêtes fauves ? Et encore, si tous ces prodiges de travail, de génie, de hardiesse, eussent été créés pour être visibles en plein soleil ! mais l'ordonnateur ensevelissait son œuvre ; ce palais merveilleux était un enfer interdit aux vivants ; on ne l'ouvrait qu'aux gladiateurs ou aux belluaires, classe vouée par profession à la mort, et aussi peu soucieuse d'architecture que leurs féroces adversaires de Numidie et de Barca.

Tout cela est mystérieux pour nous comme le génie producteur de Rome. On visite ces prodiges enfouis, ces corridors immenses en répétant quelque monotone syllabe de stupéfaction : mais il ne nous tombe jamais dans l'esprit une idée de satisfaisante solution sur tant de problêmes que l'antiquité nous a légués avec les dalles muettes de ses monuments.

Je suivais, à pas prudents, le sentier sinueux qui sert de fil dans ce labyrinthe, m'éclairant de la lune qui dessinait par intervalles, sous mes pieds, de blanches arcades, tandis que les nefs, les voûtes, les loges se noircissaient, à ma gauche, d'une nuit vaporeuse qui leur prêtait des profondeurs infinies.

A pareille heure, l'empereur Gallus régnant, ce devait être une curieuse harmonie, celle qui roulait dans ces colossales ellipses fécondes en échos, lorsque le lion, comme chef d'orchestre, donnait son *la* puissant, et qu'à ce signal les locataires de cette vaste ménagerie entonnaient en chœur l'hymne nocturne du désert natal. Il fallait être né gladiateur pour dormir, à pareil concert, sur ces matelas de roche vive que l'architecte soigneux a ménagés dans les alcôves. Je ne sais si les citoyens domiciliés au quartier des arènes ne souffraient pas de ce bruyant voisinage, qui neutralisait leurs prières vespérales à Morphée, dispensateur des pavots. Que de pétitions d'*incommodo* les édiles de Gallus ont dû recevoir à cause de ce formidable inconvénient! Elles étaient sans doute écartées par l'ordre du jour, car l'utilité publique des bêtes fauves l'emportait sur les réclamations de quelques voisins.

En pensant à tant de fracas sous ces gigantesques galeries, en me reportant à cette fête illustre dans l'univers latin, cette fête que le divin Gallus fit célébrer dans ce même amphithéâtre, une réflexion subite me rendit à notre Arles moderne.

C'était un dimanche de novembre; j'avais entrevu le

matin une affiche de spectacle, je fus curieux de visiter le théâtre français d'Arles, convaincu que son architecture avait emprunté quelque reflet d'imposante grandeur aux masses qui m'environnaient. S'il est une ville, me disais-je, où l'on doive connaître l'art de bâtir un théâtre, c'est à coup sûr celle-ci. Partout les Romains ont laissé des plans; il n'y a qu'à copier, en réduisant toutefois les proportions sur une échelle inférieure. Avec cette idée je quittai les souterrains.

Les rues étaient désertes, les maisons éteintes, les portes closes; on avait sonné le couvre-feu à sept heures du soir, une heure plus tôt que sous Philippe le Bel. Je marchais au hasard, tâchant de recueillir çà et là quelque éclat de joie et de foule qui trahit une salle de spectacle. L'air était muet.

Enfin j'aperçus un passant qui faisait épisode dans cette solitude, et je le priai de m'indiquer le chemin du théâtre. C'était sans doute un homme préoccupé des fouilles du jour, car il me répondit :

— Le théâtre, monsieur, le voilà.

Et il me montrait les deux colonnes du proscenium élancées des ruines.

— Oui, vous avez bien raison, lui dis-je, voilà le vrai théâtre; mais c'est au vôtre que je veux aller ce soir.

— Vous le trouveriez difficilement, reprit-il, permettez que je vous y accompagne.

Je le suivis.

Après avoir épuisé tous les caprices de la sinuosité, mon guide s'arrêta devant une sorte de maison basse, décrépite, lézardée, percée d'une apparence de porte, et il me dit d'un ton ému :

— Voilà notre théâtre!

A la lueur d'un fanal je lus l'affiche. Ici la surprise me fit douter de mon existence; en novembre 1834, je lus :

« Première représentation de *Cendrillon!* »

Et comme je montais péniblement l'échelle plâtrée suspendue aux loges, la porte ouverte me jeta l'air :

Je suis modeste et soumise.

Ce qui me rappela tout à coup mes ennuis de rhétorique et mes enfantines jouissances d'opéra. Le progrès, la civilisation, l'influence des grandes choses, des beaux modèles, des nobles souvenirs, toutes les théories du perfectionnement social m'assaillirent aux loges de l'amphithéâtre où je m'assis. Amphithéâtre! mot dégénéré s'il en fût dans le vocabulaire arlésien.

Cette salle de spectacle où l'on jouait la nouveauté vénérable de *Cendrillon*, est un ex-magasin qui se perdrait dans une des cages à tigre où je me promenais tantôt. Une plus ample description serait inutile; rien ne peut donner une idée de ce théâtre indigent et primitif; c'est le char de Thespis versé dans un magasin.

Je me ramenai aux carrières.

Mes pensées étaient bien tristes. Après ma courte visite au ciron; je voulus revoir l'éléphant; je voulus effacer, avant de m'endormir, les étranges et désolantes impressions que je rapportais du magasin dramatique.

Un coup d'œil jeté à droite, à travers des maisons ruinées, me rendit le véritable amphithéâtre. La partie du ciel opposée à la lune était lumineuse d'étoiles : chaque portique aérien du monument servait de bordure à une constellation. Tout ce que j'avais vu jusqu'alors, ces galeries souterraines, ces corridors infernaux, ces voûtes sans nombre, tout ce prodigieux amas de pierres équarries n'était que l'humble péristyle de l'amphithéâtre, le caveau de l'édifice, le seuil modeste du palais romain. Égaré une seconde fois sous les avenues du cirque, je me glissai enfin par un soupirail de tigre sur un rayon conducteur de la lune.

La pâle ruine s'étalait dans son caractère suprême de désolation; il semblait qu'un ouragan, après avoir bouleversé une montagne dans un tourbillon elliptique, s'était subitement éteint, laissant chaque pierre dans sa position désordonnée. Les corniches supérieures sont abattues, il ne reste que les arcades, gigantesques festons qui couronnent l'amphithéâtre comme une broderie à jour. Sur trois points des tours dominent les ruines. Ces grêles fortifications, contemporaines des Sarrasins, ressemblent aux feuilles parasites qui meurent sur le tronc d'un chêne éternel. A la nébuleuse clarté de la nuit, les arceaux, les pilastres, les grandes lignes, les couches aériennes, m'apparaissaient comme des lettres colossales où se déroulait en deux étages le fameux distique de Martial:

> Omnis Cæsareo cedat labor amphitheatro;
> Unum pro cunctis fama loquatur opus!

Une heure je fus en extase devant ce tableau, si bien fait pour les nuits, si harmonieusement coloré par la lune élyséenne; ensuite je commençai mes stations profanes: je m'assis sur les gradins à louer, *Locanda*; sur les stalles louées, *Locata*; dans la loge des sénateurs, *Podium*, et aux galeries supérieures, *Altæ præcinctiones*; là où s'entassaient les plébéiens, les pauvres, les paysans, tous les prolétaires vêtus de couleur brune, ceux qui ne demandaient aux empereurs que les jeux du cirque et du pain ; classe intelligente qui avait compris que pour elle toute la vie païenne était là.

Ils appartenaient donc au peuple, ces spectacles prodigieux; l'amphithéâtre était la maison du pauvre, il y régnait en souverain, sans se souvenir de sa liberté perdue, de ses droits anciens noyés dans les guerres civiles. Depuis les calendes de janvier jusqu'aux saturnales de décembre, spectacle gratuit; c'est notre civilisation qui a inventé les bureaux où le pauvre paie un billet, et les droits du pauvre en sus. A l'amphithéâtre, une population de ville s'asseyait au large, à l'air pur ou sous le voile de pourpre en été. On entrait à l'aurore et on sortait la nuit. Le belluaire consommait une escouade d'animaux : l'empereur payait tout, et le peuple criait : Vive l'empereur! il demandait du pain, et la Sicile lui envoyait double récolte, et l'État lui ouvrait ses inépuisables greniers.

Dans ses passions d'artiste, le peuple avait des joueurs de flûte, des statuaires par milliers, et des architectes qui bâtissaient toujours. Dans ces velléités de religion, il avait de somptueux sacrifices, des hymnes en beau latin, des chœurs alternés, des théories de jeunes filles, toute la voluptueuse mythologie en action. Dans ses accès d'amour, il avait des fêtes mystérieuses célébrées au mois des fleurs, parmi les bois de myrte et les agrestes rotondes de marbre blanc.

Heureux peuple! il s'endormait dans son indolence méridionale, sous les cent portiques qui lui servaient de baldaquins de nuit: que lui importait le despotisme d'Auguste, de Vespasien, de Titus, des Antonins.

Le peuple, en donnant son cri de salut à ses souverains, humiliait l'orgueil patricien, et il pouvait se croire, despote à son tour, de complicité avec son empereur contre l'aristocratie esclave. L'expression matérielle de ce bonheur du peuple antique éclate aux yeux dans un amphithéâtre; on s'abandonne à croire qu'un peuple auquel le despotisme faisait de pareils dons, avait peut-être gagné le seul genre de bien-être qui soit dans le destin des classes infimes. Avec cette vie toute d'émotions, cette vie toute pleine de voluptés de son choix, ce peuple trouvait à peine le loisir du sommeil; il travaillait peu ou point; à quoi lui auraient servi les bénéfices du labeur?

Toutes ses fantaisies, tous ses caprices, tous ses besoins, avaient été prévus généreusement, depuis les fêtes de la naumachie jusqu'aux délices des bains de marbre.

Une seule génération a été plus heureuse, celle qui vécut sous les deux Antonins catholiques, Léon X et Sixte-Quint, celle qui abjura dans un culte nouveau le goût des spectacles sanglants, et ne perdit rien pourtant de ses plaisirs populaires. La progression avait purifié la théorie. Michel-Ange fit oublier Zénodore, Raphaël fut un plus grand peintre qu'Amulius, les fresques de la chapelle Sixtine effacèrent les folles arabesques du palais des Césars; la basilique de Saint-Pierre éclipsa la basilique de Trajan, le Panthéon se fit coupole et monta vers les nues comme un aérostat.

Ainsi à cette grande famille romaine, qui fut toujours le peuple-artiste bien mieux que le peuple-roi, ont été donnés les jours les plus beaux qui aient lui sur cette pauvre terre ruisselante de sang et de larmes; ces jours de joie grande et pure où chaque soleil, en se levant, éclairait quelque nouvelle magnificence scellée de la louve ou de la tiare, quelque joyau sublime dont la foule s'emparait avec un délire d'amour, une passion intelligente, tels qu'on n'en a plus vu éclater depuis.

Dans l'ornière civilisée où l'Europe s'en va, on peut rencontrer encore l'exaltation des victoires ou la joie austère et pacifique des intérêts matériels; mais cette communauté d'enthousiasme pour les triomphes des arts, cet échange continuel de dons et de reconnaissance entre un peuple et son souverain, ce trépignement d'ivresse qui ébranlait un empire à l'apparition d'une statue, d'une colonnade, d'un tableau, d'un monument, voilà ce qu'on ne verra plus.

Le bonheur reviendra-t-il au peuple avec la sécheresse de l'athéisme industriel? L'avenir jugera.

Ce glorieux hymne des morts, c'est l'amphithéâtre romain qui le chante de toutes ses bouches: hymne qui tourbillonne incessamment, et que le voyageur écoute la nuit pour le traduire le lendemain dans une langue indigne. Histoire, éloquence, philosophie, tout est dans cet amphithéâtre labouré par les siècles; chaque grain de poussière est une lettre de ce livre immense qui parle de tout, qui livre au présent la monumentale leçon du passé. Le sage qui vient s'asseoir sur ces gradins, comme un écolier pour entendre la morale du maître, et qui s'est entretenu toute une nuit avec les générations mortes, ne rentre au monde réel qu'avec une sorte de découragement.

Si les beaux-arts, se dit-il, sont les plus actifs véhicules de la civilisation, qu'a-t-il donc gagné au contact éternel des beaux-arts, ce peuple arlésien qui depuis quinze siècles dort sur un lit romain?

En vérité, il y a de quoi désespérer de tout! Si les grandes choses matérielles qui portent avec elles tant d'idées intimes, si les merveilles du génie, loin d'entretenir l'enthousiasme de ceux qui naissent et vivent auprès, ne sont qu'un poids de plus jeté sur leur torpeur, à quel levier d'excitation faut-il avoir recours?

Quand le Sarrasin eut flétri cette noble cité gauloise, et quand elle se vit vengée par le coup d'épée libérateur de Charles-Martel, Arles se remit-elle à suivre la forte impulsion que le bras romain lui avait donnée?

Hélas! Arles se continua sarrasine, au lieu de redevenir romaine; elle fit autant d'efforts pour se rapetisser qu'elle en avait fait pour grandir. Les carrières voisines lui offraient des matériaux de reconstruction, mais l'indolente ville avait oublié le chemin des carrières; avec un portique abattu qu'elle avait sous la main, elle s'improvisa paresseusement une île entière de maisons. Les colonnes, les statues, les frises qui n'étaient alors que gisantes, elle les enfouit sous trois couches de terre, et les générations nouvelles ajoutaient encore d'autres couches, sans s'informer de ce qui était dessous. On épargnait les antiquités romaines restées debout sur le sol, on leur donnait droit de cité, à condition qu'elles s'associeraient au matériel du foyer domestique, qu'elles deviendraient meubles de cuisine, arcs-boutants du logis.

Il y a quelques jours encore une échoppe ne s'adossait-elle pas à deux colonnes du proscenium? Quand la masure qui les recélait se fondit au premier coup de marteau, on les vit à découvert ces colonnes martyres, percées à chaque fissure de clous rouillés où le locataire appendait une ignoble marchandise. Ombres des Antonins, vos beaux marbres corinthiens ont servi d'étalage à un savetier! Barbares illustres, pardonnez-nous ce long sacrilége en faveur de notre civilisation!

A l'œuvre! aux fouilles! il faut la réveiller la cité endormie, il faut le déblayer cet Herculanum gaulois englouti par le volcan sarrasin!

Il y a déjà parmi la classe éclairée de la ville d'Arles, bien des hommes de talent, d'esprit, de savoir, animés d'un touchant patriotisme local, fervents citoyens qui travaillent à la réhabilitation de leur noble mère. Mais ces efforts isolés, toujours tentés par les mêmes bras, n'amènent que des résultats insensibles et lents. Il faut des auxiliaires. Je crois que si l'on écrivait sur la porte d'Arles: *Ville romaine à vendre*, les étrangers appelés se rendraient en foule sur les bords du Rhône; à l'instant une compagnie anglaise achèterait cette ville et la passerait au crible; l'Herculanum des Gaules ornerait en détail, au bout de six mois, les musées de Londres et d'Édimbourg.

On admire au Louvre la Vénus arlésienne; il est hors de doute que cette statue n'avait pas obtenu seule le privilége de l'inhumation. Il y a peut-être toute la mythologie sculptée ensevelie dans les catacombes de la cité. Car enfin le Borée noir ne les a pas anéanties, toutes ces merveilles décrites par les historiens qui les avaient vues; ces colonnes du forum qui servaient de refuge aux débiteurs; ces arcs triomphaux élevés sur la voie aurélienne; ces hautes figure de marbre sur piédestal, ce temple de la bonne déesse, ces thermes, ces édifices, ces monuments, ces promenoirs, bâtis par le questeur Jules-César, par les édiles de Gallus, par les envoyés de la maison Antonine, par Constantin lui-même, ce prodigue empereur.

Il faut que tout cela se retrouve. Le *municipium* et le ministre consacrent, il est vrai, une somme annuelle d'argent à retirer de la fosse quelques ossements épars de l'immense squelette; c'est déjà quelque chose, mais c'est trop peu. — Il faut que le gouvernement intervienne avec une main large comme celle des Antonins; il faut qu'il prenne intérêt à une ville bien plus riche de ce qu'elle cache que de ce qu'on y voit. Si les ouvriers manquent au déblaiement, pourquoi ne dirait-on pas à nos soldats de labourer cette glorieuse terre? il y aurait de l'honneur à des régiments français de conquérir les œuvres enfouies des légionnaires romains, de travailler sous l'aile du coq gaulois au chantier des aigles romaines. Cette campagne pacifique les illustrerait. Quelle douce victoire à remporter sur la barbarie! Il serait donné à notre armée française de continuer la grande journée de Charles-Martel, de nous venger encore des Sarrasins, onze siècles après la bataille de Tours. Chaque bulletin de l'expédition de cette autre Constantine n'apporterait ni drapeaux enlevés, ni canons pris, ni relevé funèbre des morts; on n'y lirait que l'exhumation des statues, des urnes, des amphores, des bronzes, des colonnes, des obélisques, et pas une mère ne prendrait le deuil.

En été, dans les eaux basses du Rhône, ce serait un divertissement de plonger aux reliques, car le Rhône à coup sûr recèle dans son musée aquatique une abondance de richesses à rassasier tous les antiquaires. Jusqu'à ce jour ce vieux fleuve a semblé nous dire, comme l'avare de Plaute :

« Je ne crains pas que quelqu'un trouve mon trésor, tant il est bien caché dans de secrets recoins. »

Mais tout trésor soupçonné doit être découvert quand on veut prendre la peine de le découvrir. Hormis quelques antiques tuyaux de plomb qui se sont livrés eux-mêmes, le Rhône garde tout.

Et ce n'est pas seulement au champ des fouilles arlésiennes qu'on devrait convoquer nos soldats ; toute l'Italie des Gaules est à eux, c'est leur domaine. Il est dans leur destinée de remuer toutes les terres où Rome a mis le pied.

Nos cavaliers d'Égypte ont jeté leur carte de visite à la 10ᵉ légion du préfet Minutius qui campa devant le colosse de Memnon ; sur l'orteil d'Osimandias on voit confondues les empreintes du stylet romain et du sabre de nos hussards. Les fils des vétérans de l'armée orientale, commandés par Dioclétien, ont embelli de leurs travaux la noble cité d'Arles ; maintenant, c'est aux fils des vétérans d'Aboukir et d'Héliopolis que revient le soin de continuer les mêmes travaux. — Une communauté de gloire lie nos aigles aux aigles capitolines. Wagram a vengé Rome d'Arminius ; le successeur de Tarquin fut Napoléon II.

« Vous allez vous battre où les Romains se sont battus, » disait Bonaparte à ses grenadiers d'Orient ; il faut qu'on leur dise aujourd'hui : « Vous allez travailler où les Romains ont travaillé. »

La paix est glorieuse à l'égal de la guerre ; la garnison est aussi honorable que le camp ; mais il faut, à l'exemple d'une nation qui comprit si bien toutes les nuances de la gloire, il faut savoir échanger l'épée contre le marteau. Il s'agit aujourd'hui non pas de détruire, mais de ressusciter une ville. Certes, voilà un miracle digne de nos régiments. Chaque bataillon doit être de corvée à son tour sur ce chantier vénérable : bien des citoyens oisifs tiendront à honneur de se mêler à nos soldats pour leur montrer que tout ce qui vient de la terre ennoblit la main qui la fouille; que les beaux-arts ont aussi leur agriculture; qu'il vaut mieux creuser un sillon qu'une fosse, exhumer qu'ensevelir. — Incrustez ensuite un chemin de fer sur cette belle plaine d'Arles, et d'une cité morte vous ferez une cité vivante, un magnifique musée en plein air où l'opulence voyageuse se précipitera de tous les points. C'est un crime de laisser dormir celle qui doit être splendide à son réveil.

Nous reviendrons un jour la revoir nouvelle et radieuse; elle nous montrera son palais impérial, son forum, ses galeries souterraines, son peuple antique de statues, sa touchante nécropolis avec ses *diis manibus* et ses croix catholiques; elle aura bien aussi quelque frise triomphale élevée à la gloire des légionnaires de Rome; c'est là qu'une main gravera cette inscription nouvelle :

« A l'armée Française! Elle a rebâti la ville de Constantin. »

FIN

TABLE

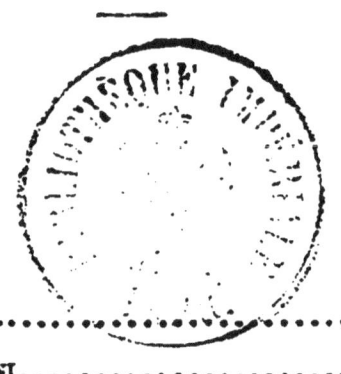

ITALIE..	1
L'ATELIER DE BARTOLINI.............................	39
PISE..	51
FLORENCE...	75
SAMPIETRO..	93
CHAPITRE DES ALBUMS................................	109
DE FLORENCE A ROME.................................	123
UNE VISITE A LA MÈRE DE L'EMPEREUR.............	157
LES TOMBEAUX DES SCIPIONS.........................	169
LE VATICAN..	177
LES ITALIENS DE ROME.................................	197
ANTIQUITÉS MODERNES................................	209
ANTONIO GASPERONI..................................	247

COMME ON S'INSTRUIT EN VOYAGEANT	235
LA NORMA AU CARLO-FELICE	247
SOUVENIRS,	257
L'ITALIE DES GAULES	280

FIN DE LA TABLE.

Beaugency. — Imprimerie F. Renou.

www.ingramcontent.com/pod-product-compliance
Lightning Source LLC
Chambersburg PA
CBHW071301160426
43196CB00009B/1379